종교와 문화의 관점에서

한국의 고등교육

종교와 문화의 관점에서

한국의 고등교육

이정규 지음

KSi 한국학술정보㈜

한국 고등교육 발전을 위해 노력하는 사람들과 함께 하면서...

머리말

이 책은 저자가 10여 년 동안 국내외의 저명한 학술지에 게재한 논문 중에서 주로 한국 고등교육에 관련된 11편의 논문을 한데 모아 편집한 것이다. 다양한 학문적 배경을 지니고 있는 필자가 종교적 및 문화적 관점에서 한국의 고등교육을 고찰한 학술논문을 정리하여 국내 독자들에게 소개하기 위해 이 책을 발간하였다.

저자는 십수 년 동안 한국 고등교육의 근원과 발달 과정을 밝혀보고자 노력하였다. 이러한 노력의 일환으로 역사·문화적 관점에서 고대(古代)부터 현대에 이르기까지 우리나라의 엘리트 및 고등교육 발달에 지대한 영향을 끼친 종교·문화적 요인을 고찰함으로써 미력하나마 한국의 고등교육 발달에 대한 이론적 근거를 석명(釋明)하는 데 일조하고자 하였다. 이 연구물 중 외국인들을 위해 영문으로 발표된 몇 편의 논문들은 2002년 1월에 지문당 인터내셔널(Jimoondang International)을 통해 한국학 시리즈(Korean Series)의 제22권, *Korean Higher Education: A Confucian Perspective*(한국의 고등교육: 유교적 조망)란 제목으로 한국과 미국에서 동시 출판되었다. 국내 독자들을 위해 이 논문들 중에서 본서의 제목에 부합되는 6편을 우리말로 번역하여 출판하였다.

본서에서는 매 편의 논문들이 각각 독립된 장을 이루고 있으나, 제1장부터 제5장까지는 종교적 관점에서 우리나라의 고등교육을 기술하고 있다. 제1장은 왕조시대에 한국의 엘리트교육에 있어서 유교와 불교의 역할과 기능을 논의하고, 제2장은 근대 한국의 고등교육 발달에 있어서 기독교의 역할을 기술하고 있으며, 제3장은 일본 식민지하에 신도사상과 교육정책이 현대 한국의 고등교육 발달에 미친 영향을 분석하고, 제4장은 한국의 고등교육에 있어서 종교적 역할을 규명하고, 제5장은 종교 사상이 한국의 고등교육의 발달에 끼친 영향에 대해 논술하고 있다.

그리고 제6장부터 제11장까지는 교육행정학의 조직문화, 세계화, 교육과 행복의 관점에서 한국의 고등교육을 고찰하고 있다. 제6장은 지도력과 조직문화의 개념을 공자와 아리스토텔레스의 사상에서 비교교육학 및 비교문화적 관점에서 기술하고 있으며, 제7장은 정(情)의 개념을 중심으로 유교적 가치가 한국의 대학 조직문화에 어떠한 양상을 이루고 있는가를 탐구하고, 제8장은 논어(論語)를 중심으로 유교사상이 한국 고등교육의 지도력과 조직문화에 어떠한 영향을 미치고 있는가를 석명하고 있다. 제9장에서는 한국의 고등교육과 경제발전에 원동력이 된 교육열을 설명하고, 제10장에서는 세계화 시대에 있어서 아시아적 가치와 동아시아 고등교육의 새로운 패러다임에 대하여 기술하고, 마지막으로 제11장에서는 대학교육과 행복의 연관성을 논술하고 있다.

위에서 장별로 편성된 논문들 중 국내학술지에 게재된 제5장, 제6장, 제7장, 제10장, 그리고 제11장의 아티클은 전문을 거의 그대로 실었으나, 국제학술지에 영문으로 발표된 나머지 논문들은 우리글로 번역하면서 일부 내용을 수정하거나 보완하였다. 그러나 아쉽게도 국제학술지에서 영문으로 번안된 국내 참고문헌은 영문 표기를 그대로 두었다.

비록 위의 논문들이 일련의 기초연구로 시간차를 두고 개별적인 학술 아티클로서 영어 혹은 한국어로 수행되었지만, 일부 제목과 내용이 저자의 다른 책이나 국내외의 학술논문에서 다소 변형 내지 중첩되고 있음에 대하여 독자들에게 널리 양해를 구한다. 아무쪼록 저자는 이 책이 한국의 고등교육 분야를 가르치고 연구하는 사람은 물론 교육행정가, 정책입안자, 대학원생, 그리고 일반인에게도 우리나라 고등교육의 이론적 기초를 깊이 있게 이해하는 데 도움을 줄 수 있는 유용한 참고 학술서가 되길 바란다.

끝으로 이런 기초연구논문 모음집을 기꺼이 단행본으로 출판할 수 있도록 물심양면으로 큰 도움을 주신 한국학술정보(주) 여러분에게 감사드린다. 그리고 좋은 글이 될 수 있도록 건설적인 비판과 조언을 주신 국내외에 계신 여러 선생님들과 학문 동료들에게도 깊은 감사를 드리며, 또한 일부 논문의 초벌 번역에 귀중한 시간과 노력을 할애해 준 선생님들께도 고마움을 표한다. 무엇보다도 나의 삶과 학문의 여로에서 물심양면으로 언제나 기도와 조력을 아끼지 않은 나의 부모님과 사랑하는 아내와 딸에게 이 책을 바친다.

2010년 아름다운 봄을 기다리며
산촌에서
저자 이정규

* 이 책 제1장부터 제11장까지 편집 · 정리된 국내외 학술지에 게재된 저자의 논문은 다음과 같다.

제1장 : Religious Factors Historically Affecting Premodern Korean Elite/Higher Education, *The SNU Journal of Educational Research* (1998), 8, 31 - 63.

제2장 : Christianity and Korean Higher Education in the Late Choson Period, *Christian Higher Education* (2002), 1 (1), 85 - 99.

제3장 : Japanese Higher Education Policy in Korea during the Colonial Period (1910 - 1945), *Education Policy Analysis Archives* (2002), 10 (14), http://olam.ed.asu.edu/epaa/

· Shinto - Confucian Thought and Korean Higher Education, in Jeong - Kyu Lee's *Korean Higher Education: A Confucian Perspective*, Jimoondang International: Edison/Seoul, 2002.

제4장 : The Role of Religion in Korean Higher Education, *Religion & Education* (2002), 29 (1), 49 - 65.

제5장 : Historic Factors Affecting Educational Administration in Korean Higher Education, *Higher Education Review* (1999), 32 (1), 7 - 23.

· 종교적 시대적 사상이 대학 조직문화에 미친 영향, 「교육행정학연구」 (2000), 18(3), 271 - 288.

제6장 : 공자와 아리스토텔레스의 사상에 나타난 지도력과 조직문화에 있어서 윤리적 가치에 대한 비교 연구: 교육행정학적 관점에서, 「교육행정학연구」(1998), 16(2), 76 - 107.

제7장 : Impact of Confucian Concepts of Feelings on Organizational Culture in Korean Higher Education, *Radical Pedagogy* (2001), 3 (1), http://radicalpedagogy.icaap.org/

.*Revista de la Educacion Superior* (2002), 31 (1), 43 – 60.

· 유교의 정(情)의 개념이 한국 고등교육 조직문화에 끼친 부
정적 영향, 「교육행정학연구」(2001), 19(1), 195 – 213.

제8장 : Confucian Thought Affecting Leadership and Organizational Culture of
Korean Higher Education, *Radical Pedagogy* (2001), 3 (3),
http://radicalpedagogy.icaap.org/

    * 이 논문은 영문으로 국제연합(The United Nations) 학술사이트
에 소개되어 있다.

http://unpan1.un.org/intradoc/groups/public/documents/APCITY/un
pan003631.pdf

· A paper presented at the 11th World Congress of Comparative
Education held at Korea National University of Education on July
2 – 6, 2001.

제9장 : *The Korean Thirst for Higher Education: Cultural Sources and Economic
Consequences.* A Presentation Paper in CHET Seminars at The
University of British Columbia in Canada on February 7, 2002.

· *Educational Fever and South Korean Higher Education,* Revista
Electronica de Investigacion Educativa, 8 (1), May 2006.
http://redie.ens.uabc.mx/vol8no1/contenido – lee

· Korean Experience and Achievement in Higher Education, *The
SNU Journal of Educational Research* (2001), 11. 1 – 23.

· A paper presented at UNESCO Follow – up World Conference on
Higher Education held in Tashkent [Uzbekistan] on December 5 –
6, 2000.

제10장 : 고등교육의 아시아적 패러다임, 유네스코한국위원회(2002), 「아
　　　　태지역 고등교육학위인정협약 국내이행강화방안연구」연구
　　　　보고서, 80 - 117. 세계화와 고등교육의 아시아적 가치, 「대학
　　　　교육」 (2003년 3 - 4월), 63 - 73.

　　　　· Asiatic Values in East Asian Higher Education: From a
　　　　Standpoint of Globalization, *Globalization*, 5 (1), International
　　　　Consortium for Alternative Academic Publication (ICAAP), June 2005.
　　　　http://globalization.icaap.org/content/v5.1/lee. html

　　　　· A New Paradigm for Higher Education and Culture in East
　　　　Asia, *Higher Education Review*, 38 (3), Summer 2006.

제11장 : 대학교육이 행복한 생활을 위한 황금 열쇠인가? 「대학교육」
　　　　155호 대학교육협의회, (2008년 9 - 10월).

　　　　· Is University Education a Golden Key for a Happy Life?
　　　　ERIC - No.: ED504051,

　　　　* 이 논문은 영문으로 국제연합(The United Nations) 학술사이
　　　　트에 소개되어 있다.

　　　　http://unpan1.un.org/intradoc/groups/public/documents/unpan/unpa
　　　　n036748.pdf

차 례

제1장

유·불교와 한국의 엘리트교육

I
연구 문제의 제시

　동서고금(東西古今)을 통하여 사람들은 종교와 교육을 인간의 본질이나 특성을 변화시키기 위한 주요한 수단으로 간주하여 왔다. 종교는 인간의 불완전한 속성을 보완해주는 정신적인 모체로 간주되어 왔으며, 교육은 인간의 진리와 행복 추구를 위한 열망을 만족시켜줄 수 있는 지적(知的) 도구로 여겨져 왔다. 환언하면, 전자는 윤리나 도덕성에 기인하고 있는 데 반하여, 후자는 학습이나 실천의 지적 발달 측면에 중요성을 부여하고 있다.

　이러한 특성의 차이에도 불구하고 종교와 교육은 인간의 완전성 지향이나 숭고한 삶의 추구에 있어서 공통적인 목표를 추구해왔다. 이런 맥락에서 볼 때, 종교는 한국사에 있어서 윤리적으로나 도덕적으로 정신세계를 고양시켜온 핵심적 요소일 뿐만 아니라 실제적 및 지적 분야의 발전에 기여한 교육적 도구였다.

　더욱이 종교적 요소는 전통적으로 한국문화 형성에 핵심적인 요소일 뿐만 아니라 전근대 한국의 엘리트교육에 있어서 행정제도와 조직문화의 기초가 되어왔다. 한국의 종교사적 견지에서, 기독교와의 최초의 접촉은 조선왕조(AD 1392 – 1910)시대 16세기 후반기에 이루어졌다 (Clark, 1981; Grayson, 1985; Janelli & Janelli, 1989; Kim, 1995). 유교, 불교, 도교는 외래사상으로 한반도에 유입되어 한국문화에 융합되었고, 이 외래사상은 샤머니즘(shamanism), 물활론(物活論) 및 자연신론과 같은 한국의 민속 신앙과 더불어 한국인의 전통적 종교사상의 중심축이 되었다. 특히, 불교와 유교는 국가적 종교 문화 혹은 사회정치 이념으로서 전근대 한국사의 모든 왕조에 지대한 영향을 끼쳤다.

한국의 교육사적 견지에서 기술하자면, 서양 기독교 선교사들이 조선왕조 후반기(1880s – 1910)에 서양의 고등교육을 한국에 소개하기 전에 한국인은 불교나 유교의 전통에 기초한 고대 중국의 엘리트교육 행정이나 제도를 답습하여 한국의 엘리트 교육을 발전시켰다(Grayson, 1985, p. 87; K. Lee, 1984, pp. 331 – 34; Underwood, 1926, p. 147). 이러한 입장에서 볼 때, 불교나 유교가 일찍이 한국의 전통적인 엘리트교육에 중요한 영향력을 끼쳤다는 데 의심할 여지가 없다.

한국문화사적 관점에서, 한국종교사를 포도나무에 비유해 볼 때, 한국의 민속신앙이 본(本) 가지라면 유교나 불교는 구(舊) 접목 가지라 볼 수 있고, 기독교에 속하는 로마 가톨릭과 개신교는 신(新) 접목 가지로 간주할 수 있다. 포도나무가 묵은 가지 없이 새 가지만으로는 열매를 맺을 수 없듯이 불교, 유교 및 한국의 민속신앙과 같은 오래된 종교사상을 배제한 채 기독교와 서구 사상만으로는 한국 종교와 교육의 정신적 및 실제적 세계의 실체를 산출해내지 못할 것이다. 동시대의 한국고등교육에 있어서 실제적인 열매는 본 가지가 이질적인 다른 가지와 접목함으로써 신구(新舊)의 접목된 가지에서 발아된 정신적 문화적 잎에 근거한 전통적인 전근대 한국의 엘리트교육을 통하여 산출된 것이라고 추정한다.

1. 연구의 목적 및 진술

본 연구의 목적은 첫째. 역사적으로 전근대 한국문화에 지대한 영향을 끼친 유교와 불교의 두 주요한 종교적 요소를 검토 분석하며, 둘째, 교육행정학적 입장에서 정규/비정규적인 전근대 한국의 엘리트교육에 있어서 두 핵심 종교의 영향력을 규명 및 평가하는 데 있다. 전반적으로 이 연구는 전근대 한국 엘리트교육의 발달사에 초점을 맞추고 있다.

2. 연구 문제

이 연구에서는 다음과 같이 세 가지 연구 문제를 제기한다.
첫째, 한국문화사에서 불교와 유교의 특성은 무엇인가?
둘째, 불교는 삼국시대와 통일신라시대에 화랑(도)과 승려학교에 어떠한 영향을 미쳤는가?
셋째, 유교가 고려시대와 조선시대에 성균관과 과거제도에 어떻게 영향을 미쳤는가?

3. 연구의 중요성

저자는 한국문화사의 분석과 검토를 통하여 한국의 엘리트교육에 있어서 종교적 및 교육적 구성 요소를 설명할 수 있을 것으로 기대한다. 이에 더하여 교육행정 분야를 검토함으로써 이 연구의 중요성은 국내외의 교육자들에게 교육철학과 교육행정학에 관한 귀중한 아이디어와 기초 자료를 제공하는 데 있다.

4. 연구의 제한

본 연구에서는 다음과 같이 몇몇 제한점을 정한다.

서두에서 언급하였듯이 이 연구는 삼국시대부터 조선시대까지의 기간(57 BC－AD 1910)에 한정되어 있는데, 이 시기를 대략 4,300년의 한국사 중에서 "전근대기" 혹은 "전통시대"라고 칭한다. 특별히 필자는 전근대 한국 왕조시대에 대표적인 종교 사상이자 사회정치적 이념이었던 불교와 유교를 중점적으로 서술할 것이다. 불교는 삼국시대와 통일신라시대, 특히 화랑과 불교 승려학교 위주로 기술하고, 유교는 고려시대와 조선시대, 특히 조선시대의 성균관과 과거제도를 문과(文科) 중심으로 논술할 것이다.

또한 본 연구는 교육행정학의 핵심적 전문 분야의 하나인 조직문화에 초점을 맞추고, 한국문화사에서 전근대 엘리트교육에 지대한 영향을 끼친 두 종교적 이념인 불교와 유교에 국한될 것이다.

5. 용어의 정의

불교

불교(佛敎)는 욕망이 고통의 근원이며 업보를 극복하는 것이 구원을 얻는 궁극적인 길이라고 설파한 고타마 싯다르타에 의해 기원전 5세기에 인도에서 발원된 종교이다.

유교

유교(儒敎)는 기원전 5 - 6세기경에 중국의 철학, 도덕률 및 정치적 이념의 전통을 이어받아 사서오경(四書五經)을 바탕으로 공자(孔子)가 집대성하여 발전시킨 실질적인 도덕적 지침이자 의례이며, 개인적 수양과 사회적 윤리 및 정치 철학을 위한 규범이다. 종교적 이념으로서 유교에 대해 논란이 있으나 이 연구에서는 유교를 종교적 이념으로 간주한다. 종교적 내지 학문적 관점에 따라 유교(儒敎)와 유학(儒學)으로 구분할 수 있으나 본고에서는 동일한 개념으로 본다.

조직문화

조직문화(組織文化: organizational culture)의 정의는 다양하다. 조직문화의 개념은 1980년 이후 격심한 의미론적 혼란과 학문적 토의의 주제가 되어왔다. 본 연구에서는 조직문화를 종교·제도적 조직에 있어서의 철학, 가치, 혹은 의례로 정의한다.

II
관련 문헌 고찰

한국사에 있어서 유교와 불교는 한국사회와 문화에 크나큰 중요성을 지닌 것으로 폭넓게 이해되어 왔다. 특히 유학은 일찍이 한국의 왕조시대 엘리트교육에 중요한 역할을 하였고 현재까지도 그 영향력은 지속되고 있다. 현존하는 신뢰할만한 대표적인 두 고대 한국 역사서인 삼국사기(Kim, 1145)와 삼국유사(Iryon, 1285)에 의하면, 한국에서 첫 국립 엘리트 교육기관인 태학이 서기 372년에 세워져 주로 유교 경전과 중국 고전 문학 및 사상 등을 가르쳤다고 기록하고 있다. 또한 위의 두 역사서에 의하면, 불교는 삼국시대에 중국으로부터 전래되어 왕실의 종교문화가 되었다고 밝히고 있다. 이러한 역사적 기록을 고려해 볼 때, 한국인의 중추적인 종교적 요소로서 유교와 불교는 고대 한국 왕조시대에 전통적인 엘리트교육의 중요한 본류가 되었다는 것을 의심할 여지가 없다.

유교 연구에 관련된 문헌을 고찰해보자면, 동서양의 몇몇 사상가들은 20세기에 이르러 공자(孔子)와 유교를 활발히 연구하기 시작했으며, 또한 동서양에서의 유교의 영향력을 평가하였다. 예를 들자면, H. C. Creel(1949)은 "서양 민주주의 발전에 기여한 유교가 번번이 망각되고 있다"(p. 5)고 평가하였으며, Max Weber(1947)는 유교를 "학자계급의 교리"(p. 144)라고 보았고, Yu-lan Fung(1966)은 공자를 최초의 스승이며 교육자라고 주장하였다. 그리고 H. Fingarette(1972)는 유교를 세계적인 가르침 내지 플라톤학파의 합리주의자 교리에 버금가는 것(p. 1)으로 평가하였으며, 더욱이 R. Moritz(1990)는 공자를 이미 세계 문화의 위대한 스승에 속한다고 평가하였다. 또한 J. Chen(1993)은 "오늘날의 유교는 산업시대에 의해 야기된 새로운 사회질서, 서양 사상과 생활 방식의 도래로 크나큰 도전에 직면하고 있다"(p. 5)고 주장한다.

그리고 동서양의 몇몇 학자들은(de Bary, 1996; Hart, 1993; Hofstede & Bond, 1988; Kihl, 1994; Psacharopoulos, 1984; Tu, 1996) 한국문화의 관점에서 유교를 평가하였다. 그들은 유교의 가치와 문화를 한국에서 사회정치적 서구화, 경제적 발전과 회생, 고등교육의 팽창, 산업현대화의 과정에서 촉매로 파악하였다.

위에서 기술한 것처럼, 여러 동서양의 이론가들이 한국의 유교 가치와 문화를 연구해왔다. 유교 연구와 마찬가지로 한국학과 관련된 불교 역시 동서양의 여러 학자들에 의해 연구되어 왔다. 실례로, James H. Grayson(1985)은 불교는 삼국시대 초기의 모든 왕조에서 궁궐의 종교문화가 되었다고 주장하였으며, Janine Sawanda(1985)는 미륵부처를 과거 한국의 내세적 전통의 표상으로 보았다. Robert E. Jr. Buswell(1989)은 "삼국시대의 불교는 이방종교와 토착문화의 철저한 융합이었던 것으로 보인다"(p. 348)고 지적하고 있으며, 이기백(1984), 한우근(1988) 그리고 정병조(1996)같은 한국 사학자들은 불교는 삼국시대와 고려왕조 시대에 한국인에게 사회정치적 및 윤리적 지침을 제공했다고 주장한다.

많은 연구들이 유/불교의 종교적 이념이 전근대와 동시대 한국의 정신적 및 실제적 세계에 지대한 영향을 끼쳤음을 밝히고 있다. 그리고 전근대 한국교육에 역사적으로 크나큰 영향을 끼친 종교적 철학적 사상과 관련된 몇몇 연구가 이루어져 왔다(Hahn, 1969; Kim, 1961; Kim, 1972; Kim et al., 1983; Kim, 1984; J. K. Lee, 1997; S. K. Lee, 1995; W. Lee, 1984). 이러한 연구들은 대부분 종교적 이념에 기초한 철학적 요소가 한국의 주요한 교육적 이념이었음을 밝히고 있다.

교육적 이념으로서 종교적 요소에 대한 연구로, 김성일(1961), 한기운(1969), 김인회 등(1983)은 유교와 불교 그리고 기독교와 같은 주요한 종교적 철학적 사상이 한국교육 발전에 커다란 영향을 끼쳤다고 주장한다. 또한 유교교육 연구, 특히 조선시대의 성균관이나 과거제도 연구에 관해서는 주영하(1961), 신천제(1988), 신천식(1990), N. Chung(1992), 이승원(1995), 이성무(1996)가 성균관의 교육제도와 평가, 설비 등을 연구하였고, 주영하(1961), 변홍기(1987), 이성무(1994), 조좌호(1996), 이원제(1996)는 과거제도와 과거제도의 역사를 연구하였다.

위에서 언급한 것처럼, 동서양의 여러 학자들이 오랫동안 유교와 유교교육을 연구하였으며, 또한 여러 동양 학자와 몇몇 서양 학자들은 화랑과 화랑도를 탐구하였다(Ahn, 1979; Hong, 1970, 1971; Misina, 1943; Rutt, 1961; 김범부, 1981; 신라문화선양회, 1989; 이선근, 1951; 한국정신문화연구원, 1992). 이러한 연구들 중에서 몇몇 연구들이 화랑의 교육사상과 제도를 논술하고 있지만, 대부분은 신라의 사상과 문화 측면에서 화랑의 역사와 문화를 고찰하고 있다(김봉수, 1960; Kim, 1978; Park, 1962; Son, 1964, 1966). 그러나 불교 승려학교에 관한 연구는 아직 체계적으로 이루어지지 못하고 있다. 이에 착안하여 본 연구는 한국의 전근대 엘리트교육을 중심으로 유교와 관련된 성균관과 과거제도뿐만 아니라 불교에 연관된 승려학교와 화랑의 조직문화 고찰에 중점을 두고 있다.

Ⅲ
연구의 방법 및 절차

본 연구의 연구문제를 체계적으로 논술하기 위해 저자는 문헌고찰을 통한 서술적 내용분석방법(Gay, 1992; Patton, 1990)을 이용할 것이다. 이 방법은 일반적으로 다양한 교육적 문제들을 고찰하는데 유용하다 (Borg & Gall. 1989; Gay, 1992; Grosof & Sardy, 1985; Hyman, 1955; Klaus, 1980). 서술적 내용분석방법은 한정적이지 않고 자료수집에 있어서 다양한 방법과 기술을 가지고 있다. 서술적 연구는 경험적 연구와 달리 어떤 단 하나의 방법에 국한되지 않는 장점이 있다.

이 연구를 논리적으로 탐구하기 위하여 방법론에 있어서 네 단계 과정이 다음과 같이 시행될 것이다.

첫째, 영어, 중국어, 한국어 서적과 논문 등의 1차 및 2차 자료들이 도서관과 데이터베이스 시스템을 통하여 직접 혹은 간접적으로 수집될 것이다.

둘째, 수집된 문헌에서 선별된 가치 있는 자료들은 단원별로 대별되고 체계화 될 것이다.

셋째, 대별된 자료들을 주제별 혹은 소주제별로 분류하고 이를 코

드화 한 후 논리적으로 석명(釋明)될 것이다.

　　마지막으로, 연구의 요약과 결론 및 연구에 대한 논의를 서술할 것
이다.

IV
불교와 교육기관

1. 불교와 화랑

불교는 개인적 욕망이 고통의 근원이며, 업보의 극복이 생사의 순환으로부터 구원을 얻는 유일한 방법이고, 그때 비로소 열반에 이르게 된다고 강조한다. 불교는 삼국시대에 중국으로부터 전해졌으며 왕권중심의 새로운 지배구조 확립에 정신적 지주로서 적합하게 보였기 때문에 왕실의 적극적인 후원 하에 발전하게 되었다.

엄격한 사회적 신분계층을 구성하고 있었던 삼국시대의 사회제도에 있어서 업보(業報)에 기초한 환생의 불교적 가르침은 자연히 특권화된 왕족의 사회정치적 지위 정착을 부여하는 교리로서 환영받았다. 또한 불교는 통치자에 의해 다스려지는 중앙집권화 된 귀족사회의 요구에 적합한 종교 사상으로 수용되었으며 삼국의 통일과 응집을 위한 힘으로써 중요한 역할을 감당했다. E. Buswell(1989)의 주장에 의하면, 삼국시대의 불교는 토착적인 뱀과 용(龍)의 종교문화로서 특징지을 수 있다. 환언하자면, 삼국시대의 불교는 호국불교(護國佛敎)라는 고유한 특성을 형성하면서 불교 계율의 수호자로서 용을 신봉하는 대승불교 신앙에 융합되었다(Buswell, 1989, pp. 348‒49).

삼국시대에 발전해 온 불교 교파를 고찰해볼 때, 가장 중요한 교파는 특히 백제에서 번성한 비나야(Vinaya: 法律)였음을 부인할 수 없다. 비나야의 교리가 궁극적인 교화를 얻기 위해서는 수도적인 엄격한 규율을 강조했음에도 불구하고 그 당시에 불교 정치가들은 불교에 의해 강조된 신앙과 규율의 통합이 사회정치적 중요성에서 국가의 목적을 수행하기 위해 이루어질 수 있다고 생각했다(Grayson, 1985, 1989; K. Lee, 1984).

삼국시대에 소승불교가 고구려에 널리 퍼졌으나, 백제 불교는 대승불교와 소승불교 교리가 혼합되었다(Grayson, 1985). 그러나 이 두 왕조 후기에 도교의 불멸 신앙 출현을 막기 위해 열반경이 고구려 승려 보덕에 의해 채택되었다. 고구려 및 백제와 달리, 신라는 화엄경과 연화경 같은 대승불교 경전에 은의(恩義)를 입고 있었다. 전자는 모든 것을 포괄하는 조화의 교리를 강조하고 있는 반면, 후자는 부처(불교의 역사적 창시자인 고타마 싯다르타) 석가모니의 말씀을 포함하고 있으며, 말씀만이 구원을 얻을 수 있는 유일한 진리의 길을 제공하고, 이를 통해 삼국의 왕조가 하나로 됨을 암시하고 있다(B. Chung, 1996; K. Lee, 1984; Ross, 1981). 불교는 유교와 더불어 삼국시대에 한국인들에게 정치 윤리적 길잡이 역할을 하였다.

더욱이 불교가 왕실의 강력한 지원을 받으면서 불교 승려들은 정치적 및 윤리적 지침을 제공하였다. 삼국사기에 의하면, 신라의 승려 원광(圓光法師)은 화랑(花郎)의 기본교리로 세속오계(世俗五戒)를 제시하였다. 세속오계는 첫째, 임금에게 충성을 다할 것(事君以忠), 둘째, 부모에게 효도를 다할 것(事親以孝). 셋째, 친구에게 믿음이 있을 것(交友以信). 넷째, 전장(戰場)에서 물러서지 말 것(臨戰無退). 다섯째, 살아있는 생물을 죽일 때는 가려서 할 것(殺生有擇)이다(김부식, 1145). 이처럼 세속오계는 주로 유교 덕목과 사상(忠, 孝, 信, 勇, 仁)을 포함하고 있다. 그런데 마지막 다섯째는 불교 제설(諸說)에 관계하고 있는데 동물 살상을 금지하는 계율이다. 세속오계를 고찰해보면, 유교와 불교는 국가를 보존하기 위한 도구로써 사회계층을 유지할 뿐만 아니라 윤리적 지침을 제공하는 화랑의 주된 교육 사상이었다.

화랑(花郎)은 세속오계를 존중했다. 삼국사기의 신라 본기 제4권에 의하면, 화랑은 원화(源花)라고 불리는 여성의 이름에서 그 기원이 유래되었으며, 화랑 혹은 선랑(仙郎)이라고 불리는 미소년(美少年)으로 구성되었다. 삼국사기와 삼국유사는 화랑을 정치적 군사적 훈련뿐만 아니라 도덕적, 감정적, 그리고 신체적 수양에 자신을 바친 귀족계급의 엘리트 젊은이로 기술하였다. 화랑 창립에 대한 정확한 시기는 고대 한국사의 기록에 나타나지 않았지만, 삼국사기에 화랑은 진흥왕 재위 말기(AD 576)에 나타나고 있다. 더하여 삼국유사와 해동고승전(海東高僧傳: 각훈, c. 1215)은 화랑에 관한 이야기를 소개하고 있다. 이러한 기록 중에서 특별히 주목할 만한 사실중 하나는 화랑제도의 초기 단계에 엘리트 숙녀 화랑이 존재했다는 것이다. 그러나 6세기 중엽엔 오로지 남자 화랑 집단만이 존속하였다. 전근대 한국 엘리트교육에 있어서 신라시대에 엄격한 귀족사회의 상황을 고려해보면 엘리트 숙녀 화랑의 실존은 매우 주목할 만한 일이다.

추가로 위의 두 초기 한국역사서와 해동고승전의 기록을 종합하면, 화랑도(花郎徒)는 불교철학과 유교의 도덕성, 도교의 정적주의(靜寂主義)를 포괄하고 군인의 기량을 연마하기 위한 집단으로 신라의 엘리트 젊은이 양성을 위한 일종의 교육기관이었다고 볼 수 있다. 그들은 각자 도(道)와 의(義)에 이르는 가르침을 받았을 뿐만 아니라 유명한 산천을 유람하고 가무와 오락 활동을 즐겼다. 한국의 민속 신앙과 더불어 도교의 정적주의(靜寂主義)에 관련된 활동을 풍류도(風流徒), 풍월도(風月徒) 혹은 국선도(國仙徒)라 한다. 화랑은 유교적 가치, 불교의 교리, 도교적 철학, 그리고 신라의 민속 신앙으로 훈련받았다는 사실에도 불구하고 엘리트 화랑은 미륵(彌勒)이 신라의 통치아래 삼국의 통일과 평화를 가져다 줄 것이라는 희망을 가지고 있었기 때문에 특별히 미륵의 종교문화에 헌신했으며, 자신들의 이름을 불교의 전설적이고 역사적 인물을 본떠서 지었다(Grayson, 1989, p. 49). 실제로 부처가 불교의 번창과 삼국의 통일을 이룩하리라는 이념은 삼국 통일의 주요 근원으로 신라에서 큰 역할을 담당했다(Sawanda, 1985, p. 111).

이러한 관점에서, 저자는 화랑의 교육 사상은 불교, 유교, 도교, 그리고 민속종교와 더불어 신라의 민족주의를 종합한 것이나, 불교가 전반적으로 화랑의 정신세계를 포괄하고 있다고 주장한다. 통일신라시대에 불교는 왕실의 종교문화로서 그리고 국가수호종교로서 정치적 및 군사적 조직문화에 기여하였다. 반면에 유교는 윤리적 정치적 원리를 확립하는 데 영향을 끼쳤으며, 도교는 종교적으로 보다는 실제적 내지 관습적인 면과 군사 훈련에 이바지하였다. 그리고 신라의 민속신앙은 민족주의 발달에 영향을 끼쳤다. 화랑의 종교적 요소를 고려해 볼 때, 화랑의 교육과정은 학문적인 면보다는 군사적인 면에 치중하였고, 화랑의 주요한 기능은 군사적 기량을 연마하고 개발하는 것이었음을 추정한다. 이러한 맥락에서, 화랑의 조직은 불교의 교리와 사상을 강조하고 유교의 윤리적 이념을 포함하는 비정규적 불교 엘리트 교육기관이었다.

서기 668년에 화랑도에서 훈련을 받았던 신라의 엘리트에 의해 한반도의 통일이 이루어진 이후, 두 대표적 불교 종파인 오교(五敎)와 선종(禪宗)이 급속하게 팽창하였으며 더욱 복잡해지고 정교해지게 되었다. 오교는 - 율종(律宗: 규율종파), 화엄종(華嚴宗: 화엄종파), 법상종(法相宗: 중국에 있는 화상종파). 열반종(涅槃宗: 열반종파), 해동종(海東宗: 토착종파) - 통찰이나 자기반성 보다는 오히려 대장경의 연구에 초점을 두었다. 그러나 선종은 자신의 성찰에 목적을 두고 명상을 강조했다. 신라에는 구산선문(九山禪門)이라고 명명하는 9개의 선(禪)학교가 있었는데 이는 수미산, 봉림산, 성주산, 사자산, 통니산, 가지산, 실상산, 토굴산, 그리고 휴양산 이다. 이 선(禪)학교의 이름은 중심 사찰이 있는 산 이름을 따라 지었다(Grayson, 1989; Lee, 1984). 중국의 종교적 및 지적 경향을 따라 오교(五敎)와 선종(禪宗)은 신라인 삶의 토속적 토양을 채택하였다(Grayson, 1985). 아미타불에 바탕을 둔 불교는 토착 민간신앙에 혼합되었으며 신라의 대중 종교가 되었다. 통일신라왕국(AD 668 - 935)의 후반기에, 선불교(禪佛敎)는 쇠퇴한 신라왕국을 일으키기 위해 금욕 불교의 주요한 형식이 되었다.

2. 불교와 승려학교

한국 엘리트교육의 견지에서, 삼국시대와 통일신라시대의 정규 엘리트 교육기관에 대해서는 알려진 바가 거의 없다. 유일한 정보의 근원은 삼국사기나 삼국유사 그리고 해동고승전과 같은 오랜 역사서에 있는 간략한 기록뿐이다. 이러한 고서의 자료에 기초하여, 저자는 삼국시대와 통일신라시대에 엘리트 교육이 두 갈래로 실행되어져 왔다고 추론한다. 하나는 유교의 도덕적 가치뿐만 아니라 권위주의적 정치 구조를 확립하기 위해 유학(儒學)이나 중국의 고전을 강조한 유교교육과 관련이 있다. 그리고 다른 하나는 일인 통치자(王)에 의해 다스려지는 중앙집권적 왕조를 확립하고 불교를 국교로 삼기 위해 불교경전을 강조한 불교 승려학교와 관련이 있다.

환언하자면, 불교 승려학교는 비정규적인 교육구조, 폐쇄적인 행정 체계, 정신적인 수양을 위한 종교적 가르침을 신봉하고 있었다. 현대 고등교육의 견지에서, 삼국시대와 통일신라시대의 불교 교육기관은 서구 로마 가톨릭의 수도원이나 신학교와 같은 교육기관이었다고 추정한다.

특히 교육행정학적 관점에서, 불교 승려학교는 엄격한 규칙과 규범 아래 패쇄적 조직구조와 조직문화를 유지하였다. 저자는 불교 교육기관에 관한 역사적 기록이 거의 없어서 그 당시 불교 교육기관의 조직문화와 행정 제도를 일차자료로써 입증할 수 없지만, 찬란한 불교문화를 미루어 볼 때 이를 이룩한 탁월한 불교 승려 정치가들은 위계적인 왕권사회에서 정치적인 힘을 발휘한 권위적인 지도자로 추론한다. 이런 맥락에서 저자는 절대적인 종교적 권력으로 불교의 의례와 의식을 강조한 불교 교육기관들이 폐쇄적 조직체계를 유지하였으리라 추측한다. 한 예로 열반에 이르기 위한 참회를 실행하기 위하여 통일신라시대의 5교와 9산 선종은 깨달음을 이룬 미륵불이나 보살처럼 동화하기 위해 혹독한 심신의 훈련을 강조했다.

위의 사실들을 고려하여 현대 고등교육에 비추어 볼 때, 학문 중심의 불교 고등교육기관은 실존하지 않았으리라 추론할 수 있다. 그러나 신라의 승려학교는 불교의 가르침과 수도적인 규율을 향상시키고 불교 전통을 보존하기 위한 교육기관이었다.

요약하면, 삼국시대에 불교학교는 엘리트 승려를 육성하는 수도원적 특성을 지니고 있었다. 또한 불교학교는 종교적인 규범과 의식을 강조한 권위적인 지도력과 닫힌 조직문화를 지닌 독선적이며 폐쇄적인 구조를 가지고 있었다. 그럼에도 불구하고 불교는 전반적으로 정신적 내지 종교적으로 전근대 시대 한국의 엘리트 교육에 지대한 영향을 끼쳤다. 특히 통일신라시대와 고려시대엔 국교로서 전반적인 국가 및 사회 제도를 실제적으로 점유하고 있었다.

특별히 미륵불과 보살의 정신에 기초한 대자대비(大慈大悲) 정신은 조직문화의 중요 요소로 간주되어 한국교육행정에서 중요한 윤리적 가치로서 인식되고 있다. 특히 불교 경전을 기초로 한 팔정도(八正道)는 유교의 도덕 개념과 더불어 개인의 덕행 개발에 있어서 한국 전통윤리의 필수적 요소 중의 하나였다. 팔정도는 정견(正見), 정사(正思), 정어(正語), 정업(正業), 정명(正命). 정정진(正精進), 정념(正念), 정정(正定)이다. 이런 맥락에서 볼 때, 한국문화사에서 불교는 삼국시대와 통일신라시대뿐만 아니라 고려시대에도 국교로서 정신적, 문화적, 그리고 교육적으로 중요한 영향을 끼쳤다.

V
유교와 성균관 및 과거제도

1. 유교와 성균관

　불교와 함께 유교는 전근대시대에 한국의 사회 문화 전반에 걸쳐 가장 큰 영향력을 가졌던 주요한 사상적 지류였다. 초기 한국사의 기록인 삼국사기(Kim, 1145)와 삼국유사(일연, 1285)는 첫 유교 엘리트교육 기관인 태학(太學)이 372년 고구려 소수림왕 재위에 설립되었다고 기록하고 있다. 그러나 여러 이론가들에 의하면(Clark, 1981; Grayson, 1989; Yun, 1996) 유교는 역사적으로 중국 문명이 본격적으로 보급되기 이전에 중국 대륙을 통하여 한국으로 유입되었다고 주장한다.

　역사적으로 삼국시대의 국가들과 통일신라 및 고려 왕조는 유교를 군주의 권력을 확립하고 그들의 정치적 경제적 특권을 누리기 위하여 통치와 교육제도의 원리로 채택했다. 불교가 국가 이념과 종교로서 사회정치적 및 문화적으로 한국의 전근대 왕국 전체에 영향력을 가졌음에도 불구하고, 유교는 불교와의 마찰을 거의 일으키지 않고 전근대 모든 왕국에 걸쳐 윤리적 및 교육적 기능을 수행하였다. 특별히 통일신라와 고려시대에 불교는 왕실의 보호 아래 빛나는 발전을 가져왔다. 반면에 유교는 교육기관을 통하여 사회 정치적 원칙의 확립에 기여하였다. 정식 엘리트 교육은 중국의 교육제도와 이념을 수용한 삼국시대(57 BC - AD 668)에 시작되었다(Kim, 1145; Lee, 1984).

다음으로, 백제에서는 고구려와 같이 유사한 교육기관을 명시한 역사적 기록이 없음에도 불구하고 백제 또한 유교교육기관이 있었으리라 추정한다. 유네스코 한국연구(1960)에 의하면 "후주서" 혹은 중국 후 주 왕조의 역사는 백제의 상류층 사람들이 고구려인과 마찬가지로 오경(五經)과 같은 중국 서적을 즐겨 읽었다고 기록하고 있다. 또한 고대 일본 기록에 기초하여(Nihongi, Vol. 1, Trans., Aston, 1896, pp. 262 - 63; Kojiki, Trans., Chamberlain, 1973, p. 306), 백제는 중국의 인문학을 교육받고 많은 학자들을 배출하였으며 여러 학자들이 고대 일본 문화 발전에 지대하게 기여하였다. 그들 중 대표적인 두 학자는 아직기(阿直岐)와 왕인(王仁)이다. 아직기는 고대 일본 왕자의 스승이 되었고, 왕인은 유교 경전 사본과, 천자문, 일본에 중국문자를 가르치기 위한 기본 교재를 전달하였다(Aston, 1896; Chamberlain, 1973).

마지막으로 신라는 중국의 교육제도와 조직을 도입하는데 고구려와 백제에 훨씬 뒤떨어져 있었다. 한반도의 통일에 뒤이어 신문왕 재위 682년에 국학(國學)이 설립되었다. 신라의 학교는 권위주의적인 사회정치적 구조를 확립하는 것뿐만 아니라 귀족의 특권을 유지하기 위해 유교의 학습과 중국 고전을 강조했다. 경덕왕이 다스리던 시기(742 - 765)에 국가 기관은 태학감(太學監)으로 개명하였고, 원성왕 4년(AD 788)에 독서삼품과(讀書三品科)[1]라 불리는 3단계의 능숙도로 등급을 정하는 중국

---

1) 788년(원성왕 4년) 유교정치사상에 입각한 정치운영을 목적으로 국학(國學) 내에 설치하였다. 학생들의 독서능력에 따라 성적을 3등급으로 구분하여 관리로 선발하는 데 참조하였다.

고전 시험으로 국가의 관료를 선발하기 위해 개최되었다(Kim, 1145, p. 165). 이 시험이 중국 당나라의 시험제도를 모방하였음에도 불구하고 이는 국가시험으로서 매우 중요한 의미를 가지고 있을 뿐만 아니라 고려와 조선왕조 시대의 국가고시(科擧)의 표본이 되었다.

삼국시대의 태학(太學)이나 국학(國學)과 같이 고려왕조는 시조인 태조 재위(918-943)에 엘리트 학교가 있었다(K. Lee, 1984, p. 119; Lee, 1986, p. 47). 열렬한 불교 신봉자인 태조가 국가 종교로서 불교를 채택했음에도 불구하고 그는 새로운 통일왕조를 공고히 하기위해 학문을 독려했다. 신실한 불교인이자 유교인인 성종의 재위 10년(AD 992)에 중국 교육제도를 도입하여 국립엘리트학교인 국자감(國子監)을 설립하였다.

국자감은 세 대학을 포함하고 있었다. 즉 국자학(國子學), 태학(太學), 그리고 사문학(四門學)이다. 인종 재위(1122-1146)에 이 교육기관은 3개의 대학-율학(律學), 서학(書學), 산학(算學)-을 추가하였다. 각 대학들은 입학자격과 교육과정 그리고 강사에 있어 차이가 있었다. 3개의 단과대학 가운데 전자의 교육과정은 주로 중국 고전인 5경2), 효경, 논어였으며, 후자의 교육과정은 법률이나 중국의 서필 혹은 산학과 같은 각기 기술적인 영역들이었다. 인종 재위에 국자감의 확대와 더불어 향교(鄕校) 혹은 추현학이라 불리는 관립학교들이 천민이나 승려의 자식을 제외한 지방 사람을 교육하기 위하여 지방에 설립되었다.

한편 사립기관인 특히, 십이도(十二徒: 12개 사학의 총칭)가 불교와

하품(下品)은 ≪곡례(曲禮)≫ ≪논어≫. 중품(中品)은 ≪곡례≫ ≪논어≫ ≪효경(孝經)≫을 읽을 줄 아는 자, 상품(上品)은 ≪춘추좌씨전(春秋左氏傳)≫ ≪예기(禮記)≫ ≪문선(文選)≫을 읽어 그 뜻에 능통하고 아울러 ≪논어≫ ≪효경≫에도 밝은 자가 되었다. 특히 오경(五經)·삼사(三史:사기·한서·후한서)·제자백가(諸子百家)의 서적에 모두 능통한 자는 관리로 특별 채용하였다

2) 공자(孔子)가 편찬 및 저술에 관계했다고 하여 존중되는 경서 가운데 특히 중요한 것으로서, 일반적으로 ≪역경(易經)≫ ≪서경(書經)≫ ≪시경(詩經)≫ ≪예(禮)≫ ≪춘추(春秋)≫를 가리킨다.

유교에 대하여 경외심을 가지고 있던 문종 재위(1046-1083)에 수도인 개경에서 일어났다. 십이도를 설립했던 대부분의 사람들은 전직 국가 관리와 저명한 유교 학자들이었다. 사립학교가 번성하면서 국(관)립학교는 점차 시들어 갔다. 대부분의 귀족들은 자신의 자손들이 국(관)립학교보다 십이도에 다니는 것을 큰 영광이라고 생각했다(Choo, 1961; Lee, 1986). 이러한 상황과 관련하여 예종(1103-1122)은 국립학교 학과의 여러 영역에 강의를 개설했는데 과목은 다음과 같다: 사기(史記), 주역(周易). 예기(禮記), 법가(法家). 시경(詩經). 춘추(春秋)이다(Choo, 1961, p. 13; Lee, 1986, p. 55). 인종(1122-1146)은 국립엘리트학교를 확대하였다. 그 후 국자감(國子監)의 이름이 국학(國學)으로, 다음엔 성균관(成均館)으로 변경되었음에도 불구하고 학교의 기본적인 특징과 제도들은 거의 그대로 존속하였다.

고려시대(918-1392)에 국가와 지방의 교육조직은 관리를 선발하는 방법으로 중국에서 고안된 시험제도(科擧)와 밀접한 관련이 있었다. 과거(科擧)제도는 광종10년(AD 958)에 설립되었으며 세 가지 기본 형태로 구성되었다. 제술업(製述業)은 중국 고전 문학의 작문과 관련이 있었으며, 명경업(明經業)은 유학 경전과 관련된 고전을 시험했고, 그리고 잡업(雜業)은 율학, 산학, 서예, 의학, 천문, 풍수를 치르게 하였다(K. Lee, 1984; Lee, 1986).

제술업과 명경업은 국가의 관리를 선발할 목적으로 시행되었고, 잡업은 여러 국가기관에 근무할 다양한 전문가를 선발하기 위해 시행되었다. 고려의 귀족 정치 구조와 엄격한 사회 지위제도를 고려하면 관리를 선발하는 두 시험이 잡업보다는 더욱 위상이 높고 중요했다. 이 과거제도는 고려사회의 귀족 제도를 유지하기 위한 수단이었을 뿐만 아니라 후일 조선왕조 과거제도의 모태였다.

조선왕조의 시작부터 유교는 유교의 윤리와 가치를 추종할 수 있는 백성을 교화하고, 관료를 선발하기 위한 핵심적인 국가 이념이었다. 조선시대 유교는 모든 것의 척도였다. 유교 국가로서 조선왕조는 유교 교육기관과 과거제도를 통하여 권위적인 관료사회를 확립하였다.

조선시대에 교육기관으로 다음과 같은 국(관)립과 사립 학교기관이 있었다. 즉, 국립고등교육기관으로서 태학(太學) 혹은 성균관(成均館), 중등교육기관으로서 중앙 관립학교인 오부학당(五部學堂 혹은 五學), 후일에 사부학당(四學), 수도에 종학(宗學), 지방 관립학교인 향교(鄕校), 제학(提學: 기술학교), 서원(書院: 사립학교), 그리고 사립초등마을학교인 서당(書堂)이 있었다.

이들 학교기관 가운데 조선왕조 최고 국립기관으로서 성균관은 삼국시대와 고려시대의 태학, 국학 그리고 성균관의 조직구조, 교과과정 및 기능을 계승하였다. 그러므로 성균관은 한국 유교의 모태이자 성역으로 간주할 수 있다. 이러한 유학기관을 통해 조선의 유교는 삼국시대, 통일신라, 후기 고려시대의 성리학(性理學)을 포함하여 유교의 전통을 계승하였다. 성균관을 포함하여 유교의 엘리트교육은 주로 과거시험에 합격하여 관료를 배출하기 위한 수단으로 간주되었다. 따라서 유교의 엘리트교육과 과거제도는 불가분의 관계가 되었다.

조선왕조의 성균관은 고려의 국립대학인 국자감을 본떠서 조선왕조의 창시자인 태조 재위(1392 - 1398) 한양(현재 서울)에 세워졌다. 성균관은 주자가례(朱子家禮)에서 인용한 "조화의 공간"을 의미하고 균형 잡힌 개인의 계발(啓發)을 상징화 하고 있다(Galt, 1929, p. 33). 조선왕조실록(朝鮮王朝實錄)의 기록에 의하면 성균관의 교육 목적은 유교의 도덕적 원칙을 세우고, 유교의 현인(賢人)을 통하여 균형 잡힌 개성을 계발하며, 덕성 있는 유교 관료를 육성하기 위함이다. 국립엘리트교육기관인 성균관(成均館)은 명륜당(明倫堂: 학생들의 강의실), 문묘(文廟: 공자의 사당), 전경각(典經閣: 도서관), 식당, 편의실과 같은 여러 건물이 있었다. 성균관은 유학의 최고 국립교육기관일 뿐만 아니라 유교 제례를 수행하는 지고의 유교 성소였다.

경국대전(經國大典: 1485)에 의하면, 성균관의 조직 구조는 정이품(18공직 지위 중에서 두 번째 등급)의 "지사(知事)," 두 사람의 부지사(同知事), 한 사람의 관리자(大司成), 두 사람의 부관리자(司成), 세 사람의 교육과정 운영자(司藝), 네 사람의 강좌지도자(直講), 그리고 몇몇 교직원들로 이루어졌다. 양반 관료의 자손들인 성균관의 학생들은 2백 명의 생원(生員: 초시 합격자, 고전반 학생)과 진사(進士: 문과반 학생)로 구성되었다. 성균관의 교과과정은 주로 유교 경전과 중국 역사 및 중국 명필가의 다양한 서체에 대한 강경(講經: 읽기)과 제술(製述: 쓰기 혹은 작문)로 구성되었다.

성균관의 학생들은 읽기, 쓰기, 토의, 발표, 시험과 같은 여러 가지 교수법에 의해 그들의 학습을 실행하도록 고취되었다. 그들은 유교 의례에 참여하여 교육에 커다란 의미를 부여하고 있는 유교의 현인들에게 경외심을 나타내었다. 이와 같은 공식적인 의례의 전통은 유교사회 관례의 주류가 되었다. 성균관의 학생들은 과거시험을 치르고 그들의 학습을 장려하기 위한 큰 특권으로 상당한 자치권이 주어졌다. 한 예로, 학생들은 때때로 교육이나 국가 정책에 의견을 반영하려고 노력하거나 비합리적인 교육행정에 대해 반대 의사를 표명하였다. 학교 당국이 엄격한 법령과 규칙아래 그들을 통제하고 감독하였음에도 불구하고 성균관 학생들에게 별도 교육활동이 허락되었다.

성균관의 조직문화를 살펴보면, 대학 구성원들은 공식지위 계층에 따라 차등화 되었기 때문에 고도의 위계적이고 중앙집권화 된 조직문화를 가지고 권위적인 지도력을 실행하였다. 게다가 좌석 배치는 위계에 기초하여 공식적인 직위와 나이의 순서에 의하여 결정되었다. 따라서 조직구조, 좌석 배치, 교과과정, 그리고 강의 방법을 고려하면, 저자는 성균관의 조직문화는 유교의 가치와 규범, 의식에 기초한 형식적인 권위주의, 독단적인 의사소통, 그리고 연공서열(年功序列)을 유지해 온 폐쇄적 조직구조라고 평가한다.

2. 유교와 조선시대의 과거제도

성균관과 더불어, 조선시대에 유교의 교육은 중국의 문관시험제도를 본뜬 과거제도(科擧制度)와 관련이 있다. 과거제도의 기원은 고대 중국사, 특별히 중국의 요, 순 통치 시대(2357－2205 BC)까지 기원을 거슬러 올라가며, 주나라(1122－255(?) BC), 진나라(255－206 BC), 한나라(349 BC－AD 220)에서 계승 발전되었다(Galt, 1929, pp. 152－53; Kuo, 1915, pp. 7－8). 한국에서는 앞에서 언급했듯이 신라 원성왕 4년(AD 788)에 개설되었던 독서삼품과(讀書三品科)가 첫 국가시험의 기원이 되었으나 신라의 신분제도인 골품제(骨品制)로 인해 성공을 보지 못하고, 한반도에 있어서 과거제도는 고려 광종 10년(AD 958)에 도입되었다(K. Lee, 1984; S. Lee, 1994).

조선시대의 과거제도는 고려왕조의 과거제도를 이어받아 행정 관료를 선발하기 위하여 중국 역사, 고전 및 유교 경전에 기초한 국가시험이었다. 조선의 위정자들은 자신의 특권과 이재(利財)를 유지하고 통치권력을 강화하기 위해 이 제도를 이용하였다. 당시 지배세력이었던 양반계층이 문/무관이 되려는 임용시험을 독점했다. 비록 과거제도가 명시적으로는 일반 백성에게 개방되었으나 의식주 문제 해결, 각종 노역 참가, 유교의 공사립학교 교육 기회 부재, 지리적 혹은 환경적 어려움 등으로 인해 평민들은 거의 시험에 응시하는 것조차 어려웠다. 그러므로 과거시험은 양반의 전유물이었다. 박선영(1996)이 지적했듯이 과거(科擧)의 합격은 개인의 영예이자 가문의 영광이요 자식으로서 가장 바람직한 효도로 중요시 되었다(p. 141).

조선왕조 태조 원년(1392), 과거제도는 태조실록 1권에 다음과 같이 기록되어 있다.

> 문/무관 시험은 부당하게 운영되어질 수 없다. 과거제도의 근본 목적은 국가를 위하여 재능 있는 사람들을 선발하는 것이며... 첫 번째 시험(初章)의 지원자들 은 사서와 오경 및 통감[洞鑑: 중국의 역사서]을 응시하게 될 것이다. 시험에 합 격한 사람들은, 시험의 등위에 따라 예조(禮曹)로 보내어질 것이다. 예조에서는 지원자들이 또 다른 시험(中章 혹은 두 번째 시험)을 산문과 시로써 치르게 되 며, 마지막 시험(終章)으로 구두시험을 치른다. 세 과정 시험에서 합격한 지원 자들 중에서 33명은 이조(吏曹)에 보내져 그들의 재능에 따라 공직에 배치될 것 이다(1권, 7월 정미일, 태조 원년).

과거제도는 세 종류의 시험을 위해 3년마다 정기적으로 개최되었으며(式年試) 때때로 국가의 중대한 일을 기념하고자 하는 특별한 시험(別試)이 주어지곤 했다. 경국대전(1485)에 의하면, 과거(科擧)는 문과(文科), 무과(武科), 잡과(雜科) 시험으로 구분되었으며, 첫째로, 문과 시험은 두 수준으로 실행되었다: 낮은 수준의 소과(小科) 혹은 사마시(司馬試)와 높은 수준의 대과(大科) 혹은 문과(文科). 소과는 생원과(生員科)와 진사과(進士科)로 차별화 된다. 두 시험은 초시(初試)와 복시(覆試)로 시행된다. 전자는 시험 장소에 따라 한성시(漢城試)와 향시(鄕試)라 불리고, 복시(覆試)는 예조의 감독아래 수도(議政府)에서 개최되었다. 생원과(유교 경전 시험) 혹은 진사과(중국 고전 문학 시험)에 합격한 사람들은 선비로서 성균관에 입학할 자격이 부여될 뿐만 아니라 높은 관직에 이르는 등용문에 해당하는 문과(文科) 혹은 대과(大科)에 응시할 자격이 주어진다. 문과는 세 차례의 시험 — 초시(初試), 복시(覆試), 전시(殿試) — 으로 구성된다.

첫 시험은 시험 장소에 따라 관시(館試: 성균관시험), 한성시(漢城試: 중앙시험), 그리고 향시(鄕試: 지방시험)로 시행된다. 시험과목은 유교 경전, 중국 역사, 시, 사회적 논란에 관한 문제를 쓰는 것이며, 두 번째 시험은 첫 번째 시험 합격자들 중에서 33명의 성공적인 합격자를 선발하기 위해 치르는 것으로 시험과목은 유교 경전, 중국 역사와 시를 읽고 쓰고, 사회 폐단이나 논란을 기술하는 것이었다. 마지막 시험은 왕 앞에서 갑, 을, 병과(甲, 乙, 丙科) 순위를 결정하기 위해 두 번째 시험에서 선발된 33인이 치른다. 시험 결과 순위는 3인의 갑과(甲科), 7인의 을과(乙科), 23인의 병과(丙科) 이다. 특별히, 갑과(甲科) 세 명 중의 가장 특출한 자는 장원(壯元), 뒤를 이어 방안(榜眼), 그 다음을 탐화랑(擔花郎)이라 부른다. 33인의 최종 합격자들은 순위와 과별에 따라 각기 다른 품계의 관료로 임용된다[3].

둘째로, 무과 시험도 문과 시험과 마찬가지로 시행되었다. 무과 시험은 고려후기에 처음 실시되었으나 조선 왕실 역시 무관을 선발하기 위하여 이 시험을 실행하였다. 대부분의 지원자들은 하위직 관료나 무관 가족들 출신이었다. 시험 과목은 무예, 유교 경전, 군사 전술과 지식이었다.

마지막으로 잡과는 외국어, 의학, 천문학(풍수, 기상학을 포함), 법

---

3) 장원랑(壯元郎)이라 하여 종6품에 홍문관(弘文館) 벼슬을 주었고, 둘째는 방안(榜眼) 또는 아원(亞元)이라 하여 정7품, 셋째는 탐화랑(探花郎) 또는 담화랑(擔花郎)이라 하여 역시 정7품의 품계를 주었다.

과 같은 기술이나 전문 직업 업무 종사자 선발을 위하여 주어졌다. 즉, 이 시험은 통역사, 의사, 별을 관찰하고 달력을 만드는 천문가와 율사를 선발하기 위하여 개최되었다. 지원자들은 그들의 전문 분야를 치렀으며 대부분의 지원자들은 중인 출신이었다.

조선왕조의 약 500년 동안, 과거제도는 많은 우여곡절과 문제가 있었다. 그럼에도 불구하고 과거제도는 가문의 영광이 되고 관료가 되기를 바라는 젊은 유생을 위한 입신의 관문이자 조선시대 교육의 중추였다. 따라서 저자는 조선시대에 교육의 궁극적인 목적은 과거에 합격하여 관료의 지위를 얻는 것이었다고 주장한다. 과거시험은 현재의 공무원시험, 특히 사법고시와 행정고시의 모태로 간주해도 지나치지 않다.

요약하면, 유교의 양반사회에서 유교는 황금률이었다. 환언하자면 유교는 조선의 정치, 경제, 사회, 문화 및 교육을 전반적으로 지배하였다. 조선왕조 사회는 유교로인해 권위적이고 위계적인 조직문화를 형성하였고 양반의 관료문화 특히 양반 남성 위주의 지배문화를 이루었다. 조선왕조의 통치자와 관료들은 그들의 정치경제적 권력으로 거의 모든 농토를 차지하였다. 조선왕조 사회는 유교의 가치에 기초한 복종과 차별, 전통적인 가부장적 집산주의를 강조한 폐쇄적인 조직구조를 형성하였다.

조선왕조는 대체로 유교를 제외한 모든 종교와 철학적 사상을 배제하고, 조선의 엘리트교육은 단지 양반의 관료주의적 국가를 지지할 유교의 윤리와 가치를 확립하는데 초점을 맞추었다. 결론적으로, 유교는 조선시대에 정치, 사회, 교육 제도 그 자체였으며, 성균관과 과거제도에 있어서 조직문화의 핵심이었다.

VI

요약 및 결론

이 연구에서 전근대 한국 엘리트교육의 발달사에 초점을 맞추어 교육행정학적 입장에서 전근대 한국의 엘리트교육에 있어서 두 핵심 종교의 영향력을 탐구하기 위해 저자는 세 가지 연구 문제를 설정하였다. 이 연구 문제를 석명하기 위하여 서술적 내용 분석방법을 이용하였다.

첫째, 한국문화사에서 두 종교-불교와 유교-의 특징은 중국으로부터 소개된 외국 사상으로 정치적 윤리적 지침을 제공한 국가적 문화와 종교로 수용되었다. 삼국시대에 불교는 민족의 전통적인 종교와 더불어 외래 종교와의 융합이 이루어져 호국불교로 구체화되었다. 특히, 통일 신라와 고려시대에 국교로서의 불교는 고대 한국사회와 문화를 지배하였다. 반면에 유교는 당시 상류계층에 중요한 정치 윤리적 가치로 확산되었다. 그러나 조선왕조 개국부터 유교는 정치, 사회, 문화, 교육 제도 그 자체로서 뿐만 아니라 국가적 이념과 종교가 되었다. 그러므로 유교의 가치는 조선시대 엘리트교육의 측면에서 보면 조직문화의 핵심이다.

둘째, 화랑(花郎)은 불교의 이념, 유교의 도덕성, 도교의 철학, 그리고 무술을 익히고 실행하기 위한 집단이자 신라 엘리트 젊은이들을 위한 교육기관이었다. 화랑의 교육 사상이 신라의 전통적인 신앙과 더불어 유교, 불교, 도교 사상 및 민족주의의 결합체였음에도 불구하고 화랑의 궁극적인 목적은 미륵사상을 구현하는 것이었다. 이런 맥락에서 불교와 유교는 화랑 교육에 핵심적 요소였다고 평가한다.

교육행정학적 관점에서, 저자는 비정규적인 불교 교육기관으로서 오교(五敎)와 선종(禪宗)은 종교적인 의식과 규범을 강조한 금욕적인 생활에 기초하여 독단적이고 폐쇄적인 조직문화를 유지하였다고 평가한다. 그러므로 초기 역사시대에 불교는 화랑을 비롯한 비정규적인 불교 교육기관에 독단적이고 종교적인 강력한 영향력을 행사했으리라 주장한다.

마지막으로, 유교가 국교인 조선왕조시대에 성균관은 최고의 엘리트교육기관으로서 유교의 지주이며 과거제도는 유교교육의 중추라고 판단한다. 따라서 성균관은 유교의 영향력을 받아 제도적으로 집산적이고 권위적인 조직문화를 유지하였다고 평가한다.

현재 한국의 고등교육에 건실한 조직문화를 이루기 위해 저자는 교육행정가들이 고대 한국 엘리트교육에 영향을 미쳤던 전통적인 종교적 요소의 장점을 수용해야 한다고 주장한다. 불교의 본질적 특성에 기초한 자비는 유교의 인(仁), 기독교의 사랑과 더불어 중요한 윤리적 덕목이다. 또한 유교의 윤리적 가치와 불교의 교리들은 개인의 덕행과 지도력을 개발하고 조직에 건강한 문화를 조성해줄 수 있는 중요한 요소이다.

결론적으로 이 연구는 한국문화사의 전근대적 시기에 있어서 유교와 불교에 관하여 기술적 내용분석법을 사용함으로써 문헌 자료에만 의존한 약점을 가지고 있다. 이러한 약점에도 불구하고 저자는 이 연구가 한국고등교육행정에 건실한 조직문화를 구축할 수 있는 귀중한 기초 자료를 제공하여 현재와 미래의 고등교육행정가에게 도움을 주고, 한국고등교육관련 연구자에게는 미래의 보다 심층적인 연구를 위한 새로운 방향을 제시해 줄 수 있기를 바란다.

참고문헌

Ahn, H. S.(1979). *Dangun and Hwarang's History and Philosophy*, Seoul: Sarimwon. Aston, W. G., 1905, *Shinto* (The Way of Gods), New York: Longmans, Green, and Co.

de Bary, W. T.(1996). "Confucian Education in Premodern East Asia," in Tu, Wei‐ming (ed.), *Confucian Traditions in East Asian Modernity*, Cambridge, Mass.: Harvard University Press.

Blackburn, S.(1994). *The Oxford Dictionary of Philosophy*, Oxford: Oxford University Press.

Borg, W. R. and Gall, M. D.(1989). *Educational Research: An Introduction*, Fifth Edition, White Plains, NY: Longman.

Buswell, R. E. Jr.(1989). "Buddhism in Korea," in Kitagawa, Joseph M. (ed.), *The Religious Traditions of Asia*, New York: Macmillan Publishing Company.

Chen, J.(1993). *Confucius as a Teacher*, Selangor Darul: Delta Publishing Sdn Bhd.

Cho, C. H.(1996). *Hankuk Kwakeo jedosa yeonku* (A Study of Korean Kwa‐keo Systems), Seoul: Beomwoosa.

Choo, Y. H.(1961). *The Education in the Yi Dynasty*, Seoul: Soodo Women's Teachers College.

Chung, B. J.(1996). "Korean Buddhism: Harmonizing the Contradictory," in Kim, Joungwon, *Koreana: Korean Cultural Heritage*, Vol. II, Thought and Religion, Seoul, Korea: Samseong Moonhwa Printing Co.

Chung, N.(1992). Choson jeonki Seongkyunkwan‐ui hakryukpyungkwa (The Evaluation of Academic Abilities of Seongkyunkwan in the Pre‐Choson Period), *Hankuk‐kyoyuk*, 19, pp. 1‐21.

Clark, C. A.(1981). *Religions of Old Korea*, New York: Garland Publishing Inc.

Creel, H. G.(1949). *The Man and the Myth*, New York: The John Day Company.

Fingarette, H.(1972). *Confucius: The Secular as Sacred*, New York: Harper & Row, Publishers.

Fung, Y.(1966). *A Short History of Chinese Philosophy*, Bodde, D. (ed.), New York: The Free Press.

Gakhoon, c.(1215). *Haedong −kosung −cheon* (Bibliographies of Eminent Korean Monks).

Galt, H. S.(1929). *The Development of Chinese Educational Theory*, Shanghai: The Commercial Press, Ltd.

Gay, L. R.(1992). *Educational Research Competencies for Analysis and Application*, New York: Macmillan Publishing Company.

Grayson, J. H.(1985). *Early Buddhism and Christianity in Korea*, Leiden, The Netherlands: E. J. Brill.

Grayson, J.H. (1989). *Korea: The Religious History*, Oxford: The Clarendon Press.

Grosof, M. S., & Sardy, H.(1985). *A Research Primer for the Social and Behavioral Sciences*, Orlando, Florida: Academic Press, Inc.

Hahn, Kiun(1969). "The Historical Development of the Educational Ideas in Korea," *Journal of Educational Research*, 7(2), pp. 74 − 85.

Han, W. K.(1988). *The History of Korea*, Lee, K. S. & Mintz, G. K. (trans.), Honolulu: University of Hawaii Press.

Hankuk − cheongsin − moonhwa − yeonkuwon,*(ed.)*.(1992). *Silla Hwarang yeonku (A Study of Silla's Hwarang)*, Seoul: Koryowon.

Hart, D. M.(1993). "Class Formation and Industrialization of Culture: The Case of South Korea's Emerging Middle Class," *Korea Journal*, 33(2), pp. 42 − 57.

Hofstede, G. & Bond, M.(1988)."The Confucius Connection: from Cultural Roots to Economic Growth," *Organizational Dynamics*, 16, pp. 5 − 21.

Hong, S. Y.(1970). Silla Hwarangdo − ui yeonkusajeok kochal (A Review of Silla's Hwarangdo), *Sillakaya −moonhwa*, 2.

Hong, S. Y.(1971). Silla Hwarangdo − ui yeonku (A Study of Silla's Hwarangdo), *Sillakaya −moonhwa*, 3.

Houtart, F.(1978). "Sociological Aspects of Christian Churches' Penetration in the Confucian Regions of Asia," *Social Compass*, 25(2), p. 241.

Hyman, H.(1955). *Survey Design and Analysis*, Glencoe, Illinois: The Free Press.

Iryon(1285). *Samguk −yusa* (Legends and History of the Three Kingdoms of Ancient Korea), Ha, Tae − Hung & Mintz, G. K., (trans.), Seoul, Korea: Yonsei University Press.

Janelli, R. L., Janelli, D. Y., & Yim, S.(1989). "Korean Religion," in Kitakawa, J., (ed.), *The Religious Traditions of Asia*, New York: Macmillan Publishing Company.

Kihl, Y. W.(1994). "The Legacy of Confucian Culture and South Korean Politics and Economics: An Interpretation," *Korea Journal*, 34(3), pp. 37 − 53.

Kim, A. E.(1995). "A History of Christianity in Korea: From its Troubled Beginning to Its Contemporary Success," *Korea Journal*, 35(2), pp. 34 − 53.

Kim, B. S.(1960). "Hwarangdo − ui kyoyukjeok kachi" (The Educational Values of Hwarangdo), *Kyungbukdaehakkyo − nonmoonjip*, 4.

Kim, Busik(1145). *Samguk −sagi* (Historical Record of the Three Kingdoms), Lee, Byungdo, (trans.), Seoul, Korea: Eulyu − moonhwasa.

Kim, C. C.(1972). "Directions in the Basic Philosophy and Organization of Higher Education," *Korea Journal*, 12(12), pp. 22 − 26.

Kim, C. H.(1978). Hwarangdo kyoyuk sasang − ui ilyeonku (A Study of the Educational Thought of Hwarangdo), *Kongjoo −kyoyukde −nonmoonjip*, 14 (2).

Kim, I. et al.(1983). *Hankuk −ui jeontong kyoyuk sasang* (Traditional Educational Thought in Korea), Seoul, Korea: The Academy of Korean Studies.

Kim, P. B.(1981). *Hwarang −yoeisa (Hwarang's Miscellaneous Stories)*, Seoul: Imoonsa.

Kim, R.(1984). *Korean Education in Research Perspectives*, Seoul, Korea: Jong −Gak Publishing Co.

Kim, S. I.(1961). *A Study of Certain Aspects of Educational Roots in the Republic of Korea*, Unpublished Ed. D. dissertation, Syracuse University.

Klaus, F.(1980). *Content Analysis: An Introduction to Its Methodology*, Beverly Hills, CA: Sage.

Kojiki(Records of Ancient Matters), Chamberlain, B. H., (trans.)(1973). Tokyo, Japan: The Asiatic Society of Japan.

Kuo, P. W.(1915). *The Chinese System of Public Education*, New York: Teachers College, Columbia University.

Kyungkuk − Daecheon(1485).

Lee, B. D.(1986). *Hankuk −yuhaksaryak* (A Brief History of Confucianism in Korea), Seoul, Korea: Asia − moonhwasa.

Lee, J. K.(1997). *A Study of the Development of Contemporary Korean Higher Education*, Unpublished Ph. D. dissertation, The University of Texas at Austin.

Lee, J. K.(1998). Religious Factors Historically Affecting Premodern Korean Elite/Higher Education, *The SNU Journal of Educational Research*, Vol. 8, 31 − 63.

Lee, K. B.(1984). *A New History of Korea*, Wagner, E. W., & Shultz, E. J. (trans.), Cambridge: Harvard − Yenching Institute.

Lee, N. P.(1994). Money Culture and Higher Education, *Korea Journal*, 34(2), pp. 48 − 56.

Lee, S. K.(1995). *Hankuk munhwasa gekwan* (Outline of History of Korean Culture), Seoul, Korea: Hyun − daesa.

Lee, S. K.(1951). *Hwarangdo yeonku* (A Study of Hwarangdo), Seoul: Haedongmoonhwasa.

Lee, S. M.(1994). *Hankuk −ui Kwa −keo jae −do* (The Korean Kwa − keo Systems), Seoul, Korea: Jipmoondang.

Lee, S.(1996). *Choson −ui Seongkyunkwan −gwa Seowon* (Choson's Seongkyunkwan and Seowon), *Hankuksasiminkangchoa* 18, pp. 45 − 71.

Lee, S. W.(1995). *Seongkyunkwan −ui kyoyuk siseol yeonku* (A Study of Seongkyunkwan's Educational Facilities), Koryodae −kyoyuk −moonche −yeonku, 7, pp. 193 − 207.

Lee, W. H.(1984). *Kyoyuksa* (History of Education), Seoul: Baeyoungsa.

Lee, W. J.(1996). *Choson −jeonki Kwa −keo chedowa kyoyuk moonhwa yeonku* (A Study of the Kwa − keo System and Educational Culture in the Early Choson Period), Doctoral dissertation, Yonsei University.

Misina, A.(1943). *A Study of Silla's Hwarang*, Lee, Wonho (trans.), 1995, Seoul: Jipmoondang.

Moritz, R.(1990). *Die Philosophie im Alten China* (Philosophy in Old China), Berlin: Deutscher Verlag der Wissenschaften.

Nihongi(Chronicles of Japan from the Earliest Times to AD 697), Vols. I & II, Aston, W. G., (trans.), 1896, London: The Japan Society.

Park, C.(1962). Hwarang jipdan — ui kyoyuk — jedowa geu siljaee kwanhan kochal (A Study of the Educational System and Practice of the Hwarang Group), *Pusan —kyoyuk —dehak —yonku —boko*, 1 — 2.

Park, S. Y.(1996). "Confucian Influences on Education," in Kim, J. W., (ed.), *Koreana: Korean Cultural Heritage*, Vol. Ⅱ, Thought and Religion, Seoul, Korea: Samsung Moonhwa Printing Co.

Patton, M. Q.(1990). *Qualitative Evaluation and Research Methods*, Second Edition, Newbury Park: Sage Publications.

Psacharopoulos, G.(1984). "The Contribution of Education to Economic Growth: International Comparisons," in Kendrick, *Economics of Education*, pp. 335 — 355.

Pyun, H. K.(1987). *Hankuk Kwakeo —sa* (History of Korean Kwa — keo), Seoul: Myeong — ui — hoi.

Ross, N. W.(1981). *Buddhism: A Way of Life and Thought*, New York: Vintage Books.

Rutt, R.(1961). *The Flower Boys of Silla*, Royal Asiatic Society: Korea Branch Transactions, Vol. 38.

Sawanda, J.(1985). "Socio — Political Dimensions in Korean Eschatologies," in Flinn, F. K. & Hendricks, T. (eds.), *Religion in the Pacific Era*, New York: Paragon — House Publishers.

Shin, C. J.(1988). *Choson choki Seongkyunkwan unyoungkwa kyoyuk kaehyuk —e kwanhan yonku* (A Study of the Management of Seongkyunkwan and Educational Reform in the Early Choson Period), Kwandongde —kwandongsahak 3, pp. 1 — 45.

Shin, C. S.(1990). A Study of the Systematic History of Educational

Management of Seongkyunkwan in the Early Choson Period: the Number of Student and the Years of Schooling (Korean), *Myungjisaron* 3, pp. 41 - 72.

Silla - moonhwa - seonyanghoey(1989). *Silla Hwarang -ui jechomyung* (Review of Silla's Hwarang), Kyungju: Silla - moonhwa - seonyanghoey.

Son, I. S.(1964). "Silla Hwarang kyoyuk - ui yeonku" (A Study of Silla's Hwarang), *Kyoyukhak -yeonku*, Vol. 2.

Son, I. S.(1966). Silla Hwarangdo kyoyuk - gwa seoyang joongse kisado - ui kyoyuk (Education of Silla's Hwarang and Education of European Knights in the Middle Ages), *Kyoyukhak -yeonku*, Vol. 4.

The Korean National Commission for UNESCO(1960). *UNESCO Korean Survey*, Seoul, Korea: The Dong - A Publishing Co., Ltd.

Tu, W. (ed.)(1996). *Confucius Traditions in East Asian Modernity*, Cambridge, Massachusetts: Harvard University Press.

Underwood, H. H.(1926). *Modern Education in Korea*, New York, New York: International Press.

Weber, M.(1947). *The Region of China: Confucianism and Taoism*, Gerth, H. H., (trans. & ed.), 1962, The Free Press.

Yang, C. K.(1967). *Religion in Chinese Society*, Berkeley: University of California Press.

Yun, S. S.(1996). "Confucian Thought and Korean Culture," in Kim, J., (ed.), *Koreana: Korean Cultural Heritage*, Vol. II, Thought and Religion, Seoul, Korea: Samsung Moonhwa Printing Co.

제2장

기독교와 근대 한국의 고등교육

I

한국에서의 로마 가톨릭과 개신교 : 역사적 개요

역사적으로 한반도에서 한국 사람들이 기독교와 첫 번째 접촉은 16세기 후반이었다(Clark, 1981; Grayson, 1985; Janelli et al., 1989; Kim, 1995). 한반도에 로마 가톨릭이 소개된 것은 임진년(AD1592) 일본의 도요토미 히데요시 주도의 한국 침략[임진왜란]시기이다. 도요토미 히데요시 군대의 장수 중 코니시 유키나가 라는 가톨릭 신도가 있었다. 코니시는 1594년 가톨릭 예수회 소속의 그레고리오(Gregorio de Cespedes) 신부를 초청하고 한 명의 일본인 신도를 동행하여 2개월 내에 조선에 도착하였다. 비록 그들이 일본 군대에서 선교 활동을 실행하였으리라 추측할 수 있으나, 임란 중에 그들이 한국인에게 선교 활동을 하였는지에 대해선 뚜렷한 기록이 없을 뿐만 아니라 한국 종교에 어떤 영향을 미쳤는지를 암시할 만한 아무런 증거도 발견되지 않고 있다(Clark, 1981; Grayson, 1985; Kim, 1995).

1. 로마 가톨릭(Roman Catholicism)

한국문화사의 관점에서, 가톨릭의 선교활동은 일찍이 17세기경에 한국인들 사이에 이루어지고 있었다. 첫 번째 한국인 개심자인 이승훈은 그의 친구들과 함께 1784년 한국에서 첫 번째 교회[성당]를 설립하였다(Choi, 1996; Kang, 1995; Suh, 1996). 로마 가톨릭의 선교활동도 서유럽의 문화 전달 단계에서 17세기 초반에 한국에 영향을 미치기 시작했다. 예수회 소속 마태오 리치(Matteo Ricci)의 중국어 번역본인 가톨릭 교리, 세계지도, 달력, 수학 교재, 기하학, 측량술, 천문학 등이 중국을 통하여 한국의 실학파 유학자에게 전달되었다(KOIS, 1993; Lee, 1984).

가톨릭의 소개와 더불어 서양 과학과 기술 지식은 몇몇 개혁적인 유학자들인 실학자들로부터 환영을 받았다. 실학자들은 새로운 종교와 과학 지식을 수용하여 소수의 권력 있는 양반에 기인된 독점적인 사회정치적 질서를 개혁하고자 하였다. 게다가 실학자들은 자국의 역사와 문화에서 사회 개혁을 위한 이상적인 모델을 설정함으로써 낙후된 국가 경제 상황을 증진시키기 위한 실제적인 방법을 찾고 있었다(Lee, 1984, p. 236).

그러나 일부 실학자들이 성리학의 정통성을 지닌 양반가의 권력을 무력화시키는 일에 동참하지 않았기에 실학자들은 유교 국가에서 사회정치적인 상황을 개선시키고자 하는 목적을 이룰 수가 없었다. 더구나 가톨릭은 당시 개인, 가족, 사회, 국가를 위한 기본적인 규범인 삼강오륜(三綱五倫)에 위배될 뿐만 아니라 사회 윤리적인 원칙에 도전함으로써 현존하는 유교의 사회 정치적 질서를 위협하였다.

한 예로 논어(論語)에 의하면, 공자 왈 "네가 삶을 알지 못하는데 어찌 네가 죽음을 알겠는가?"(Legge, 1971, p. 241) 이 말은 영혼 불멸설의 가톨릭의 교리와는 부합되지 않는다. 반면에 "천국에 오직 한 분의 아버지가 계시니 이 땅에서 어느 누구도 아버지라 부르지 말라"(American Bible Society, 1976, The New Testament, p. 34) 즉 "하나님은 진리이며 유일한 아버지이다"(마태복음 23: 9)라고 성경은 말하고 있다. 유교에서는 효도를 인간의 아버지-부모와 조상-에게 행하도록 요구하고 있으나, 가톨릭은 '하나님 아버지'(天主)에게 행하도록 강조하고 있다. 조상숭배는 유교적인 효도의 개념을 기본으로 하고 있기에 조상의 규범에 대한 어떤 도전도 심각한 사회정치적인 반발을 가져왔다. 1742년 가톨릭교회는 제사를 구약의 십계명 중 첫 번째 계명에 준하여 금지된 우상숭배로 규정했다. 이러한 교황의 교지에 따라 조선의 천주교 신자들은 제사에 참석하지 않았다. 조상숭배를 거부함으로써 결과적으로 조선왕조로부터 투옥이나 죽음을 당하는 처벌을 받아야만 했다(Kim, 1995, p. 36; Lee, 1984, p. 240).

가톨릭은 공개적으로 1785년부터 1886년까지 여러 번 조선의 통치자와 관료로부터 박해를 당했다. 극심한 박해를 당한 두 번의 사례는 1801년의 신유(辛酉)사옥과 1815년 을해(乙亥)사화였다. 이러한 심한 박해 배후에는 정치적 동기가 있었는데 전자는 1,000여명 이상이 체포되고 최소한 300명이 넘는 가톨릭 순교자의 생명을 앗아갔다(Grayson, 1985; Kim, 1995, p. 36; Lee, 1984, p. 240; Min, 1982, pp. 68-71). 후자의 경우는 거의 경상남도에 제한되었으며 수백 명의 가톨릭 신자들이 학살당했다(Grayson, 1985, pp. 77-78; Kim, 1995, p. 36). 그리고 대원군 치하의 한국 가톨릭은 1866년부터 1871년까지 몇 차례 박해를 받았다. 다행히 1886년 프랑스와의 조약은 종교 활동에 제한이 부과되었으나 한국 가톨릭교도와 외국선교사들에 대한 종교 자유를 가져왔기에 한국 가톨릭 역사에 전환점이 되었다. 한국 기독교사에 있어서 한국 가톨릭은 다음과 같은 특징을 나타내고 있다.

첫째, 가톨릭의 도입은 종교적 믿음보다는 지적 추구의 결과였다.

둘째, 최초의 한국 가톨릭교회는 한국 평신도에 의하여 설립되었다.

셋째, 가톨릭은 처음에는 주로 양반계층인 남인(南人)에 주목을 받았으나 나중엔 모든 계층에 전파되었다.

넷째, 한국 가톨릭은 100년 이상 조선왕조로부터 심한 박해를 받았다.

조선왕조(1392-1910)는 가톨릭을 이단이라고 선언하였으며 1785년에 신자들을 박해하였다(Choi, 1996, p. 238; Lee, 1984, p. 240). 그 후 조선왕조로부터 여러 번 심한 고난과 박해가 있었음에도 불구하고, 한국 가톨릭은 19세기 동안 주로 한국 가톨릭 교인들과 프랑스 및 중국 선교사들의 노력에 의하여 지속적으로 발전하였다. 철종은 재위 기간(1849-1863) 동안 많은 서양 성직자들의 입국을 승인하였으며 가톨릭 신자의 수가 20,000여명 이르렀고, 많은 가톨릭 서적들이 한국어로 출판되었다(Lee, 1984, p. 257). 이러한 진척에도 불구하고 19세기 후반에 개신교와 비교해 볼 때 한국에서의 가톨릭의 성장은 주목받지 못하였다. 그 이유는 교리 중심의 전도, 유교 사상 및 규범과의 반목, 조선 정부의 외적인 정치사회적 동기, 그리고 개신교 선교사들의 성공적인 활동으로 인해 제약을 받았기 때문이다. 가톨릭 선교사들은 하나님 중심적 사상과 가톨릭 교리 문답서를 강조함으로써 조선왕조의 숭유정책과 유교의 사회적 가치에 반목하였다.

2. 개신교(Protestantism)

한반도에 첫 발을 밟은 외국의 개신교 신도는 토오쿄에 있는 스코틀랜드의 "국가성경협회" 대리인으로 활동하던 일본의 기독교도인 나가사카였다(Grayson, 1985, p. 104; Kim, 1995, p. 39). 중국어와 일본어판 성경을 판매하는 것뿐만 아니라 한국에서 복음서를 배부하기 위해 1883년에 남부 항구 도시인 부산으로 갔다(Grayson, 1985, p. 104; Kim, 1995, p. 39).

첫 번째 개신교의 선교 활동은 19세기 초에 몇 명의 선교사들에 의하여 이루어졌다(Grayson, 1985, p. 101). 첫 번째 개신교 선교사는 프러시아의 후손 이었음에도 1828년까지 네덜란드의 선교협회에 봉사한 Karl. F. A. Gutzlaff(1803-1851)였다. 1832년에 그는 중국어로 번역한 많은 성경 복사본을 가지고 한국의 서부 해안에 도착하였다(Clark, 1981, p. 242; Grayson, 1989, p. 194; Underwood, 1926, pp. 8-9). 그 다음 한국에 온 선교사는 런던대학 출신이었던 R. J. Thomas(1839-1866)였다. 그는 성경의 사본을 배부할 목적으로 1865년 9월 13일에 몇몇 한국 가톨릭 신자들과 함께 한국 해안에 도착했으며 그 후 두 달 반 동안 한국에 머물렀다(Grayson, 1985, pp. 101-102).

그리고 다른 중요한 개신교 선교사들은 스코틀랜드 연합장로교회 소속의 John Ross(1841-1915)와 그의 동료인 John MacIntyre(1837-1905)이다. John Ross는 만주에서 대부분 그의 선교 활동을 하였으나 한반도에 열정적인 관심으로 선교에 책임감을 가지고 있었다(Grayson, 1985, p. 102). 그는 한국에 두 번 1874년과 1876년에 걸쳐 여행했다. John Ross는 1877년에 영어로 쓴 최초의 한국 문법책을 발간하였을 뿐만 아니라 1879년에 영어로 쓴 최초의 한국 역사서를 발간하였다(Grayson, 1985). John Ross와 그의 동료 MacIntyre는 신약을 한국어로 번역하는 일을 완성하였으며 스코틀랜드의 "국가성경협회" 재원의 도움으로 성경을 발간하였다(Grayson, 1985, pp. 102 – 03). 그러나 한국에서의 개신교 교회는 John Ross와 MacIntyre를 포함한 외국 선교사들이 한반도에 오기 전에 이미 설립되어 있었다(Grayson, 1985, p. 103).

그럼에도 불구하고 한국에서 개신교 선교 사업에 대한 적극적인 활동은 미국인의 주선에 의하여 시작되었다. 한국에서의 선교 사업을 시작하기 위한 첫 번째 외국인 복음 전도자의 주선은 1884년에 미국 장로회의 외국선교위원회였다(Allen, 1908; Grayson, 1985; Underwood, 1926). 북부장로회의 외국선교위원회와 미국에 있는 북부감리감독교회의 외국선교회가 1884년에 한국의 선교 사업을 시작하려는 계획을 동시에 수립했다(Grayson, 1985). 첫 번째 미국장로회의 선교 사업은 Allen박사 부부에 의해서 시작되었고, 북부장로회 선교위원회로부터의 첫 번째 성직자의 선교는 1885년 4월 5일 서울에 도착한 Horace G. Underwood 목사에 의해서였다(Grayson, 1985, p. 105).

얼마 후에 Scranton 박사 부부와 그의 어머니인 Mary Scranton 그리고 미국 북부감리감독교회 외국선교협회의 Appenzeller 목사와 그의 부인이 도착했다. 미국의 장로교회와 감리교회가 소개된 이후 여러 외국 선교단체들이 한반도에 들어 왔다. 예를 들면, 1889년 캐나다 침례교회, 1889년 오스트레일리아 장로교회, 1890년 성공회의 복음전파협회, 1892년 남부장로교회, 1893년에 캐나다 장로회, 1896년 남부감리교회(C. F. Reed 목사 1984년 도착), 1905년 제칠일 안식일교회, 1907년 동방선교협회(한국의 거룩한 교회), 1908년 구세군, 1912년 여호와의 증인이다(Dayton, 1985, p. 80; Grayson, 1985, pp. 103 – 115; Kim, 1995, p. 39;

Mckenzie, 1920, p. 205).

19세기 후반, 서구 선교사들이 한국에 도착했을 때 조선왕조는 대내외적으로 어려움에 직면하고 있었다. 내적으로는 현대화를 위한 정치사회적인 개혁운동이 진보적인 개혁세력에 의하여 촉진되었으나, 유감스럽게도 이러한 움직임은 조선의 보수 세력과 외부 세력에 의해 실패하였다. 더욱이 농민군의 지원 하에 동학(東學)운동은 봉건적인 국내 조정과 외부 제국주의 세력에 의하여 자행된 사회 정치적인 침탈에 대항하였고, 동학은 서학에 맞섰으나, 이 운동은 정부군과 일본군이 개입된 심한 탄압에 의하여 좌절되었다(Lee, 1984; Radio Korea International[RKI], 1995). 동학은 유교와 불교 및 도교 사상을 조화(調和)시키고 있다.

> 동학의 기본적인 이념은 인간의 마음이 하늘의 마음이다. 즉 하늘은 인간의 마음속에 존재한다(天卽人 人卽天). 동학은 지상에서 약속된 축복 가운데 인간의 구제와 평등의 이념을 전파하였고, 국가의 평화, 인간 존엄성의 구현, 영원한 젊음을 제시하였다(RKI, 1995, p. 141).

외부적으로, 외세는 그들의 사회 정치적인 이익과 관련하여 조선왕조를 위협했으며, 결과적으로 힘이 없는 조선왕조로서는 1876년 일본과 강압적인 첫 번째 군사 협약을 체결하게 되었다. 조선정부는 다른 국가들과 마찬가지로 1882년에 미국, 1883년에는 영국과 독일, 1884년에 이탈리아와 러시아, 1886년 프랑스와 불공정한 군사 및 통상조약을 맺었다(Son, 1985, p. 35). 결국 조선 백성들은 정치경제적으로 이러한 나라들로부터 침탈을 당했으며, 한반도는 특히 일본, 중국, 러시아와 같은 외세의 각축장이 되었다(Lee, 1984; RKI, 1995).

더욱이 대다수 유교 관료들은 여전히 외국인들과 그들의 종교, 특별히 가톨릭에 대하여 적대감을 나타내었다. 따라서 개신교 선교사들은 한국 국민에 대한 직접적인 전도 사업은 불가능한 것으로 인식하였다. 그들은 종교적인 선교 대신에 의료나 교육 사업으로 방향을 전환하였다. 다행히 조선왕조는 개신교의 선교 사업에 호감을 갖고 개신교의 선교를 위한 교육과 의료 활동을 허용했다.

의료 활동에 있어서, Allen 박사가 죽음에 직면해 있던 외척(外戚) 민영익을 낫게 하였다. Allen이 왕가의 외척인 젊은 민영익에 대한 헌신적인 보살핌은 서양 의술에 대하여 신뢰감을 갖는 조선왕가 사람들의 수를 증가시켰다. 이에 Allen 박사는 서양의학을 사용하는 병원의 설립을 위해 궁정에 청원하였으며 그의 요청은 쾌히 승인되었다. '광혜원'으로 불리는 이 병원은 1885년 4월 10일에 개원하였다(Grayson, 1985, p. 105). 1880년대 후반에 감리교복음선교회도 극빈층을 위하여 병원을 설립하였다(Grayson, 1985, p. 106).

교육활동에 있어서, Appenzeller 목사는 1886월 6월 8일에 한국 남자들을 위한 첫 번째 기독교 고등보통학교 내지 전문학교인 배재학당을 개설하였다. 1886년 5월 31일 Scranton 부인이 한국에서 여자들을 위한 첫 번째 학교인 이화학당을 열었다(Bishop, 1897, pp. 388 - 89; Grayson, 1985, p. 106; Underwood, 1926, p. 18). 조선 왕조는 이 두 학교의 이름을 정하였는데, 배재학당은 '인재를 배출하는 학교'라는 의미로서 고종에 의하여 명명되었고, 이화학당은 '배꽃이 피는 학교'라는 의미로 명성황후(민비)에 의하여 명명되었다.

고종은 개신교 선교사들의 역할에 대하여 정치적 권고자로서 그리고 현대화의 개척자로서 그들을 환영했다. Hendricks(1985)는 다음과 같이 지적 하고 있다: "한국은 그 당시에 일본과 중국 그리고 러시아의 정략에 사로잡혀 국제 정치의 위험한 바다 속에 빠져 들어간 것이 직접적인 이해관계가 없는 제 3자로 간주하고 있던 미국과 선린관계를 유지하고자 갈망하고 있었다"(p. 68). 개신교 선교사들은 한국인의 이런 마음을 간파하였다. 즉 일부 한국인들은 기독교를 자국의 정치적 경제적 문제를 해결할 수 있는 현대화의 수단으로 여겼다. 대부분의 한국인들은 일본에 의한 정치적 억압과 경제적 착취에 대하여 치욕과 자존심이 상했다. 19세기 후반 한국의 경제적 상황은 참혹하였다. 굶주림에 화난 군중들은 과도한 노역과 세금을 부과하고 그들을 심히 혹사하는 탐관오리(貪官汚吏)에 대해 반란을 일으켰다. 한국사(RKI, 1995)에 밝혀졌듯이, 농민 출신 군인들은 다음과 같이 요구했다:

> 부패한 관료와 난폭한 지주와 양반을 벌할 것. 사회신분제도의 폐지, 공사 부채의 권리포기, 토지의 균등한 재분배, 일본세력의 추방... 농민군들의 운동은 전봉준과 정부 사이에 평화적으로 문제를 해결하고자 하였으나, 일본과 중국은 군대를 급히 조선에 파병하여 청일전쟁을 발발하였다(pp. 150 – 51).

개신교는 유교적인 사회정치적 이념 및 가치와 충돌을 피하려고 노력하였고, 유교와 한국인의 종교 문화와 조화를 추구하였다. Suh(1996)는 개신교의 윤리적 가르침이 인(仁)과 덕(德)의 증진을 통하여 인간존엄성을 진척시키는데 목적을 둔 유교의 가르침과 차이점이 없기에 개신교가 유교의 철학과 윤리와의 조화를 시도했다고 주장하고 있다(p. 248). Lee(1971)는 기독교가 한국의 미신적이고 세속적인 요소들을 많이 수용하고 있다고 지적하고 있으며(p. 77), 그리고 Chung(1996)은 다음과 같이 주장하고 있다:

> 기독[개신]교의 상대적인 성공에 있어 가장 중요한 요소는 한국의 전통 종교의 구조와 신에 대한 기독교인의 개념과 기독교 신학 사이의 유사성에

있었다. 주술 행위의 실존을 영혼의 매개자로서 여기는 초월자에 대한 한국인의 신앙관은 기독교적인 가르침에 토속 문화의 차이점을 극복하는데 도움을 주었다. 기독교는 한국 고유 종교가 충분히 정의하지 못한 신(神)을 소개하였으며, 기독교는 전통적 종교 사상이 결여하고 있는 신을 제공하였던 것이다(pp. 225 - 26).

더욱이 기독교인의 만민평등주의와 인간존중사상은 하층민과 서민에게 위안이 되었으며 기독교인의 인간 존엄성에 기초한 남녀평등과 직업에 차별을 두지 않는 노동의 신성함 등은 민중의 권리와 자유를 귀족과 양반에 의하여 침해당한 민중에게 특별히 호소력이 있었다. 서양의 사상과 지식은 단지 민중뿐만 아니라 외세의 정치적, 경제적 침략에 대하여 급진적 사고와 한국의 현대화를 위한 진보적인 사상을 가지고 있는 소수의 귀족들과 일부 상류층에게도 매력적이었다.

요약하면 Hendricks(1985)는 기독교의 성공으로 다음 네 가지 이유를 지적하면서: (1) 미국에 대한 고종의 호의적인 태도; (2) 한국인의 종교적인 삶의 본성; (3) 선교사들의 화합적 태도와 행동; (4) 신의 힘을 들고 있다(pp. 68 - 70). 그리고 조선후기에 기독교의 성공에 기여한 중요한 요인들은: (1) 조선의 궁정에서 서양 개신교 선교사들에 대한, 특히 미국의 선교사, 좋은 선입견; (2) 국가가 외세의 억압수단에 대한 패쇄 정책 보다는 외국에 개방 정책 채택; (3) 개신교도들이 한국의 종교 문화와 성리학과의 조화(調和) 추구; (4) 평등주의 및 인문주의와 같은 기독교 윤리가 인간 중심주의 교리에 기초한 사랑/자비, 하나님 숭배/조상 숭배, 신의 의지/하늘의 길(道)과 같은 한국 전통 사상에 젖은 대중에게 호소; (5) 서양의 과학지식과 사회사업을 한국의 현대화 및 개혁적이고 애국심을 가진 한국인의 자존 수단으로 파악; (6) 한국 기독교인들의 헌신적인 노력에 연관성을 두고 있다. 결정적인 요인은 선교사들의 신실한 태도와 교회의 자조, 자립, 자발성 및 독립성을 강조한 네비우스 (Nevius) 방법에 있다(Clark, 1981; Grayson, 1985; Hendricks, 1985; Kim, 1995; Rutt, 1900).

Kim(1995)이 주장한 것과 같이, 개신교의 선교사들은 전도 수단으로써 사회사업(의료와 교육사업)을 실행에 옮겼다(p. 40). 그들은 한국 백성들이 빈곤에 고통 받고 있으며 강한 교육적 열망을 가지고 있다는 것을 알고 있었다. 조선시대에 교육은 실제로 양반에 독점되어 있었다. 거의 전적으로 교황의 지도력에 의존하는 가톨릭 방법과 달리 개신교 선교사들은 한국 사람에게 실용적인 전도 사업을 위해 네비우스 방법을 채용하였다.

II
기독교 선교 고등교육

의료사업과 함께 선교교육은 기독교의 성공에 기여한 가장 중요한 요소 중의 하나이다. 기독교 선교사들에 의하여 촉진된 교육은 기독교의 복음전파와 서양사상의 이해를 위한 길을 열어놓았다. 로마 가톨릭 선교사들은 평민과 낮은 신분의 남녀에게 '한글'을 가르친 교육적 선구자였다. 이런 활동으로 인해 개신교 선교사들이 19세기 후반 한반도에 착륙하기 전에 한국인은 가톨릭 교리를 이해할 수 있었다(The Korean National Commision for UNESCO [KNCU], 1960, p. 13). 가톨릭 사제 양성을 위한 한국인의 교육은 1877년에 재개되었다(Grayson, 1985, p. 87). 19세기 초반에 프랑스 선교사들이 여러 젊은 한국 가톨릭 신자들에게 신학 교육을 받도록 하기 위해 외국으로 보냈다. 그 결과로 1845년 김대건이 사제단에서 서품을 받은 최초의 한국 성직자가 되었다(Choi, 1996, p. 240). 1881년에 많은 한국의 가톨릭 학생들이 일본의 나가사키로 보내졌으며, 후에는 페낭 소재 신학교로 보내졌다(Grayson, 1985, p. 87).

1885년에 가톨릭 신학교가 한국에서 개설되었으며 1887년에는 수도(서울)로 옮겨졌다(Grayson, 1985). 그러나 Choi(1996)는 신학교가

1855년에 한국에서 사제를 양성하기 위해 설립되었다고 언급하였고(p. 240), 언더우드(1926)는 1891년에 신학교가 세워졌으며 한국에서 기독교교육을 위해 설립된 가장 오래된 종립학교가 되었다고 기록하고 있다(p. 147). 언더우드(Underwood: 1926)는 신학교를 다음과 같이 기술하고 있다.

> 신학교에 대한 모든 과정은 세 부분으로 예비과정, 라틴학교 그리고 신학교로 분류되어 있다. 명백하게도 4년에서 6년까지의 예비과정은 저학년에서 일반교육의 부족함을 채우기 위한 목적이다. 두 번째 과정은 6년 동안의 라틴어 교육으로 신학공부를 위한 도구과목으로 라틴어에 중점을 두고 있다. 라틴어 과정은 신학교에서 또 다른 6년에 의해 마무리가 된다. 6년 동안의 2년은 기초 학업으로서 철학, 4년은 신학에 몰두한다. 이런 고된 교육과정을 마친 지원자들은... 사실 한국의 개신교 목사들보다 나은 교회의 봉사자들이라는 것이 명백하다(p. 147).

가톨릭 신학교는 1880년대에 한국 가톨릭의 사제 양성을 위한 기독교의 유일한 고등교육기관이었다. 이화여자고등학교와 이화여자대학의 전신인 이화학당은 1886년 5월 31일에 개설되었다(Grayson, 1985, p. 106; Lim, 1985, p. 17; Yu, 1992). 가톨릭이 개신교 도입 거의 100년 전 한국에 소개되었음에도 불구하고 가톨릭 선교사들은 그 당시에 복음 전파의 도구로써 교육을 효과적으로 이용하지 못했다.

가톨릭 선교사늘과 달리 개신교 선교사들은 교육을 한국에서 기독교를 견고하게 세울 수 있는 수단으로 여겼다. 한국에 와서 그들은 사회사업적 전도 즉 의료선교와 교육선교를 시작하였다. 앞에서 언급했듯이 개신교 선교사들은 사립초등학교와 중등학교뿐만 아니라 전문대학을 개설하였다. 1885년에 Allen 박사는 한국에서 첫 서양의 현대식 병원인 "광혜원"을 설립하였다. 광혜원은 세브란스연합의과대학의 초석이 됨으로써 더욱 발전하게 되었다. 세브란스는 O. R. Avison 박사가 1905년에 세웠고, 그는 이 학교를 미국의 의과대학을 모델로 하여 한국 학생들에게 서양 의학을 가르쳤다. 1908년에 제1회 졸업생들이 배출되었다(Son, 1985, p. 70; Underwood, 1926, p. 121). 첫 번째 졸업생들은 보조의사와 의사 양성의 필요를 인식함과 더불어 간호사 양성이 필수적이라는 것을 알았다(Underwood, 1926, p. 121). 1906년에 세브란스병원간호학교(Hospital Severance Union Nurses' Training School)가 설립되었다(Underwood, 1926, pp. 125‒26).

1890년대 후반에 몇몇 개혁적인 한국의 지식인들이 남녀평등과 여성의 공교육의 필요성을 주장하였으나, 조선의 유교 사회는 남존여비의 성차별을 고수함으로써 여학생 모집이 용이하지 않았다. Underwood(1926)가 지적했듯이 잠시 동안 조선왕정이 병원을 경영하고 있을 때 병원에서 궁정 무희를 고용한 적이 있었다(p. 125).

의과대학의 개원과 더불어, 다른 개신교 선교사들이 몇몇 기독교종립대학과 신학교를 설립하였다. 기독교 선교사들은 대학수준의 고등교육을 시작하였다. 1902년 장로교 신학교, 1905년 세브란스 의과학교(미국 북부감리교), 1906년 세브란스병원간호학교, 1906년 기독교연합대학(미국 북부장로교, 미국 북부감리교, 호주 장로교 합동), 1906년 조선기독교대학 혹은 연희대학(미국 북부장로교), 1910년 이화여자대학(미국 북부감리교), 1910년 연합감리교신학대학(Lee, 1989; Son 1985; Underwood, 1926).

앞에서 간략히 언급한 것처럼, 1886년에 M. F. Scranton 부인이 한국에 첫 여학교를 개설하였는데 이 학교가 1910년에 이화여자대학이 되었다. 이화여자대학은 15명의 신입생으로 개설되었다(Lee, 1989, p. 89; Lim, 1985, p. 19; Underwood, 1926, p. 113). 비록 이 학교의 전신인 이화학당이 단 한 명의 낮은 신분 출생의 여자로 시작하였으나, 현대화된 교육을 통하여 유교의 규범과 가치에 순응하도록 강요한 남성으로부터 유린당한 여성의 권리와 존엄을 해방시켰을 뿐만 아니라 양성평등과 인간의 자유를 인정할 수 있는 귀중한 기회를 여성에게 부여한 것은 획기적인 일이었다.

조선왕조시대에 여성들의 일상적인 일은 아이를 보육하는 일(특히 혈통을 보존하기 위하여 아들을 낳는 일)과 집안 일(家事)에 한정되어 있었다(Lee, 1996, p. 68; Lim, 1985, p. 16). 여인들은 이런 두 가지 의무 실행을 제외하면 마치 가축처럼 취급되었다고 해도 과언이 아니었다(Lee, 1996, pp. 68 - 69). 따라서 조선시대 여성들은 자신의 권리를 향유하거나 공교육을 받을 수 있는 기회조차 갖지 못하였다. 다른 개신교 선교사들 또한 기독교 교육기관을 통하여 기독교의 인간존중 정신과 과학지식을 소개했다. 특히 이화여자대학의 개신교 교육자들은 여성들로 하여금 남성들과 평등하게 경쟁할 수 있도록 고등교육이 여성들에게 제공되어져야 한다는 믿음을 가지고 있었다(Son, 1985, p. 143). 이화여자대학을 포함한 개신교 선교 교육자들은 종교적이며 속박 당하지 않는 자유로운 태도를 강조했다. 그래서 그들은 성경과 영어뿐만 아니라 인문, 자연과학 및 다른 실용적인 과목들을 가르쳤다(Son, 1985, p. 168).

영국의 유명한 작가이자 여행가인 Bishop(1897)은 배재학당과 이 학교의 교육과정을 다음과 같이 기술하고 있다.

> 의심할 여지없이 한국에서 가장 강력하게 교육적, 도덕적, 지적인 영향력을 실행하거나 수행했던 기관은 배재대학이다.... 거기에는 중국고전과 쉐필드(Sheffield)의 세계역사 등을 가르치기 위한 중한(언문)학과, 소규모의 신학과, 영어학과에서는 독해, 문법, 작문, 철자법, 역사, 지리, 산수, 기본 화학과 자연철학을 가르쳤다(pp. 388 - 89).

그러나 무엇보다 기독교 고등교육기관은 복음적 책무를 강조했다. 기독교 대학수준학교의 최고 중앙 기관은 종단 본부에 있었다. 종단 본부가 외국의 선교 임무를 구속할 수 있는 책임을 가지고 있었지만, 기독교 대학수준학교들은 종단 본부로부터 기독교를 전파할 자치권을 허락받았기에 중앙 기관의 직접적인 감독 아래 있지 않았다.

초기단계에 유부녀를 포함한 대부분 기독교 선교대학의 학생들은 하류계층과 평민 출신이 주류를 이루었으나, 1890년대 후반에는 개혁적이고 진보적인 사고를 가진 몇몇 양반 계층 사람들이 입학하였다. 개신교 선교사들이 사회사업을 시작한 후 20년이 지나지 않아 기독교와 서양 사상을 한국인에게 씨 뿌림으로써 인권과 자유를 자각하게 하였을 뿐만 아니라 여성 해방에 많은 기여를 하였다.

한국에서 기독교 고등교육은 일본의 식민통치부터 해방 이래 꾸준히 팽창하였다. 1999년에 모든 고등교육기관(354개 학교)의 약 22%가 기독교 종립학교이며, 76개의 기독교 대학 중에서 64개 학교는 개신교에 기반을 두었고 12개 학교는 로마 가톨릭 교회에 기반을 두었다(The Ministry of Culture & Tourism, 1999, p. 91).

Ⅲ
결 론

　한국에서의 기독교 선교 사업은 다음과 같은 방법으로 고등교육 발전에 커다란 영향력을 미쳤다: 기독교의 이식; 서양의 실제적이고 과학적인 지식의 중요성 인식; 여성을 위한 공교육 시작; 서양의 교과과정, 교수법 및 교육기관 행정시스템 소개; 독립심과 자아실현의 중요성 주입; 민족 언어(한글)교육 시작; 기독교의 인문주의, 청교도주의, 평등주의, 민주주의, 공리주의, 실용주의와 같은 서양 사상 소개.

　기독교는 종립고등교육기관의 발전뿐만 아니라 동시대 한국 고등교육의 조직문화 창달에도 중요한 역할을 하였다. 도덕적 의무를 강조한 전통적 유교 윤리와 가치는 사회 조직문화의 주요한 요소였기 때문에, 개신교 선교사 교육자들은 그들의 교육기관에서 유교의 규범과 전통을 제거하지 않고 기독교와 유교의 가치를 조화시키려고 노력했다. 결과적으로 한국의 대표적 종교의 하나로서 기독교는 최근 한국 고등교육의 사립대학을 선도하고 있다.

　저자는 기독교 고등교육에 있어서 조직문화의 특징은 기독교 사상에 기초한 서양의 개인주의와 개방적인 민주주의뿐만 아니라 유교의 도덕 규범에 기초한 형식적 권위주의와 전통적인 집산(集散)주의를 함께 내포하고 있다고 결론을 내린다. 이러한 두 종교의 사상과 가치는 동시대 한국고등교육기관의 조직문화를 지배하는 가장 중요한 요소가 되고 있다.

참고문헌

Allen, Horace N.(1908). *Things Korean*. New York: Fleming H. Revell Company.

American Bible Society(1976). *Good News Bible*. New York: American Bible Society.

Bishop, Isabella Bird(1897). *Korea and Her Neighbors*. New York: Fleming H. Revell Company.

Choi, Suk - woo(1996). Catholicism. In Joungwon Kim (Ed.), *Koreana: Korean Cultural Heritage. Vol. Ⅱ. Thought and Religion*. Seoul, Korea: Samsung Moonhwa Printing Co.

Chung, Chin - hong(1996). In Joungwon Kim (Ed.), *Koreana: Korean Cultural Heritage. Vol. II. Thought and Religion*. Seoul, Korea: Samsung Moonhwa Printing Co.

Clark, Charles Allen(1981). *Religions of Old Korea*. New York: Garland Publishing Inc.

Dayton, Donald W.(1985). Protestant Christian Missions to Korea As a Source of Unification Thought. In Frank K. Flinn & Tyler Hendricks (Eds.), *Religion in the Pacific Era*. New York, New York: Paragon House Publishers.

Grayson, James Huntley(1985). *Early Buddhism and Christianity in Korea*. Leiden, The Netherlands: E. J. Brill.

Grayson, James Huntley.(1989). *Korea: A Religious History*. Oxford: Clarendon Press.

Hendricks, Tyler(1985). Some Factors Involved in the Early Rootage and Flourishing of Protestant Christianity in Korea. In Frank K. Flinn and Tyler Hendricks (Eds.), *Religion in the Pacific Era*. New York, New York: Paragon House publishers.

Janelli, Roger L., Janelli, Dawnhee Yim & Yim, Suk - jay(1989). Korean Religion. In Joseph Kitagawa (Ed.), *The Religious Traditions of Asia*. New

York: Macmillan Publishing Company.

Kang, Jae – ean(1995). *Choson – ui Seohak – sa (History of Western Learning in Choson)*. Seoul, Korea: Mineumsa.

Kim, A. E.(1995). A History of Christianity in Korea: from Its Troubled Beginning to Its Contemporary Success. *Korea Journal, 35* (2), 34 – 53.

Korean Overseas Information Service(1993). *A Handbook of Korea*. Seoul, Korea: Samhwa Printing Co., Ltd.

Lee, Hyo – jae(1971). Religion and Social Values in Life. In Hyo – jae Lee and Syn – duk Choi (Eds.), *Urban Korea – RAS Transactions Vol. XLVI*. Seoul, Korea: Taewon Publishing Company.

Lee, Jeong – Kyu(1997). *A Study of the Development of Contemporary Korean Higher Education,* Unpublished Ph. D. dissertation, The University of Texas at Austin.

Lee, Jeong – Kyu(2002). Christianity and Korean Higher Education in the Late Choson Period, *Christian Higher Education, 1* (1), 85 – 99.

Lee, Kibaek(1984). *A New History of Korea.* (Edward W. Wagner & Edward J. Shultz, Trans.). Cambridge, MA: Harvard – Yenching Institute.

Lee, Kyu – tae(1996). *Hankuk Yeoseong – ui Uisik – Kujo (Korean Women's Way of Thinking). Vol. I.* Seoul, Korea: Sinwonmoonhwasa.

Lee, S.(1989). The Emergence of the Modern University in Korea. *Higher Education, 18,* 87 – 116.

Legge, James(Trans.)(1971). *Confucius: Confucian Analects, The Great Learning & The Doctrine of the Mean.* New York: Dover Publications, Inc.

Lim, Sun – Hee(1985). Women and Education in Korea. *Korea Journal, 25* (1), 16 – 24.

Mckenzie, F. A.(1920). *Korea's Fight for Freedom.* New York: Fleming H. Revell Company.

Min, Kyung – bae(1982). *Hankuk Kidok – Kyohoesa (A History of the Christianity in Korea).* Seoul, Korea: Taehan Kidok – kyo – Chulpansa.

Park, Sun – young(1996). Confucian Influences on Education. In Jungwon Kim (Ed.), *Koreana: Korean Cultural Heritage, Vol. II., Thought and*

Religion. Seoul, Korea: Samsung Moonhwa Printing Co.

Radio Korea International(1995). *The History of Korea*. Seoul: Jung Moon Printing Co., Ltd.

Rutt, Richard(1900). Self − Supporting Church in Korea. *Missionary Review of the World, 23,* 443 − 49.

Son, In − Su(1985). *Hankuk Kaehwa Kyoyuk Yonku (A Study of Education in the Enlightenment Period of Korea)*. Seoul, Korea: Iljisa.

Suh, Kwoeng − il(1996). Christianity and Korean Culture. In Jungwon Kim (Ed.), *Koreana: Korean Cultural Heritage, Vol. II. Thought and Religion*. Seoul, Korea: Samsung Moonhwa Printing Co.

The Korean National Commission for UNESCO [KNCU](1960). *UNESCO Korean Survey*. Seoul, Korea: The Dong − A Publishing Co., Ltd.

The Ministry of Culture & Tourism(1999). *The Condition of Religion in Korea*. Seoul, Korea: MCT.

Underwood, H. H.(1926). *Modern Education in Korea*. New York, New York: International Press.

Yu, Bongho(1992). *Hankuk Kyoyuk Gwajeongsa Yunku (A Study of the History of Curricula in Korea)*. Seoul, Korea: Kyohak − yunkusa.

제3장

신도(神道)와 일제하 한국의 고등교육

〈요약〉

이 연구의 목적은 일제 식민사관의 근간을 이루었던 신도·유교 사상이 현대 및 일제 식민지 시대 한국 고등교육의 행정 제도와 조직 구조에 끼친 영향을 고찰하는데 있다. 첫째, 일본의 국가 종교이자 국가 교육의 이념적 기초인 신도를 기술하고, 둘째, 일제 식민지 시대 경성제국대학 설립을 포함한 일본의 교육 정책과 행정을 검토하고, 셋째, 식민지 시대 경성제국대학과 국내 대학의 행정 제도와 조직 구조를 기술한다. 마지막으로, 일본 식민지 교육 제도가 현대 한국 고등교육에 끼친 긍정적 및 부정적인 영향을 석명(釋明)한다.

I
신도(神道)

신도(神道)는 일본제국의 국가 신조이자 국가 교육의 정신적 지주였다. 동북아시아 역사에서 볼 때, 고대 일본은 고대 한국과 정치, 경제, 문화적으로 긴밀한 관계를 맺고 있었다. 일본의 상고시대부터 AD 697년까지의 역사를 편년체(編年體)로 기록한 일본서기(日本書紀)와 고대 사건을 기록한 고사기(古事記)는 한일간에 빈번한 교류가 있었음을 나타내고 있다. 고대에 있어서 일본의 대륙과의 관계는 주로 한국을 통해서 이루어졌으며, 특히 백제는 중국과 일본 간의 문화적 중재자 였다 (Hong, 1988; Longford, 1911; Maki, 1945). 일본서기와 고사기의 기록에 따르면 고대 일본에 기여한 한국의 중대한 선물은 한자와 한문학 및 불교의 전파였다.[1] 특히 불교의 소개는 일본의 문화와 종교 발전에 지대한 영향을 끼쳤다. 대승불교는 중국, 한국을 거쳐 일본에 전파되었으며 (Aston, 1905, p. 359; Reader 외, 1993, p. 93), 불교가 일본 문화 발전에 끼친 영향은 신도 못지않게 지대하였다.

일본의 종교와 사상의 발달사에 있어서, 신도의 기원에 대해서는 논란이 분분하다. 여러 동서양 학자들(Aston, 1905; Holtom, 1938; Hong,

1988; Picken, 1994; Reischauer & Craig, 1973; Tsunoda 외, 1964)은 신도가 불교, 유교 및 대륙의 종교적 요소와 밀접한 관련이 있음을 지적한다.[2]

초기단계의 신도는 정령(精靈)숭배(animism), 자연숭배, 샤머니즘 (shamanism), 조상숭배, 농경의식, 제례 등의 요소를 지닌 원시적 종교였다. 이후 신도는 불교, 유교와 융합되어 선진 사상의 종교적, 윤리적 요소를 결합한 양부신도(兩部神道)[3]로 발전하였다. 결국, 신도는 불교에서 독립하게 되어 국교로서 국가신도(國家神道) 혹은 신사신도(神社神道)가 성립하게 된다(Aston, 1905; Bocking, 1996; Herbert, 1967; Holtom, 1938; Picken, 1994). 일본의 조상숭배는 신도와 유교가 혼합된 소위 신도·유교라고 말할 수 있다. 19세기 중엽에 이르러, 신도가 국가주의적 내지는 민족주의적 성향을 나타내면서 일본의 국가 종교이자 이념으로 채택된다.[4] 1870년에 일본 왕 메이지는 신도 관련 칙령을 반포하여 이 사안에 관한 일본정부의 의도를 표명하였다.

> 엄숙히 선언하노라. 신들과 황조신께서...옥좌를 세우시고 계승을 공고히 하셨다. 천황의 계보는...만세일계(萬歲日計)이다. 종교의식과 정부는 억조 일심(億兆一心)으로 할 것이다...정부와 교육은 신(神)의 대도(大道)가 선양되도록 마땅히 밝혀야 할 것이다(Holtom(역), 1938, p. 55).

칙령 반포에 이어 일본정부는 신도 중심의 교화를 통해 천황의 통치체제를 공고히 하기 위한 3조의 교칙을 작성하였고 근대 교육체제의 기반이 되는 교육법을 포고하였다. 1872년 4월 28일 선포된 교육법은 (1)경신애국(敬神愛國) 정신을 실현할 것, (2)천리인도(天理人道)를 밝힐 것, (3)천황을 섬기고 조정에 복종할 것을 천명하였다(Tsunetsugu, 1964, p. 206). 이 교육법은 중앙집권적인 나폴레옹 3세 치하(1854년) 프랑스의 획일화된 중앙집권적 제도를 모방한 것이다(Anderson, 1975, p. 21).

더욱이 일본정부는 1890년 10월 30일 선포된 교육칙어[5]에 기반을 두어 학교교육에 국가적 윤리 기조를 심고자 하였다(Anderson, 1959, p. 13; Beauchang & Vardaman, 1994, pp. 4-5; Holtom, 1938, p. 71; Horio, 1988). 칙어(勅語)는 신도의 황실 숭배 이념과 충(忠), 효(孝), 인(仁), 조상숭배, 학습(學習), 인화(人和) 등 유교의 윤리적 개념과 실제를 강조하였다. 신도는 덕과 명예라는 윤리적 가치를 국가와 신성화된 국가수반에 대한 충성심 함양이라는 명분과 결합함으로써 일본제국주의자의 찬동을 받게 되었다.

그러므로 신도 이데올로기와 유교의 덕목은 일본제국주의 교육의 두 중심축이 되었다. 메이지 칙어는 성문(聖文)으로서 혹은 일본 국민의 국가적인 도덕적 지주로서 몇 차례 개정되었음에도 불구하고, 일본 군국주의와 초국가주의적 이데올로기를 표방하고 있었다. 칙어가 표방하고 있는 신도 · 유교의 철학은 일본 교육사상의 근저를 이룰 뿐만 아니라 일본 제국주의 교육체제의 골격을 이루었다. 국가신도는 엄격하게 계층화된 체제, 중앙집권적 관리, 충성심 앙양을 위한 기제로써 정부와 고등교육의 행정 구조를 관할하였다. 이러한 양상은 추후 더욱 강화되었고, 조선 강점 및 식민지화(1910-1945)와 더불어 고착화 되었다. 일본 제국주의자들은 조선인에게 충량(忠良)한 제국신민이라는 일체성을 부여할 목표로 식민지배정책을 수립하였다. 이러한 정치적 계략을 달성하기 위해서 일제는 신도 · 유교 사상을 조선인에게 강요하였으며, 또한 식민정책 수행에 적합한 새로운 교육체제와 행정 구조를 고안하였다. 이에 따라 고등교육은 일제 식민지시대에 신도 · 유교 이데올로기를 성취하기 위한 필수 도구였다.

Ⅱ

일제 식민지 고등교육의 교육정책과 행정

1895년 시모노세키 조약 이후, 일본은 조선의 반상제도와 같은 사회신분제도 철폐를 포함하는 사회 관습과 제도 개혁 및 서구식 제도의 도입을 추진하였다. 그러나 이러한 급격한 개혁은 전통적인 유교 문화와 관습을 고수하려는 조선인들에 의하여 크나큰 저항에 직면하게 되었다. 1905년 러일전쟁에서 승리한 일본은 즉시 을사보호조약을 체결하여 조선을 보호국으로 만들었다(이기백, 1984, p. 309). 이 조약 체결 후 조선정부는 통치권을 거의 상실하게 되었다. 1905년부터 1910년 동안 일본의 교육정책은 주로 다양한 교육관련 법령과 규칙을 제정하고 시행함으로써 식민화의 준비과정을 실행하였다. 예를 들어, 1908년 선포된 사립학교령은 기독교 선교사들과 조선의 민족주의자들이 운영하는 모든 사립학교들을 일본의 통치와 억압 하에 놓고자 하는 수단이었다(KNCU, 1960, p. 15).

1911년에 일본제국주의 정부는 황국칙어(皇國勅語)에 부합하는 교육령[6]을 선포하였다(Cheong, 1985, p. 283; Keenlyesids & Thomas, 1937, p. 100;이성화, 1958, pp. 83-84; Nam, 1962, p. 38; 조선총독부, 1935, p.

167; Yu, 1992, p. 126). 교육령은 다음과 같은 내용을 포함하고 있다.

부모에 효도하고 형제자매와 화목하며 부부간에 화합하고 친우간 진실하
고 겸손과 절제로 행동하며 모든 사람에게 관대하고 학문 추구와 예술 계
발에 힘쓰고 이를 통해 지성을 개발하고 덕성을 완성하라. 나아가 공공복
리에 전념하며 공익을 추구할 것이며 위기 시에는 국가를 위해 자신을 용
감하게 바치라(Keenlyeside & Thomas, 1937, p. 100).

위의 교육령에 의거하여 조선총독부는 초등, 중등, 및 의학, 외국어,
교사 양성을 포함하는 직업교육을 장악하였다. 1911년의 교육령은 기독
교계 대학과 같은 고등교육기관에 대학 지위를 박탈하고 학위수여가 불
가능한 각종학교 수준으로 하향화시켰다. 이 교육령은 조선인을 일본
제국주의자에 복종하게 하고, 민족정기를 말살시켜 세계 문명에 낙후된
민족으로 만들어 궁극적으로 충량한 황국신민으로 전향시키려는 일본
의 계략이었다. 1922년 2월 4일 제2차 교육령을 반포한 이후, 대학 지위
를 상실했던 몇몇 기독교계 학교와 1개의 조선 사립 전문학교가 대학으
로 승격하였다. 구(舊) 교육령(1911)과 신(新) 교육령(1922)의 주요한 차
이는 후자가 식민지와 종주국간의 이분적인 차별 제도를 폐지하고 일본
의 교육제도를 조선인에게 동일하게 적용하였다는 점이다.

한편 조선의 민족 지도자들은 조선인을 위한 사립대학 건립 운동
을 시작하였다(Lee, 1965, p. 241). 이 운동을 무력화시키기 위하여 일제
는 1924년, 교육칙어에 근거한 대학령에 의해 경성제국대학(현재 국립
서울대학교의 전신)을 창립하였다(조선총독부, 1935, p. 486). 조선 최초
의 서구식 대학이 된 경성제대는 법문학부와 의학부가 설립되었다. 일
제가 서울에 새로운 국립대학을 창설했음에도 불구하고, 대다수의 민족
주의자들과 보수적인 유교 신봉자들은 그들의 자녀들을 경성제국대학

에 등록시키지 않았다. 반면에, 민족주의 함양을 갈망하는 몇몇 애국 지식인들은 자국인에게 민족정신을 고양시키기 위해 여러 가지 형태의 사립학교-개방학교, 근로 및 야간학교-를 창설하였다.

일본 제국주의 식민정부는 경성제대가 수준면에서 일본의 다른 제국대학과 거의 동일하다고 주장하였으나(조선총독부, 1935, p. 486), 경성제대는 일본의 제국대학들과 같은 연구중심대학은 아니었다. 일례로, 법학, 과학, 문학, 의학 등 4개 단과대학을 갖춘 토오쿄제국대학은 연구중심기관으로서 면모를 갖추고 있었다. 경성제대는 일본 제국대학의 차선적 형태를 모방한 대학임에도 불구하고 후일 설립되는 현대 한국 대학들의 모델이 되었다.

일본 식민지하 우리나라의 교육 구조와 제도를 고려해 볼 때, 조선총독부 내무부 산하의 학무국이 교육행정의 최고기관이었으며, 학무국은 하부 부서로서 학무과, 편집과, 종교과 및 장학 부서로 이루어져 있었고, 지방의 학무국은 내무부의 하부 부서로 설치되었으며 장학관을 중심으로 구성되었다(조선총독부, 1921, p. 75). 전체 조선의 교육시스템을 통할하는 학무국장은 내무부장의 지휘 감독을 받았다(Cynn, 1920, p. 100). 일제치하의 교육행정은 내무부와 학무국을 중심으로 고도로 중앙집권화 되었으며, 조직 내 위계질서에 근거한 이들 부서의 권력에 의해 지휘 감독을 받았다. 내무부 휘하의 학무국은 학교 교육의 사명과 목표, 학문 용어, 교과과정, 교사 자격검증, 인사관리, 재정 감독, 자금 운용 및 교육시설 감독을 포함한 학교 시스템 전반을 책임지고 있었다. 교육정책 수립, 학교 설립, 교과서 집필 및 검열, 교사 자격증 수여, 교원 인사행정, 교육예산 수립 및 승인, 장학 행정 등의 제반 교육관련 행정은 조선총독부의 권한 사항이었다(조선총독부, 1921, p. 1935).

그러나 일본 천황의 최고 정책은 조선 총독에 의하여 준비된 제령

(帝令)으로 발표되었고, 다른 정책은 주로 총독부내의 부, 국의 지시와 훈령의 형태로 이루어졌다(Anderson, 1959, p. 75). 이들 부서의 관료들은 권위적인 위계질서를 강조하고 조직 내 하위관원들이 일체 문제 제기 없이 순응토록 하였다.

일제강점기 동안, 제령에 근거하여 성립한 고도로 수직적인 중앙집 권적 교육행정 체제는 조선의 민족주의, 독립정신 및 문화정체성을 말 살하기 위한 도구적 기능으로서 뿐만 아니라 중앙집권적 규제와 지적 순응성을 강화하기 위한 제도적 도구로써 활용되었다. 이에 따라, 식민 지 교육체제와 구조는 일제의 정치적 책략, 민족주의 말살, 황국신민화 를 달성하기 위한 수단이 되었다.

III

일본 제국대학 및 경성제국대학의 행정체제 및 조직구조

일제 통치하에는 9개의 제국 대학이 있었다. 그 중 일곱은 일본 국내에 있었는데, 토오쿄제대(1886), 교토제대(1897), 후쿠오카의 규슈제대(1903), 삿포로의 호카이도제대(1903), 센다이의 도호쿠제대(1909), 오사카제대(1931)와 나고야제대(1931)이다. 나머지 두 대학은 식민지에 설립된 조선의 경성제대와 대만의 대북제대였다(Anderson, 1959, p. 126). 경성제대의 행정체제와 조직구조는 일본 제국대학들의 체제와 구조를 답습한 것이었는데, 일본 제대들 역시 독일을 중심으로 한 서구의 학문 모델과 고등교육기관을 모방한 것이었다(Altbach, 1989; Anderson, 1959; Cummings, 1990). 일본 제국대학의 행정체제와 교육시스템은 주로 서구, 특히 프랑스의 행정조직과 관료적 조직시스템, 페스탈로찌 (Pestalozzi)의 인간 개발 중심의 교육시스템, 헤르바르트(Herbart)의 도덕 중심적 교육학, 독일 대학 모델과 학사행정, 영미의 공리주의 교육 이상, 미국의 인문대학 모델과 실용주의, 특히 존 듀이(John Dewey)의 교육철학 등을 취합하였다(Altbach, 1989; Cummings, 1990, p. 73; Cummings, Amano & Kitamura, 1979; Nakayama, 1989, pp. 31-48).

그러나 유교와 유교 경전에 입각한 중국 교육의 이상 역시 일본 교육에 지대한 영향을 미쳤다. 일본은 고등교육에 많은 서구 사상을 채택한 후 이를 신도·유교의 전통에 접목시켰다. 일본의 역사가인 나카야마 시게루(1989)의 평가에 의하면, 19세기 후반에 최초의 윈도우쇼핑 모드(mode)가 있었으나, 실제 모드는 미국식 시스템에 기반을 둔 개혁이 실행된 2차 대전 직후 미군 점령 시기에 나타난다고 하였다(pp. 31-32).

일본 제국주의의 고등교육은 프랑스의 중앙집권적 제도와 독일식의 정형화된 위계질서 제도를 채택하였다(Anderson, 1975, p. 21; Cummings, 1990, p. 113). 식민지 교육기관인 경성제대 역시 고도로 중앙집권화 된 조직구조를 가졌다. 경성제대의 전반적인 학사 형태는 일본식 원형에 준하여 설립되었으며, 교과과정도 일본의 제국대학들과 거의 동일하였고 교직원과 학생의 대다수도 일본인이었다(조선총독부, 1935). 더욱이 고등교육을 담당하는 교육 행정관과 교수진은 강의, 학습, 회의, 의견교환 시 일본어를 사용하였으며, 교과서도 일본어로 집필된 것이었다. 일본의 식민지 행정관들은 제반 학사행정 및 재정을 관리하였을 뿐만 아니라, 총학장에서 행정직원에 이르는 전 교직원을 통제하였다(조선총독부, 1935, p. 486). 일제 행정관들은 직위와 기능에 따라 모든 교수들을 임명하였고 학생들의 활동과 학문의 자유를 통제하였다(전게서).

교육행정의 관점에서, 경성제대의 행정제도는 일본 제국대학들과 거의 동일하였다. 대도시에 위치한 일본 제국대학들과 마찬가지로 경성제대는 위계질서가 엄격한 조직과 수직적 권위주의 시스템을 가진 기관이었다. 대학 행정가와 식민 당국은 칙령, 훈령, 정책, 조례 등을 통해 엄격한 규율, 문서 중심 행정, 위계적 권위를 강제하였다. Cummings(1990)가 지적한 바와 같이, 선형적 위계 구조로 특징되는 수직적 체제 속에서 총장은 절대 권위를 행사하였다. 교수진은 교수, 조교수, 강사, 조교, 부조교로 이어지는 서열을 통해 정해진 각자의 위치와 분야에서 강의하고 조력하였다. 신임 교수 선정에서 나이는 가장 중요한 기준의 하나였다. 연령을 기준으로 한 서열화는 고위급 및 중간급 행정가들이 주도하는 권위주의적 리더십 하에서 고착화된 유교 윤리와 사회 가치에 근거한 것이었다. 이러한 체제하에서 협력과 객관적인 평가에 기초한 분권적이며 개방적인 조직구조와 조직문화는 실행될 수가 없었다.

이와 같이, 경성제대의 조직구조는 일본 제국주의의 신도 · 유교적 가치와 규범에 근거한 고도의 중앙집권적인 정형화된 체계로 유지되었다. 그리고 메이지 칙어는 신도 · 유교적 교육 계획을 실행하기 위한 청사진이자 식민지 고등교육의 권위적 조직문화의 씨앗이었다.

일제 식민통치 하에서 조선인은 고등교육 기회 접근과 학습에서 차별을 당했다. 일제는 고등교육의 기회를 주로 자국민들과 제국주의와 군국주의 실행에 앞장 설 소수 한국인에게 제공하였다(Lee, 1984, pp. 367-68). 실제로 일제의 엄격한 차별적 교육행정과 교육과정 정책은 조선인들에게 고등교육기관에 진학할 기회를 거의 주지 않았고, 고급 수준의 공학 및 과학 과정의 교육 기회를 제공하지 않았다. 1925년 당시, 전문학교 급에서 조선인 등록률은 일본인의 1/26 수준이었고 대학 급에서는 1/100 선에 그쳤다(Lee, 1984, p. 367). 이처럼 일제는 일본인과 조선인을 차별한 이원적인 교육체제를 만들었다. 김진은(1988)이 지적한 바와 같이, 일본인은 지배국민으로서 별도의 특권을 부여받은 제도 안에서 고등교육 접근이 용이할 수 있었던 반면, 대다수의 조선인은 중등 및 고등교육 접근마저도 쉽지 않았다.

당시 조선인의 대학진학은 극히 제한되었고 오직 극소수의 조선인, 대체로 친일인사나 부유층 자제만이 경성제대에 입학할 수 있었다. 친일인사나 부유층 자제 다수는 일본 직업학교나 사범학교에 진학하였다.

이성호(1989)의 연구논문에 의하면, 설립 10년째인 1934년, 경성제대의 전체 학생 수는 930명으로서 그 중 조선인은 32%에 지나지 않았다(p. 95). 특히 1939년 당시, 조선인 1,000명당 전문학교나 교사양성소에 재학 중인 학생은 0.27명에 지나지 않았으나, 조선 내 일본인 1,000명당 학생 비율은 7.20명이었다. 조선인의 대학진학률은 1,000명당 0.0093명에 그쳤지만, 조선 내 일본인은 그 비율이 1,000명당 1.06명이었다(Grajdanzev, 1944, p. 264; 이성호, 1989, p. 94; 유네스코, 1954, p. 24). 일제 식민지배 동안 조선 민족주의자들은 고등교육기관을 일본제국주의에 아부하는 친일파 양성소로 간주하였다. 실제로 남병훈(1962)이 언급한 것처럼, 경성제대 설립의 주된 목적은 조선 내 일본인에게 고등교육을 제공하고 조선의 민족주의 부상(浮上)을 저지하며 친일성향의 조선인 엘리트를 육성하는 것이었다. 경성제대에서 수학한 조선인들 중 일부는 일제의 꼭두각시 혹은 조력자로서 식민지배 동안 일본 제국주의자들을 위해서 충심으로 활동하였다(Chang, 1992; Seo, 1989). 1929년부터 1941년까지 804명의 경성제대 조선인 졸업생 중에서 228명이 일제 관공서에 취업하였다(Chang, 1992, p. 392). 관공서는 조선총독부, 일본 정부기관, 각 지방 도청 및 시군청, 경찰서, 법원 등을 말한다.

특히, 제2차 세계대전 기간(1937－1945) 중 일제는 3개조의 교육행정 원칙을 발표하였다. 이에는 국가 사명에 대한 깊은 이해, 내선일체의 강화, 그리고 국가적 목표를 실현하기 위한 노력 동원이 포함되었다. 만주국 괴뢰정권 설립을 계기로 일본 군국주의는 정점에 달하였다. 일제 식민정부는 기독교 선교 학교의 교사와 학생을 포함하여 조선의 모든 사람들에게 신사참배를 명령하였다(Palmer, 1977, pp. 139－40). 조선인에게 일본어 사용이 강제되었고, 모든 수업은 일본어로 진행되었으며 일본식 창씨개명 역시 강제로 추진되었다(Meade, 1951, p. 213).

이와 같은 사실을 비추어 볼 때, 임한영(1952)의 주장대로 일제 식민지 교육의 목적은 민족주의 말살, 직업화 교육, 민족차별 그리고 동질화라고 볼 수 있다. 특히 고등교육의 경우, 우리 민족에 대한 경성제대의 궁극적 교육목표는 일제의 충성스러운 꼭두각시인 친일 엘리트의 양산이었다. 1945년 해방 이후 친일파들은 모순되게도 새로운 한국사회 건설을 주도한 특권계층으로 탈바꿈하였다(Chang, 1992; Cheong, 1985; Choi, 1990; Im, 1991; Lee, 1985; Lee, 1997; Seo, 1989). 이를테면, 이승만 정권의 12년 동안(1948 - 1960) 총 115명의 장관 중 83%가 일제 식민지배 시기에 친일파였거나 일제의 협력자 전력을 가지고 있었다(Seo, 1989, p. 452).

반면에 다수의 민족주의자나 무장투쟁에 참가했던 독립 운동가들은 일본 교육기관 대신 조선인이 설립한 학교나 기독교계 학교를 선호하였다. 조선 학생의 과반수 이상은 조선계 사립 전문학교 혹은 동급 학교를 다녔으며 그들 중 다수는 해외로 진출하여[7] 고등교육의 기회를 얻었다(Lee, 1984, p. 368). 그러나 전통적 유교교육을 받은 이들 중 다수는 서양식 교육에 거부감을 나타냈으며 마을 서당의 전통적인 유교교육을 고집하기도 하였다.[8]

IV

한국 고등교육에 끼친 일본 식민지 교육제도의 영향

일제 식민지배 동안 일본 제국주의자들은 신도·유교 중심 사상을 반영하는 교육 시스템과 행정 구조를 고안해냈다. 이는 조선인의 민족 정기를 말살시켜 황국신민화 를 위한 정책의 도구로써 사용되었다. 신도 사상은 몇 차례 개정된 교육령에 따라 대학 교육과정의 신도·유교 덕목으로서 뿐만 아니라 신사 참배를 강요함으로써 식민지 고등교육에 주된 역할을 하였다. 문화적 동화정책 실행을 강제하던 일제는 조선인의 엄격한 통제, 언론 자유 탄압, 그리고 민족주의의 말살을 위한 도구로써 신도 사상을 이용하였다.

앞에서 언급한 것처럼, 일제 당국은 고등교육 기회를 일부 친일 조선인들에게 부여함으로써 이들을 제국주의와 군국주의를 지지하는 친일 특권층으로 양성하였다. 이렇게 바람직하지 않은 일본의 식민 정책에도 불구하고, 일제 식민주의의 유산은 한국 고등교육행정과 조직문화에 긍정적 및 부정적 영향을 남기게 되었다.

긍정적 영향으로는, 일제 식민정부가 종합대학 1개교(경성제대)를 포함하여 몇몇 대학수준의 고등교육기관을 개설하였고, 사회적 지위와 성별에 관계없이 일부 조선인들에게 공교육의 기회를 제공하였으며, 고등보통학교 혹은 전문학교를 통해 서구식 기술 및 직업 교육을 소개하고, 교육 시설과 건물을 남겼으며, 그리고 서구식 행정시스템과 교육제도를 소개하였다는 것이다. 또한 일제의 교육행정시스템은 현대 한국 고등교육 형성에 모델(model)이 되었으며, 경성제대와 일본 제국대학에서 수학한 조선 지식인들이 현대 한국 사회와 고등교육의 기반을 형성하는 데 중요한 역할을 담당하였다(반민족문제연구소, 1990; Chang, 1992; Cheong, 1985; Choi, 1990; Im, 1991).[9]

부정적 영향으로 첫째, 일제 당국은 고등교육을 신도·유교주의에 기초한 제국주의와 식민정책을 수행할 친일 엘리트를 배출하는 수단으로 간주하였다. 둘째, 일제는 조선의 학문적 전통을 보존하고 있던 국립유학고등교육기관(成均館)을 폐지하였다. 셋째, 일제 식민 교육정책에 의해 우리의 필요에 부합하는 고등교육기관 설립 기회를 상실하였다. 마지막으로, 경성제대의 일부 조선인 졸업자들은 민족에게 직간접으로 고통을 주는 친일 협력자가 되어 민족의 자긍심과 정통성을 훼손하였다(반민족문제연구소, 1993; Chang, 1992; Choi, 1990; Im, 1991; Lee, 1985).[11]

교육행정학적 측면에서 보면, 폐쇄적인 위계적 조직구조, 즉 경직된 권위주의 리더십, 연공서열 중시, 중앙집권적 구조, 닫힌 의사소통 구조, 행정편의주의 등은 현대 한국 고등교육에 전승되어 권위주의적 조직체제와 폐쇄적 조직문화를 형성하였다. 더욱이 일본인에 의해 채택된 몇몇 서구식 교육체제, 즉 윈도우쇼핑 모드는 현대 한국 고등교육의 전형적인 행정시스템이 되었다. 일례로, 중앙집권적 시스템과 수직적 위계서열구조는 현재 교육부와 대부분 한국 고등교육기관의 행정체계의 중추를 이루고 있다.

특히 1890년 일본 메이지 왕에 의해 반포된 교육칙어는 1968년 박정희 정권이 민족정신 회복과 교육개혁의 기치로 내놓은 국민교육헌장[10]의 모체가 되었다. 이 헌장은 1968년부터 1980년대 초까지 한국 교육의 지도 원리가 되었으나 다른 한편으로는 인권을 유린하고 속박하는 교리가 되었다. 그리고 1924년 일제 식민당국에 의해 설립된 경성제대는 현재 국립서울대학교의 전신으로서 현대 한국 고등교육기관을 선도할 뿐만 아니라 한국사회에서 중요한 역할을 수행하는 지도자와 인재를 많이 배출해왔다.

이와 같은 사실을 종합 분석해 볼 때, 일제 식민지배 동안 한국에 대한 일본의 영향은 적대적 관계에 있던 두 나라의 역사적 맥락에서 볼 때 본 연구에서 기술한 것 보다 훨씬 복잡하고 난해하다. 일본 자체의 종교적 특성뿐만 아니라 유교와 불교 그리고 한국의 샤머니즘적 특성을 빌려 형성된 일본 국교로서의 신도가 그 좋은 예가 될 것이다. 또한 일본은 조선에 서구식 제도를 도입하고 반상제도와 같은 사회적 신분제도와 관습을 혁파하였다. 더욱이 국가신도는 정부와 고등교육에 있어서 엄격히 계층화된 시스템과 지적 순응을 강요하는 독단적인 행정 구조를 낳았고, 이는 일제식민지 통치하에 조선에서 더욱 경직되었다.

국가신도의 이데올로기에 기초한 일제의 개혁은 유교 전통과 사회적 관습을 타파하고자 하는 목적을 내재하고 있어 보수적인 유학자와 민족주의자로부터 광범위한 저항을 불러일으켰다. 더욱이 일제의 식민주의사관과 한국의 민족주의 및 서구식 민주주의 사이의 긴장은 한국사 및 한국 교육사에서 규명되어야 할 핵심적 문제이나 아직 명쾌하게 석명되거나 탐구된 바는 없다. 그럼에도 불구하고, 일본 식민지배의 유산이 현대 한국 대학의 행정체제를 형성하는 데 기여하였고 고등교육 전반에 걸쳐 한편으로는 긍정적으로, 다른 한편으로는 부정적인 영향을 끼쳤다는 사실이다.

주(註)

1) 일본서기의 기록(1권, pp. 262 - 63)과 마찬가지로 고사기 역시 AD 285년경, 왕인(Wani)의 기여 사실을 적고 있다(Aston은 이 해가 AD 405년이라 추정한다). 고사기는 백제 국왕이 와니키시(Wani - kishi)라는 남자를 보내어 그를 통해 10권으로 된 논어와 1권으로 된 천자문을 전했다고 기록하고 있다(tr. Chamberlain, p. 306). 일본서기는 552년에 백제 국왕이 일본에 사절을 보내어 일본 왕실에 석가모니 금동상, 깃발, 우산과 많은 불교 경전을 보냈다고 전한다(tr. W. A. Aston, pp. 59 - 60).

2) 홍원탁(1988)의 주장에 따르면, 불교와 유교 도래 이전, 한국의 지배적인 종교는 샤머니즘이었다. 샤머니즘은 한반도로부터 이주한 이들을 통해 일본에 전해진 것으로 보인다(pp. 138 - 39). 류사쿠 츠노다 및 William T. de Bary(1964) 역시 신도는 고유 종교가 아니었다... 신도와 유사한 샤머니즘과 정령숭배의 관습은 동북아시아 전역에서 발견되며 특히 한반도에서 뚜렷하다(p. 21)고 주장하고 있다. 또한 Edwin O. Reischauer와 Albert M. Craig(1973)는 다양한 의식을 거행한 승려계급 구성원은...한국과 동북아의 샤먼의 일본식 변형이라 할 수 있을 것이다(p. 473)라고 지적하고 있다. 마지막으로, 일본서기의 번역자인 W. G. Aston(1905)은 일본 황궁에서 한국 신(Shinto A Kara no Kami)이 숭배되었던 것에서 볼 수 있듯이 선사시대 신도에는 분명히 한국적 요소의 흔적을 볼 수 있다고 주장하였다(p. 1). Stuart D. B. Picken(1994)은 신도는 한편으로 일본의 창조 정신의 근원이며, 다른 한편으로는 군국주의적 민족주의의 원천이라 언급하기도 하였다(p. 4).

3) 양부신도(兩部神道)는 양면 혹은 이중의 신도라는 뜻이다. [대중신도사전](A Popular Dictionary of Shinto, Bocking, 1996)에 따르면, 가마쿠라 막부 시기(1185 - 1333)에 발전되어 밀교의 신곤(Shingon) 파에 의해

유지된 가미(神) 신앙과 수행 해석의 한 흐름으로 보고, 가미와 붓다의 지위를 역전시킨 아류 논리가 요시다 가네모토(1435 – 1511)에 의해 주창되었다(p. 145).

4) 1868년 메이지유신 이후 신도와 불교의 업무는 1872년 4월 21일자 정부 규칙에 의해 정해졌다(Holtom, 1938, p. 59). 그러나 1873년 2월, 일본 정부는 신도와 불교의 자유를 보호할 것이며 두 종교가 함께 발전하도록 지원하겠다고 공식 선언하였다(Herbert, 1967, p. 51). Brian Bocking(1996)은 국가신도 혹은 신사신도는 패전 후 미군정에 의한 1945년 신도 훈령에서 메이지 이후 종교 시스템에 대하여 정의되고 적용된 개념이라 본다. 훈령에서 국가신도는 일본 정부의 공식 활동으로, 교파신도(敎派神道)와는 차별화된 신도의 한 갈래이며, 국가신도 혹은 신사신도로 흔히 알려진 비종교적 유사종교로 분류되고 있다(pp. 100 – 01).

5) 일본 왕 메이지의 교육칙어는 다음과 같은 내용을 포함한다.

신민이여, 알지어다.
우리 황국 조상께서는 제국을 넓고 영원한 기반 위에 세우셨고 덕목을 깊고 굳게 심으셨도다. 우리 신민은 충효로서 하나 되어 그 미풍을 자손만대로 전달하였으니...너희, 우리 신민은 부모에 효도하고 형제자매와 화목하며 부부간에 화합하고 친우들에 진실하고 겸손과 절제로 행동하며 모든 이에게 인(仁)을 펼치고 학문 도야와 예술 연마에 힘쓰고 이를 통해 지성을 계발하고 덕성을 완성하라. 어김없이 헌법을 존중하며 법을 준수하라. 위기 시에는 국가를 위해 자신을 용감하게 바치며 우리 황좌의 번영을 천지와 같이 영생토록 지키고 유지하라...(Sansom, (역), 1950, p. 464)

6) 메이지 교육칙어와 함께 조선교육령은 1945년 8월 15일 해방 전까지 조선의 식민지교육을 감독하는 기본 틀을 형성하였으며, 일제 행정당국이 1922년, 1938년, 1943년 등 수 차례 조선교육령을 개정 반포하

였음에도 불구하고 그 위상을 유지하였다(Cheong, 1985; J. E. Kim, 1988; Nam, 1962; Yu, 1992).

7) 1931년 당시, 3,639명의 조선 학생이 일제 고등교육기관에 등록되어 있는 반면, 조선인 493명이 미국 유학 중이었다(Lee, 1984, p. 368).

8) 삼국시대로부터 20세기 초까지 한국사에서 유교 교육은 전통적으로 두 가지 흐름을 유지하였다. 하나는 성균관이나 향교(鄕校)같은 국(관)립교육기관이며, 다른 하나는 사립교육기관으로 오부학당(五學) 후일에 사부학당(四學) 그리고 서당이다. 최고의 국립교육기관인 성균관은 20세기 초 일제에 의해 강제 폐지되었으나, 다수의 서당들은 식민통치 기간 동안 지방에 여전히 존재하고 있었다.

9) 1945년 9월 미군정이 새로운 한국교육을 정립하기 위해 한국교육위원회를 구성하였을 때, 위원회 구성원의 과반수는 일제 치하 일본 제국대학에서 수학한 사람들이었다(반민족문제연구소, 1993; Cheong, 1985, pp. 85 - 88; Im, 1991). 더 나아가 경성제대 및 일본 제국대학 졸업생들 중 다수가 경성제대가 1946년 국립서울대학교로 전신할 당시 교수진으로 영입되었다(Choi, 1990, p. 51).

10) 경성제국대학의 한국인 졸업생중 다수는 일본 식민정부의 공무원이 되어 동족을 핍박하고 고난을 가중 내지는 방조하였다(Chang, 1992; Lee, 1985). 예를 들면, 제국대학 졸업생인 조선인 이모(李某)는 군수로서 일제의 태평양전쟁 수행을 위해 조선 젊은이들의 징병에 앞장섰으나, 해방 이후 서울의 한 대학에서 교수와 총장을 역임하였다(Chang, 1992, p. 348). 경기도의 고위 공무원이었던 전모(全某)는 식민치하에서 많은 조선 독립운동가를 탄압하였다(Chang, 1992, p. 394).

11) 국민교육헌장의 내용은 다음과 같다:

우리는 민족중흥의 역사적 사명을 띠고 이 땅에 태어났다...성실한 마음과 튼튼한 몸으로 학문과 기술을 배우고 익히며, 타고난 저마다의 소질을 계발하고...창조의 힘과 개척의 정신을 기른다. 공익과 질서를 앞세우며 능률과 실질을 숭상하고, 경애와 신의에 뿌리 박은 상부상조의 전통을 이어받아, 명랑하고 따뜻한 협동 정신을 북돋운다...투철한 애국 애족...민족의 슬기를 모아 줄기찬 노력으로, 새 역사를 창조하자(교육부, 1976, p. 3).

참고문헌

반민족문제연구소(1993). 친일파 99인 1, 2, 3권 . 서울: 돌베개.

Altbach, Philip G.(1989). Twisted Roots: The Western Impact on Asian Higher Education. *Higher Education, 18*: 9 - 29.

Anderson, Ronald S.(1959). *Japan: Three Epochs of Modern Education*. Washington D.C.: United States Government Printing Office of Education.

Anderson, Ronald S.(1975). *Education in Japan*. Washington D.C.: U.S. Government Printing Office. Aston, W. G.(1905). *Shinto (The Way of the Gods)*. New York: Longmans, Green, and Co.

Beauchang, Edward R. & Vardaman, James M. Jr. (Eds.).(1994). *Japanese Education Since 1945: A Documentary Study*. Armonk, New York: M. E. Sharpe Inc.Bocking,

Brian.(1996). *A Popular Dictionary of Shinto*. Surrey: Curzon Press.

Chang, S. Y.(1992). *Ilje - ui Kyungsung - Jekuk Daehak Seolipkwa Woonyoug (The Establishment and Management of Keijo Imperial University)*, *Hankuk - Dokrip - Woondongsa - Yeonku, Vol.* 6, pp. 347 - 408.

Cheong, Jae - cheol.(1985). *Ilje - ui Dae - hankuk - Sikminji - Kyoyuk - Jeong - cheksa (A History of Colonial Educational Policy in Korea under Japanese Imperialism)*. Seoul, Korea: Iljisa.

Choi, Hojin(1990, August). *Kyungseongdae Jekeon - gwa Kukdaean - padong - ui Oajung - eseo (Rebuilt of Kyungseong University under the Vortex of a Kukdaean Wave)*. *Shin - Dong - A,* 8, 248 - 60.

Cummings, William K.(1990). *The Changing Academic Marketplace and University Reform in Japan*. New York: Garland Publishing.

Cummings, William K., Amano, Ikuo & Kitamura, Kazuyuki(1979).

Changes in the Japanese University: A Comparative Perspective. New York, New York: Praeger Publishers.

Cynn, Heung－wo(1920). *The Rebirth of Korea.* New York: Abingdon Press.

Grajdanzev, Andrew J.(1944). *Modern Korea.* New York: The John Day Company.

Herbert, Jean(1967). Shinto: At the Fountain－Head of Japan. New York: Stein and Day.

Holtom, D. C.(1938). *The National Faith of Japan.* New York: E. P. Dutton & Company.

Hong, Wontack(1988). *Relationship Between Korea and Japan in Early Period: Paekche and Yamato Wa.* Seoul, Korea: Ilsisa.

Horio, Teruhisa(1988). *Educational Thought and Ideology in Modern Japan: State Authority and Intellectual Freedom.* (Steven Platzer Ed., & Trans.). Tokyo, Japan: University of Tokyo Press.

Im, Chong－Kuk(1991). *Silok Chinilpa (Authentic Stories of Pro －Japanese Koreans).* Banminjokmoonjeyeonkuso (Ed.), Seoul, Korea: Dolbege.

Keenlyesids, Hugh & Thomas, A. F.(1937). *History of Japanese Education.* Tokyo, Japan: The Hoku Sei－do Shoten.

Kim, Jin－Eun(1988). South Korea. In George Thomas Kurian (Ed.), *World Education Encyclopedia, Vol. II.* New York: Facts on File Publications.

Kojiki (Records of Ancient Matters)(1973). (Basil Hall Chamberlain, Trans.). Tokyo, Japan: The Asiatic Society of Japan.

Lee, Chong Sik(1965). *The Politics of Korean Nationalism.* Berkeley: University of California Press.

Lee, Jeong－Kyu(1997). *A Study of the Development of Contemporary Korean Higher Education,* Unpublished Ph. D. dissertation, The University of Texas at Austin.

Lee, Jeong－Kyu(2002a). Japanese Higher Education Policy in Korea during the Colonial Period (1910－1945), *Education Policy Analysis Archives, 10* (14), http://olam.ed.asu.edu/epaa/

Lee, Jeong－Kyu(2002b). Shinto－Confucian Thought and Korean Higher Education, in Jeong－Kyu Lee's *Korean Higher Education: A Confucian*

Perspective, Jimoondang International: Edison/Seoul, 109 - 128.

Lee, Kibaek(1984). *A New History of Korea*. (Edward W. Wagner & Edward J. Shultz, Trans.). Cambridge: Harvard - Yenching Institute.

Lee, Kidong(1985). *Iljeha - eui Hankukin Kwanrideul (Korean Officers under the Japanese Imperialism)*. Shin - dong - A, 3, 472 - 75.

Lee, Sungho(1989). The Emergence of the Modern University in Korea. *Higher Education, 18*, 87 - 116.

Lee, Sung - hwa(1958). *The Social and Political Factors Affecting Korean Education (1885 - 1950)*. Unpublished Doctoral dissertation, University of Pittsburgh.

Longford, Joseph H.(1911). *The Story of Korea*. London: Adelphi Terrace.

Maki, John M.(1945). *Japanese Militarism*. New York: Alfred A. Knopf.

Meade, E. Grant.(1951). *American Military Government In Korea*. New York: Columbia University Press.

Minisry of Education(1976). *Education in Korea*. Seoul, Korea.

Nam, Byung Hun(1962). *Educational Reorganization in South Korea under the United States Army Military Government, 1945 - 1948*. Unpublished Doctoral dissertation, University of Pittsburgh.

Nakayama, Shigeru(1989). Independence and Choice: Western Impacts on Japanese Higher Education. *Higher Education, 18*, 31 - 48.

Nihongi (Chronicles of Japan from the Earliest Times to AD 697)(1896). *Vols. I & II*. (W. G. Aston, Trans.). London: The Japan Society.

Palmer, Spencer J.(1977). Korean Christians and the Shinto Shrine Issue. In C. I. Eugine Kim & Doretha E. Mortimore (Eds.), *Korea's Response to Japan: The Colonial Period 1910 - 1945*. Western Michigan University: The Center for Korean Studies.

Picken, Stuart D. B.(1994). *Essentials of Shinto: An Analytical Guide to Principal Teachings.*Westport, Connecticut: Greenwood Press.

Reader, Ian, Andreasen, Esben, & Stefansson, Finn(1993). *Japanese Religions: Past and Present*. Sandgate, Folkestone, Kant, England: Japan Library.

Reischaure, Edwin O., & Craig, Albert M.(1973). *Japan: Tradition & Transformation,* Boston: Houghton Mifflin.

Rim, Han – Young(1952). *Development of Higher Education in Korea during the Japanese Occupation (1910 – 1945)*. Unpublished Ed. D. dissertation. Teachers College, Columbia University.

Sansom, G. B.(1950). *The Western World and Japan*. New York: Alfred A. Knopf.

Seo, Byung – Uk(1989, October). *Minjok –Jeongki Salyeoja –hammida (We Should Revive A National Spirit). Shin –Dong –A, 10,* 444 – 455.

The Government – General of Choson(1921). *Annual Report on Reforms and Progress in Chosen (1918 –21)*. Keijo.

The Government – General of Choson(1935). *A History of 25 Year Administration*. Keijo.

The Korean National Commission for UNESCO [KNCU](1960). *UNESCO Korean Survey*. Seoul, Korea: The Dong – A Publishing Co., Ltd.

Tsunetsugu, Muraoka(1964). *Studies in Shinto Thought*. (Delmer M. Brown & James T. Araki, Trans.). Japan: Ministry of Education.

Tsunoda, Ryusaku & de Bary, William T., & Keene, Donald(1964). *Sources of Japanese Tradition, Volume I*. New York: Columbia University Press.

Underwood, Horace H.(1926). *Modern Education in Korea*. New York, New York: International Press.

UNESCO.(1954). *Rebuilding Education in the Republic of Korea*. Frankfurt am Main: Johannes Weisbecker.

Yu, Bongho(1992). *Hankuk Kyoyuk Gwajeongsa Yunku (A Study of the History of Curricula in Korea)*. Seoul, Korea: Kyohak – yunkusa.

제4장

한국 고등교육에서 종교의 역할

I

서 론

　불교, 유교, 도교, 기독교와 같은 종교는 한국 문화·사회 전반에 걸쳐 지대한 영향을 미쳤다. 특히 불교, 유교, 도교는 한국 문화 속에 융합되어 샤머니즘과 함께 전통 종교사상의 기초가 되었다. 교육적 측면에서 볼 때, 불교와 유교는 고대 한국 사회에서 정규·비정규적 엘리트 교육에 중대한 영향을 미쳤으며, 그 영향력은 현재까지 지속되고 있다. 반면 도교는 교육적 측면이 아닌 생활 전반에, 뒤늦게 유입된 기독교는 현대 한국 사회와 고등교육 발전에 많은 영향을 미쳤다. 이런 맥락에서 볼 때, 이 연구에서 종교의 범위는 불교, 유교, 기독교로 한정한다. 그리고 기독교(Christianity)는 천주교(Roman Catholicism)와 개신교(Protestantism)를 통칭한다.

　한국교육사 전반에 걸쳐 종교와 교육은 불가분한 관계에 있다. 한국 고등교육에 있어서 종교의 역할에 대한 연구는 동서양 교육학자들에게 한국고등교육에서 기초연구를 위해 가치 있는 아이디어를 제공하고 있다. 그러므로 이 연구의 목적은 고대·근현대 시대를 통하여 한국 고등교육에서 종교의 역할을 고찰하는 데 있다. 이 연구에서 고대는 4세기부터 19세기 후반 1870년대까지, 근현대는 1880년부터 1910년까지로 정의한다.

여러 연구에서 종교 사상은 한국의 근현대사에 정신적 · 실제적 영향을 미친 것을 볼 수 있다. 그러고 한국교육에 있어서 종교적 · 철학적 영향에 대한 몇몇 연구는 세 주요 종교-불교, 유교, 기독교-가 한국 교육사에서 지대한 영향을 끼친 것을 지적하고 있다(de Bary, 1996; Choo, 1961; Hahn, 1969; Kim, 1961; Kim, 1983; Lee, 1984; Park, 1996).

한국 교육사 및 교육철학의 견지에서, 한국 엘리트 및 고등교육에 영향을 미친 종교적 · 철학적 사상에 대한 연구가 소수에 불과하다(Kim, 1972; Lee, 1997; 1998). Kim(1972)은 한국고등교육의 기본적 철학과 조직에 대해 간략하게 분석하였으며, Lee(1997; 1998)는 교육행정학적 관점에서 한국고등교육 발전에 영향을 미친 종교적 · 철학적 요소를 고찰하고 있다. 고대 및 근현대 고등교육에서 종교의 역할과 관련된 연구는 아직 이루어지지 않고 있는 실정이다. 이를 감안하여 이 연구는 근현대 엘리트교육 및 고등교육교육에 있어서 불교와 유교의 영향력에 대한 분석에 초점을 두고 있다. 특히 근현대 고등교육에서 유교와 기독교의 상호작용과 현대 고등교육에서 종교의 역할에 대해 집중적으로 논의한다.

Ⅱ
역사적 개요

초기 불교와 유교는 한국 종교사에서 핵심적 종교이다. 비록 두 종교가 외국에서 유입되었지만 국가적 차원에서 수용되어 20세기 초까지 국가발전에 주요 요소로 작용하였다. 삼국사기(Kim, 1145)와 삼국유사(Iryon, 1285)의 기록에 의하면, 불교는 4세기 후반 중국 진나라에서 전파되었다. 불교는 백성과 귀족계층이 모두 쉽게 받아들일 수 있는 적절한 교리를 지니고 있었기 때문에 유입된 후 오래지 않아 모든 계층의 강력한 지지를 받았다. 초기 삼국시대와 고려시대(AD 918 - 1392)를 거치면서 국가 종교로 자리 잡은 불교는 실제적 · 정신적으로 사회문화 전반에 걸쳐 영향을 미쳤다. 그러나 조선왕조는 14세기 후반부터 20세기 초까지 유교를 국가이념으로 삼았기 때문에 지배계층의 이념과 거리가 먼 불교는 조선시대에 억압을 받았다. 일제 식민시대(1910 - 1045)를 거치면서 일본 불교의 보급으로 한국 불교는 점차 회생하였다. 1945년 해방과 동시에 불교는 국민들 사이에 빠르게 보급되었고, 이와 함께 종파도 확산되었다.

불교와 마찬가지로 유교도 한국 사회 문화 전반에 걸쳐 영향을 미쳤다. 삼국사기에 따르면 AD 372에 최초의 유교엘리트 교육기관이 설립되었다. 이런 사실과 관련하여 볼 때, 유교는 이미 그 이전에 유입된 것이 틀림없다. 유교는 불교의 경우와는 달리 정치사회 윤리와 규범으로서 지배계층이 국가 이념을 설립하는데 일조하였다.

14세기 후반까지 이 두 종교는 큰 충돌 없이 공존하여왔다. 조선왕조 개국과 함께 유교는 국교(國敎)로서 사회의 척도이며 황금률이 되었다. 17세기 기독교의 유입과 더불어 일부 신진 유교세력이 서구 사상에 관심을 보였지만, 유교는 여전히 조선사회의 도덕적 규범이며 이념적 기준이었다. 더욱이 일제 식민시대에 민족주의를 압제함에도 불구하고 유교는 쇠락하지 않았다. 한국 사회에서 유교의 지대한 영향력은 정신적 및 사회문화적으로 현재까지 지속되고 있다.

유·불교 이외에도 전통 종교에 융합된 기독교는 1784년 천주교 (Roman Catholicism) 소개 이후 한국 근대화에 견인차 역할을 하였다 (Lee, 1984). 천주교는 17·18세기에 중국에서 활동하던 유럽 선교사들을 통하여 실학자들이 국내에 소개하였다. 천주교는 점차 평민들에 퍼졌나갔으나 대부분의 유학자들은 기독교가 유교의 사회정치적 원리를 위협한다는 이유로 거부하였다(Lee, 1984, p. 239).

그래서 천주교는 이단으로 간주되어 19세기 후반까지 박해를 받았다. 그러나 1884년 개신교 선교사들의 입국으로 기독교가 일반 대중에게 전파되는 전환점을 맞이하였다. 이들은 선교 사업으로 의료기관과 교육기관을 설립하면서 왕족뿐만 아니라 평민과 하층민을 포함하는 사회 모든 계층을 포괄하였다. 특히 개신교는 유교적 사회·정치 질서나 다른 전통 종교 문화와 조화를 이루기 위해 노력하였다. 이러한 노력의 결과로 기독교는 일제 식민지배 동안 일제의 탄압에도 불구하고 해방 후 한국에서 제2의 종교로 성장하게 되었다.

Ⅲ

고대 한국 엘리트교육에서 불교와 유교

유·불교는 정신과 실제 세계에 있어서 문화에 대한 열망을 추구하고자 하는 지배계층에 의해 외국에서 유입되었다. 앞에서 언급했듯이, 이 두 종교는 고대 왕조시대 지배계층을 교화시킨 대표적인 정신체계였다. 따라서 불교경전과 유교경전을 읽고 이해할 수 있는 사람들은 지배계층의 지식인들이었다. 고대 유·불교는 유·무형의 제도를 통해 지배계층의 사회정치적 지위와 특권을 유지하는데 기여하였다.

한국의 엘리트교육의 견지에서 초기 국가시대의 정규적 교육기관은 알려진 바가 거의 없다. 유일한 자료는 몇몇 사서(史書)에 실린 간략한 참고문헌 정도이다. 이 자료를 토대로 볼 때, 초기 엘리트교육은 양분화 되어 이루어졌음을 알 수 있다. 하나는 군주에 의해 지배되는 중앙집권국가를 세우고 국교인 불교를 전파하기 위해 불교 경전과 승려 학교기관에 관련을 두었고, 다른 하나는 유교 경전과 중국 고전학습에 중점을 두는 중국 교육체제를 차용하여 권위적 정치구조와 사회윤리적 가치를 확립하기 위한 고전적인 유교 교육과 관련이 있었다.

현대 고등교육의 관점에서, 고대 불교 교육기관은 엘리트 승려를 육성하기 위함으로 서구 수도원의 특성과 연관성을 둘 수 있다. 불교 교육제도와 관련된 역사 기록의 부족으로 그 당시의 행정구조와 조직문화를 구체적으로 파악할 수 없지만, 찬란한 불교문화와 탁월한 정치 수도승을 통해 위계적 종교사회에서 정치적 권력을 이용한 권위적 지도자가 있었음을 추측할 수 있다. 이런 사실은 수도원의 특성을 지닌 불교학교가 비정규적 교육구조, 폐쇄적 명령체계, 정신수양을 위한 종교관 등을 강조했으리라는 추측을 가능케 한다. 또한 이 승려학교가 불교 전통을 후세에 계승하기 위해 엄격한 규율 아래 고유한 조직구조와 문화를 형성했으리라 추정한다. 이런 맥락에서 고대 불교학교는 강제적인 종교적 권위를 바탕으로 불교 규율과 예식을 강조한 닫힌 조직체계를 지닌 교육기관이었음을 추론할 수 있다. 한국 종교사에서 볼 때, 고대시기에 선종(禪宗)은 고된 신체적·정신적 수양을 강요하였다.

고대 불교 교육기관은 불교의 가르침과 수도적인 수양을 중시하는 불교 전통을 보전하는 점에서 비정규적 종교 수도원과 유사하였다. 종교적 기능을 고려해 볼 때, 불교학교는 중세 서구 수도원과 비교할 수 있다. 한국 종교사에서 불교는 단순히 종교 의식이나 예식을 강조하는 폐쇄적 조직문화가 아니라 권위적인 사회정치적 권력을 가진 교리체계였다.

그러므로 불교 교육기관은 불교를 국교로서 널리 포교하는 것뿐만 아니라 불교 통치자에 의한 귀족 국가를 확립하기 위해 불교의 가르침을 수행할 엘리트 승려들을 교육하였다. 전반적으로 고대 불교 교육기관은 불교가 정신적 및 실제적으로 국가 사회체계 전반에 영향을 미치고 있었기 때문에 이런 영향력을 수행할 수 있는 엘리트를 육성하기 위한 비정규적 학교교육과 밀접한 연관이 있었다. 그러나 14세기 후반부터 20세기 초반에 이르기까지 유교 국가를 천명했던 조선왕조의 탄압으로 급속히 퇴조하였다.

불교 엘리트교육과 마찬가지로, 유교 교육도 고대의 핵심 기제 중 하나였다. 그러나 삼국시대와 고려시대를 거치면서 불교가 국교로서 한국 사회·문화 전반에 영향을 미친 반면, 유교는 지배계층의 정치·윤리적 가치로서 널리 퍼졌다. 조선왕조 개국과 더불어 유교는 국교 및 국가적 이데올로기로 채택되었으나, 불교는 유교 지배계층에 의해 이교도로 간주되었다.

한국 유학사에서 최초의 유교 엘리트교육기관은 372년에 설립된 고구려의 태학으로 알려져 있다(Iryon, 1285; Kim, 1145). 태학은 주로 유교 경전과 중국 고전을 가르쳤다. 이 기관의 목적은 예비 귀족의 육성이었으므로 교육기회는 지배계층의 자손에게만 허용되었다. 7세기 한반도 통일을 이룩하면서 통일 신라는 중국 당나라(618-906)의 교육제도를 본보기로 682년에 새로운 국립교육기관인 국학을 설립했다(Kim, 1145). 고구려의 태학과 마찬가지로 국학에서도 지배계층의 자손을 위해 중국 고전을 가르쳤다. 통일신라는 788년 3단계의 능숙도로 등급을 정하는 중국 고전 시험으로 관료를 선발하기 위해 독서삼품과(讀書三品科)라고 명명한 국가시험을 처음으로 시행하였다(Kim, 1145, p. 165). 비록 이 제도가 중국 당나라의 시험제도를 모방했다 할지라도, 고려(918-1392)와 조선(1392-1910)의 과거제도의 모본이 되었다는 점에서 중요한 의의를 지닌다.

삼국시대와 마찬가지로, 고려도 불교국가였으며 귀족 사회를 이끌 엘리트 양성을 위해 992년에 국자감이라는 국립유학교육기관을 설립하였다. 이 교육기관은 국자학, 태학, 사문학 등의 3개 학교로 이루어졌다. 각 학교는 입학자격, 교육과정, 교수 등의 측면에서 서로 다른 기준을 지니고 있었다. 국자학은 고위 관료의 자손들만 입학이 가능하였다. 그리고 고려의 과거제도는 958년에 처음 실시되어 제술업, 명경업, 잡업의

3가지 유형으로 이루어져 있다. 제술업은 중국 고전 문학 위주로, 명경업은 유교 경전 위주로, 잡업(雜業)은 의학, 천문, 풍수, 율학, 산학으로 시험을 치루었다(Lee, 1984; Lee, 1986). 제술업과 명경업의 경우, 관료선발을 위한 목적으로 시행되었으나 잡업은 다른 행정부서에서 일할 기술자 내지 전문가 선발을 주목적으로 하였다.

조선은 개국과 함께 유교를 국교로 삼았고, 최고 유교기관인 성균관을 1397년에 설립하였다. 성균관은 과거의 태학, 국학, 국자감의 전통과 교육체계를 계승한 한국 유교의 성소였다. 한국 유교 교육기관은 엄격한 관료사회 건설뿐만 아니라 사회정치적 지위 상승을 위한 수단인 과거시험을 통한 관료양성을 위한 제도로서의 역할을 하였다. 이러한 관점에서 과거제도는 조선시대 유교엘리트교육의 중추였다. 과거제도를 기반으로 한 유교교육체계는 강압적인 서구 압력에 부득이 하게 문호를 개방한 19세기까지 유지되었다. 비록 유교 엘리트 교육의 전통이 현재 교육제도에서 거의 사라졌다 할지라도, 현재 국가 공무원시험제도의 모본으로서 과거제도의 전통은 여전히 살아 있다.

IV

현대 한국고등교육에서 유교와 기독교의 상호작용

불교와 유교는 고대 및 중세 왕조시대에 건전한 관계를 유지하였다. 삼국시대와 고려시대에 불교는 국교(國敎)로서, 유교는 전통 교리로서의 역할을 하였다. 조선시대에 유교가 국가 종교 내지 이데올로기로 정착되었고, 조선왕조 후기에 기독교(Christianity)가 서구에서 유입되었다. 18세기 이래로 기독교는 유교, 불교와 같은 전통 이데올로기에 접목되면서 새 가지를 뻗고 있었다.

한국 종교사에서 볼 때, 천주교(Roman Catholicism)는 17세기 초에 한반도에 전해진 후 양반 지식계층에 관심을 받은 반면, 최초의 개신교(Protestantism) 선교단체는 주로 하층계급과 평민을 포용하며 1884년 활동을 시작하였다(Grayson, 1985, 1989; Lee, 1984; Underwood, 1926). 유교 원리 및 규범과의 부조화로 인해 천주교는 18세기 후반부터 100년 동안 유교 지배자와 관료로부터 공식적으로 몇 차례 박해를 받았으나, 개신교는 선교 시작부터 유교와 한국 종교 문화와의 조화를 추구하였다.

천주교 교리의 소개와 더불어, 서구 과학사상이 일부 신진 유학자에 의해 소개되었다. 그러나 유학자의 대부분은 유교원리를 강조하는 지배세력의 기득권을 유지하기 위해 노력하였다. 천주교는 제사를 비롯한 기존의 일부 유교적 사회정치 질서를 부정하였다. 천주교와 달리 개신교는 한국 종교문화와의 접합 점을 모색하면서 유교 교리와의 갈등을 피하려고 노력하였다. 기독교 윤리적 가르침이 자애와 미덕을 함양함으로 인간애 증진을 궁극적인 목적으로 한다는 점에서 유교 원리와 다르지 않음을 강조하였다(Suh, 1996, p. 248).

또한, 기독교[개신교]는 한국의 미신적이며 세속적인 요소를 수용하였다(Lee, 1971). 정진홍(1996)은 기술하기를:

> 기독[개신]교의 상대적인 성공에 있어 가장 중요한 요소는 한국의 전통 종교의 구조와 신에 대한 기독교인의 개념과 기독교 신학 사이의 유사성에 있었다. 주술 행위의 실존을 영혼의 매개자로서 여기는 초월자에 대한 한국인의 신앙관은 기독교적인 가르침에 토속 문화의 차이점을 극복하는데 도움을 주었다. 기독교는 한국 고유의 종교가 충분히 정의하지 못한 신(神)을 소개하였으며, 기독교는 전통적 종교 사상이 결여하고 있는 신을 제공하였던 것이다(pp. 225 - 26).

다시 말하면, 기독교는 유교적 사회정치 사상 및 전통적인 한국 종교문화와 조화를 도모 하였다. 더욱이 기독교의 인류평등주의와 박애주의에 토대를 둔 남녀평등 사상과 직업에 차별을 두지 않는 노동의 신성함은 양반과 왕족에 의해 인권과 자유를 속박 당하는 한국의 일반 백성에게 큰 영향을 미쳤다. 특히 조선시대(1392 - 1910)에 개신교 선교사들이 의료기관과 교육기관을 통한 선교활동으로 유교적 토양에 인간중심주의와 서구의 과학 지식을 심은 것을 기독교 포교에 가장 중요한 성공 요인으로 생각할 수 있다.

한국에서 기독교가 끼친 영향을 살펴보면, 천주교 선교사들은 한국 백성들에게 한글을 가르친 교육 개척자들이었고, 개신교 선교사들은 여성을 포함한 평민계층을 위해 중등 및 준대학 교육기관을 설립하였다. 조선시대 여성들은 공교육을 받을 기회뿐만 아니라 개인적 권리를 향유할 권리조차 없었다. 대부분 한국 여성의 권리와 자유는 가족을 위한 자녀양육과 가사노동으로 제한한 남성 우월적인 유교 가치와 기준에 의해 박탈당했다. 이 같은 시대상황하에서, 기독교 선교 교육은 한국여성을 해방시키기 위함뿐만 아니라 평민에게 인간의 자유와 평등을 깨닫게 하는 기폭제 역할을 하였다.

조선왕조 500여 년 동안 엘리트교육은 지배계층[양반]에 의해 독점되어왔다. 그러므로 기독교 가치에 입각한 교육은 배움에 대한 강한 열망을 가진 일반 백성들에게 크게 환영받았다. 조선조 후기(1880 - 1910년)에 몇몇 대학은 미국 고등교육 제도에 기초한 미국대학의 모델을 따라 설립 되었다(Underwood, 1926). 기독교 선교 교육자(주로 개신교)들은 기독교와 국가에 헌신할 수 있는 시민 양성을 위해 종교적이고 진취적인 태도를 강조했다. 그래서 이들은 영어와 성경뿐만 아니라 전통적인 유교 학습 및 서양의 실용과목을 가르쳤다. 그러나 이들 교육기관은 무엇보다도 기독교 전파를 위한 복음주의적 교리를 강조하였다.

조선 후기(1880 - 1890년대), 대부분의 백성들은 정부 주도의 공교육에 관심을 가지지도 않았고, 일본 주도의 개혁에 기꺼이 따르지도 않았다(Bishop, 1897; Lee, 1984). 많은 보수적 지배계층의 지식인들은 기독교 선교사와 일본인에 의해 실행된 서구식 교육을 수용하기 보다는 유교의 교육전통을 지속하고자 하였다. 일부 민족주의자들은 애국지사에 의해 설립된 교육기관에 관심을 가졌지만, 유학자들은 그들의 보수적 전통을 고수하였다(Lee, 1984; Son, 1985). 그러나 전통 유교육은 과거제도의 문란함, 관립교육의 부실함, 일본의 정치적 압력, 기독교 선교학교의 증가 등의 요인으로 인해 점차 감소하였다. 그 당시 최고 국립교육기관인 성균관은 유교의 교육전통과 권위를 제대로 유지하지 못했다.

전통 유교교육기관이 감소함과 동시에 선교사들이 세운 기독교계 학교는 점차 증가하였다. 이 학교 학생들의 대부분은 일반 백성과 여성을 포함한 피지배계층이었다. 하지만 1890년대 후반 일부 진보적 유학자들도 또한 이 기관에서 교육을 받았다. 개신교 선교사들이 선교활동을 시작한지 20년 만에 한국 민족에게 기독교를 파종하고 서구사상을 널리 알림으로써 여성해방과 인권신장이라는 측면에서 크게 기여하였다. 현대 한국 고등교육에 있어서 유교와 기독교 사이의 상호 작용이라는 관점에서, 두 종교의 윤리적 전통에 관계없이 유교교육은 기독교교육으로 대체되었다.

일제 식민시대(1910 – 1945)에 일본은 조선인을 황국신민으로 만들기 위해 조선에 중요한 정책을 수립하였다. 이런 목표를 이루기 위해 교육을 중요한 정치적 도구로 간주하였다(조선총독부, 1935). 1911년 조선의 일본 행정부[조선총독부]는 조선교육령을 선포하였다. 이 법령은 기독교선교대학을 고등교육기관과 학위수여기관으로서의 위상을 박탈하는 것이 주요 내용이었다. 더욱이 2차 세계대전(1937 – 1945)동안 일본 식민 정부는 한국인과 기독교 선교사들에게 언론 자유 박탈, 선교활동 제약, 그리고 신사참배 강요 등으로 탄압하였다(Palmer, 1977). 이 시기에 조선인은 일본어를 사용해야만 했고, 모든 학교 수업을 일본어로 하였으며, 창씨개명(創氏改名)을 강요당했다(Meade, 1951).

그러나 1945년 8월 15일 일제로부터 해방과 함께 한국 교육과 기독교의 역사는 일대 전환기를 맞이하게 된다. 미군정은 남한에 미국식의 민주적인 고등교육을 파종했을 뿐만 아니라 종교 자유의 문을 열었다. 1948년에 30개가 넘는 국·공·사립 고등교육기관이 운영되고 있었다.

특히 기독교는 종립고등교육기관 확장에 선도적인 역할을 하였다. 전반적으로 미군정은 미국의 교육사상, 기독교적 인문주의, 미국 대학의 교육과정, 교수방법, 교육행정체제 등을 소개함으로써 한국 고등교육 발전에 크게 이바지 하였다.

요약하자면, 기독교는 유교의 종교적 교육적 전통과 조화를 이루면서 한국에서의 기독교 선교 사업은 한국의 현대 고등교육에 대한 사회적 교육적 환경을 변화시키는 데 지대한 영향을 미쳤다. 즉, 기독교 정신을 뿌리내리게 하고, 전통 유교 엘리트교육을 대신하여 현대 고등교육이 자리를 잡을 수 있도록 촉매 역할을 하였으며, 유교의 인문주의 및 윤리와 조화를 이루었고, 한글 교육을 시작하였으며, 민주주의 및 여성교육의 문을 열었고, 서구의 실용적 과학 지식의 중요성을 자각하게 하였고, 서구 고등교육기관의 교과과정과 강의법 및 행정제도를 소개하였으며, 독립심 고양과 민족의 자긍심을 가르치고, 마지막으로 박애주의, 청교도정신, 인류평등주의, 민주주의, 공리주의, 실용주의를 포함하는 서구사상을 소개하는데 크게 기여하였다.

V

현대 한국 고등교육에서 종교의 역할

1948년 대한민국 정부 수립 이후 고등교육기관과 기독교인은 급격하게 증가하였다. 1995년을 기준으로 전체 국민(44,553,710명)중 종교인은 22,597,824명(50.7%)이었다. 이 중에서 불교인은 10,321,012명(45.7%), 개신교인은 8,760,336명(38.8%), 천주교인은 2,950,730명(13.0%), 유교인은 210,927명(0.9%), 기타 354,819명(1.6%)으로 조사되었다(문화관광부, 1998). <표1>에서 나타난 것처럼, 1999년에 불교 69개, 개신교 162개, 천주교 1개, 유교 1개, 기타 46개 등 총 279개의 종파가 대한민국에 있었다. 또한 846개의 사찰, 63,275개의 교회, 1,152개의 성당, 234개의 사당, 기타 5,484개의 종교집회소가 있었다(문화관광부, 1999).

종교＼분류	종파수	종교기관수	성직자	신도수 (95.11.1)	종교단체
불교	69	18,511(846)	34,063	10,321,012	3
개신교	162	63,275	114,952	8,760,336	64
천주교	1	1,152	10,879	2,950,730	12
유교	1	730(234)	31,833	210,927	
기타	46	5,484	295,340	354,819	6
전체	279	89,152	487,067	22,597,824	85

출처: 한국 종교현황(1999), 문화관광부.
* 1995년 11월 1일 현재, 전체 국민은 44,553,710명이고, 종교인은 전체국민의 50.7%이다.

1999년도 교육통계연보(교육부/한국교육개발원)에 따르면, 한국에는 국립 51개, 공립 11개, 사립 292개 총 354개의 고등교육기관이 있다. 사립학교 중 85개는 종교단체에서 설립한 것으로 개신교 64개, 천주교 12개, 불교 3개, 원불교(박선영, 1983, p. 40) 4개, 기타 1개 이다. <표2>에 따르면, 개신교 종단에서 세운 64개의 학교 중 대학교 38개, 전문대학 12개, 대학원 9개, 기술학교 5개 이다. 천주교는 12개 학교를 설립하였으며, 그 중 대학교는 9개, 전문대학은 3개 이다. 한국의 모든 고등교육기관의(1999년 현재) 21.5%가 기독(개신+천주)교 종립학교이며, 모든 종립고등교육기관의 89.4%를 점유하고 있다.

〈표2〉 종립 교육기관 현황

분류＼종교	개신교	천주교	불교	원불교	기타	전체
대학교	38	9	3	2	1	53
대학원	9			1		10
기술학교	5					5
전문대학	12	3		1	1	17
전체	64	12	3	4	2	85

출처: 한국 종교현황(1999), 문화관광부.

그러나 유교의 경우, 정규 고등교육기관이 없지만 한국인은 유교의 규범, 가치, 관습, 예절에 많은 영향을 받았다. 즉, 한국 사람들은 다른 종교를 믿고 있다 할지라도 유교적 생활문화와 깊은 관련이 있다. 그러므로 유교는 한국 사회뿐만 아니라 고등교육의 조직문화를 지배하는 가장 중요한 요소라고 말할 수 있다(Lee, 2000).

비록 현대 고등교육이 유교엘리트교육의 자리를 대신하고 있지만 유교적 조직문화는 공사립을 막론하고 여전히 한국 대학사회에 현존하고 있다. 종교단체에서 설립한 85개의 고등교육기관 중에 몇몇 소위 명문대학들도 있다. 이들은 기독교 전파와 종교적 정체성 확립이라는 종교적 사명의 성취뿐만 아니라 학문의 우월성을 통하여 국가 사회에 봉사하는 사명을 이행하고 있다.

여러 종파에도 불구하고, 종교기관에서 세운 대부분의 대학은 종단이나 종파에 관계없이 단지 종교적 이념을 실행하는 것뿐만 아니라 성직자를 양성하는 체계를 갖추고 있다. 게다가 대부분의 대학들은 종교연구소와 사회활동 차원에서 의료기관이나 의과대학을 운영하기도 한다(문화관광부, 1999). 1999년 종교현황에 따르면, 불교 66개, 개신교 29개, 천주교 27개, 기타 11개 등 총 133개의 연구소와 불교 8개, 개신교 13개, 천주교 31개, 기타 20개 등 총 72개의 의료기관이 설립되어 있다. 개신교는 의료기관보다는 교육기관에 더 치중하고 있는 반면, 천주교는 교육기관보다는 의료기관에 더 치우치고 있다.

대학의 일반적 사명을 고려해 볼 때, 한국에서 종립고등교육기관의 중요한 문제점은 양적 팽창에 따른 질적 저하와 독특성이 결여된 동질성이다. 사실 한국 고등교육은 54년(1945 - 1999)에 걸쳐 질적 성장보다는 급격한 양적 팽창을 지향해왔다(교육부/한국교육개발원, 1999).

현재 미국과 유럽에서 공부한 많은 젊은 교수들이 그곳에서 얻은 지식과 경험을 가지고 한국의 대학으로 들어오고 있다(Reed, 1995). 그러나 그들은 연공서열과 유교적 남성우월주의에 기초한 권위적 태도를 지닌 일부 행정가 및 원로 교수와 종종 갈등이 일어난다(Lee, 1999). 원로 교수와 소장 교수 사이의 갈등은 세대 차이와 신구 패러다임의 차이에서 유발되고 있다.

이와 같은 갈등에도 불구하고, 한국고등교육은 여전히 전통적인 유교 가치에 입각하여 교사와 학생 사이뿐만 아니라 행정가와 실무자간에도 위계적 구조를 고수하고 있다(Lee, 1999). 그러나 기독교와 서구 사상이 한국 사회와 고등교육의 중요한 조직문화의 일부로서 점차 자리 잡고 있다. 현재 한국 고등교육의 조직문화는 불교와 유교 사상 같은 전통적인 종교적 가치에 기초한 권위주의, 온정주의, 집단주의뿐만 아니라 기독교 규범과 서구 사상에 기초한 민주주의와 개인주의가 편만함을 특징지을 수 있다(Lee, 1999).

종교는 현재 한국고등교육에서 종립교육기관의 발전뿐만 아니라 건실한 조직문화 형성에서 지대한 영향을 미치고 있다. 기독교와 불교는 기본적인 믿음의 차이로 상호 유기적인 관계를 유지하고 있지 않으나 현대 한국 사회에서 대표적인 종교로 자리매김하여 한국고등교육, 특히 사립 고등교육기관을 이끌어왔다. 현재 유교는 성균관의 전통을 계승한 유교 고등교육기관이 부재하지만 - 현재의 성균관대학교는 조선조 성균관의 전통을 계승하지 않고 명칭만을 따 온 현대식 사립 고등교육기관 - 불교 및 기독교와 건설적인 관계를 유지하고 있다. 한국사에서 유교와 불교는 공존하면서 초기 국가시대부터 일차적 내지 이차적 교육기제로 공존해왔으며, 기독교는 19세기 후반 새로운 문화 매개자로서 유교의 사회 윤리적 이데올로기를 대체적으로 수용하였다. 현재 한국고등교육에서 유교와 기독교의 가치가 행정 구조뿐만 아니라 조직문화를

지배하는 주요 요소로 자리 잡았으나 불교는 오늘날 고등교육 행정에
실질적으로 중요한 영향력을 미치지 못하고 있다.

VI
결 론

　　현재 한국 사회는 민주화와 산업화를 거치면서 서로 다른 종교가 큰 갈등 없이 공존하고 있다. 기독교와 서구 사상은 지대한 경제적·교육적 발전을 가져왔다. 하지만 이러한 긍정적인 측면과 함께 부정적인 측면도 배제할 수 없다. 특히 이기적 개인주의와 금전만능 위주의 자본주의는 한국의 긍정적인 전통 가치와 규범을 위협하고 있다. 한국 고등교육의 급속한 양적 팽창과 더불어 전통 사상은 점차 쇠퇴하는 반면, 서구 사상은 한국 사회·교육 전반에 걸쳐 급속히 증가하고 있다. 현재 기독교는 한국의 종교교육 발달뿐만 아니라 사립 고등교육기관을 선도하면서 주요 종교의 하나로서 한국인의 정신세계를 고양하는 중요한 역할을 하고 있다.

참고문헌

de Bary, W. T.(1996). Confucian Education in Premodern East Asia, in Tu Wei – ming, (Ed.), *Confucian Traditions in East Asian Modernity*. Cambridge, Mass.: Harvard University Press.

Bishop, I. B.(1897). *Korean and Her Neighbors*. New York: Fleming H. Revell Company.

Choo, Y. H.(1961). *The Education in the Yi Dynasty*. Seoul: Soodo Women's Teachers College.

Chung, C.(1996). Adapting to Historical Circumstances. In Jungwon Kim (Ed.), *Koreana: Korean Cultural Heritage, Vol. II. Thought and Religion*. Seoul, Korea: Samsung Moonhwa Printing Co.

Grayson, J. H.(1985). *Early Buddhism and Christianity in Korea*. Leiden, The Netherlands: E. J. Brill.

Grayson, J. H.(1989). *Korea: A Religious History*. Oxford: Clarendon Press.

Hahn, K.(1969). The Historical Development of the Educational Ideas in Korea, *Journal of Educational Research*, 7 (2), 74 – 85.

Iryon(1285). *Samguk – yusa (Legends and History of the Three Kingdoms of Ancient Korea)*. T. H. Ha & G. K. Mintz, trans., Seoul, Korea: Yonsei University Press.

Kim, B. S.(1145). *Samguk – sagi (Historical Record of the Three Kingdoms)*. B. D. Lee, trans.: Korean.Seoul, Korea: Eulyu – moonhwasa.

Kim, C. C.(1972). Directions in the Basic Philosophy and Organization of Higher Education, *Korea Journal*, 12 (12), 22 – 26.

Kim, I. et al.(1983). *Hankuk – ui Jeontong Kyoyuk Sasang (Traditional Educational Thought in Korea)*. Seoul, Korea: The Academy of Korean Studies.

Kim, S. I.(1961). A Study of Certain Aspects of Educational Roots in the Republic of Korea. Unpublished Ed.D. dissertation, Syracuse University.

Lee, B. D.(1986). *Hankuk —Yuhaksaryak (A Brief History of Confucianism in Korea)*. Seoul, Korea: Asia — Moomhwasa.

Lee, H. J.(1971). Religion and Social Values in Life. In H. J. Lee et al. (Eds.), *Urban Korea RAS Transactions Vol. XLVI*. Seoul, Korea: Taewon Publishing Company.

Lee, J. K.(1997). A Study of the Development of Contemporary Korean Higher Education. Unpublished Ph.D. Dissertation. The University of Texas at Austin.

Lee, J. K.(1998). Religious Factors Historically Affecting Premodern Korean Elite/Higher Education, *The SNU Journal of Education Research*, 8, 31 —63.

Lee, J. K.(1999a). Organizational Structure and Culture in Korean Higher Education, *International Higher Education, 16*, 17.

Lee, J. K.(1999b). Historic Factors Affecting Educational Administration in Korean Higher Education, *Higher Education Review, 32 (1)*, 7 — 23.

Lee, J. K.(2000a). The Administrative Structure and Systems of Korean Higher Education, *Higher Education Management, 12* (2). 43 — 51.

Lee, J. K.(2000b). The Role of Religion in Korean Higher Education, *Religion & Education* (2002), 29 (1), 49 — 65.

Lee, K. B.(1984). *A New History of Korea*. E. W. Wagner and E. J. Shultz, trans., Cambridge: Harvard — Yenching Institute.

Meade, E. Grant(1951). *American Military Government In Korea*. New York: Columbia University Press.

Ministry of Culture and Tourism(1998; 1999). *The Condition of Religion in Korea*. Seoul, Korea.

Ministry of Education(1999). *Education in Korea*. Seoul, Korea.

Ministry of Education & Korean Educational Development Institute(1999). *Statistical Yearbook of Education*. Seoul, Korea.

Palmer, Spencer J.(1977). Korean Christians and the Shinto Shrine Issue. In C. I. Eugine Kim & Doretha E. Mortimore (Eds.), *Korea's Response* to Japan: The Colonial Period 1910 – 1945. Western Michigan University: The Center for Korean Studies.

Park, S. Y.(1983). Buddhist Schools and Their Educational Ideologies, *Korea Journal*, 23 (9), 38 – 45. Park, S. Y. (1996). Confucian Influences on Education, in Kim, J. W., (ed.), *Koreana: Korean Cultural Heritage, Vol. II, Thought and Religion,* Seoul, Korea: Samsung Moonhwa Printing Co.

Reed, G. G.(December 1995). Intersecting Cultures: Confucian and Jesuit Meet in Korea, *International Higher Education*.

Son, I. S.(1964). *Hankuk Kyoyuk Sasangsa (A History of Korean Educational Thought)*. Seoul, Korea: Chedong – moonhwasa.

Son, I. S.(1985). *Hankuk Kaehwa Kyoyuk Yonku (A Study of Education in the Enlightenment Period of Korea)*. Seoul, Korea: Iljisa.

Suh, K. I.(1996). Christianity and Korean Culture, In Jungwon Kim (Ed.), *Koreana: Korean Cultural Heritage, Vol. II. Thought and Religion*. Seoul, Korea: Samsung Moonhwa Printing Co.

The Government – General of Choson(1935). *A History of 25 Year Administration*. Keijo.

Underwood, H. H.(1926). *Modern Education in Korea*. New York, New York: International Press.

제5장

한국의 고등교육과
종교적·시대적 사상

I

서 론

한국의 문화사에 있어서 종교는 교육과 불가분의 관계를 지녀왔다. 특히, 유교와 불교는 고대에서부터 근세에 이르기까지 한국인의 정신세계와 현실세계를 이끌어 온 두 중심축이었다. 중국을 거쳐 유래된 이들 두 외래 종교는 우리의 토속 신앙에 접목되어 한국인의 정신과 현실 세계에 깊이 뿌리를 내림으로써 전통 종교로서 한국의 사회 문화 전반에 걸쳐 크나큰 영향을 주었다. 유교와 불교는 국가 사회의 주된 원리와 윤리 강령으로서 뿐만 아니라 정규 및 비정규 엘리트교육의 실체이기도 하였다. 19세기말 근대 서구의 고등교육 제도의 도입을 전후하여 기독교의 보급과 외세의 정치적 힘에 의하여 유교와 불교는 정규 및 비정규 엘리트교육 기능을 거의 상실하게 되었다. 20세기 이후, 일제 통치부터 미군정시대를 거쳐 현재에 이르기까지 유교는 전통적인 정규 고등교육 기관을 부활시키지 못하였으며, 불교 또한 몇몇 고등교육을 위한 종립 학교를 설립하는데 그쳤다. 이에 반해, 조선조 후기에 이르러 중국과 서구로부터 도입된 기독교와 서구 사상은 현재의 한국 사회와 고등교육에 지대한 영향을 끼치고 있다.

"한국의 종교 현황"(문화관광부, 1999)에 의하면, 한국 고등교육에 있어서 종립학교 현황은 개신교 64개교, 천주교 12개교, 불교 3개교, 원불교 4개교, 기타 종교 2개교로 파악되고 있다(p. 91). 이는 354개 고등교육기관의 24%에 해당하는 85개교를 차지하고 있으며, 292개 사립고등교육기관의 29%를 이루고 있다. 이를 대학 유형별로 구분하자면, 4년제 일반대학 및 신학대학 53개교, 대학원대학 10개교, 2 - 3년제 전문대학 17개교, 신학교 5개교이다. 이처럼 현재 우리나라 사립대학에 있어서 종교의 영향력은 도외시 할 수 없는 수준에 있다. 비록 과거 유 · 불교 중심의 엘리트교육에서 차지하던 비중에 비하면 그 역할과 기능이 상당히 축소되고 위축되었지만, 우리나라 종립 고등교육기관에서 각 종단의 행정력은 곧 이들 종립학교의 대학교육행정에 중추가 되고 있다. 종단의 행정력은 유교의 정치적 · 윤리적 원리와 교육부의 행정관료주의와 더불어 오늘날 한국 종립대학의 교육행정과 조직문화4)에 크나큰 영향을 끼치고 있음을 부인할 수 없다.

　　이러한 맥락에서, 우리나라 엘리트교육 내지는 고등교육의 교육행정에 영향을 끼쳐 온 종교적 · 시대적 사상을 고찰하는 것은 현행 한국 대학 교육행정의 조직문화와 행정체제를 이해하는데 중요한 의미를 부여할 것이다. 이러한 중요성에서, 본 연구에서는 역사적 맥락에서 몇몇 대표적인 종교적 · 시대적 사상을 고등교육과 결부시켜 문헌에 근거한 이론적 논리분석 방법으로 고찰하고자 한다. 본 연구를 조직적으로 논의하기 위하여 제한된 시대의 범위 내에서 크게 다음과 같은 네 가지

---

4) 조직문화의 개념은 1980년대를 전후하여 서구의 많은 학자들에 의해서 문화만큼 다양한 의미와 개념으로 학문적 논쟁의 주제가 되어 오고 있다. 일반적으로 조직문화는 조직 구성원에 의해서 공유된 신념과 기대의 양상으로써 조직의 지도자나, 전례와 의식, 사회적 가치와 규범, 그리고 의사 교환 등의 조직문화 창조의 핵심적 요소로 간주되고 있다(Deal & Kennedy, 1982; Schwartz & Davis, 1981).

종교·철학적 사상을 논의하고자 한다: 전통적 시기(57 BC – AD 1880)의 불교와 유교, 조선 말기(1880 – 1910)의 기독교와 서구 사상, 일본 식민통치하(1910 – 1945)의 신도와 일본제국주의, 그리고 미군정 통치(1945 – 1948)의 미국주의(Americanism) 이다. 이와 같은 시대적 구분은 종교·사상적 맥락에서 설정되었다. 그리고 본 연구는 조직문화와 체계 중심의 교육행정영역에 제한점을 두고 논의되고 분석될 것이다. 본고에서 문화는 우리나라 역사에서 형성된 유·무형의 집합적인 산물로 정의하고, 조직문화는 우리나라의 종교기관 및 교육기관에서 형성된 철학, 규범, 가치, 예식의 총체적 현상으로 정의한다.

Ⅱ
종교적·시대적 사상

1. 불교와 유교

첫 번째 요인으로서, 두 가지 중요한 종교적·철학적 요소인 불교
와 유교는 전통적 시기에 한국 문화와 사회에 큰 영향을 끼쳤다. 삼국사
기와 삼국유사 같은 중요한 역사적 기록에 의하면, 첫 번째 요소로 불교
는 삼국시대 동안 중국으로부터 도입되어 먼저 왕족(王族)의 사교가 되
었으나 점차 삼국의 불교는 원주민의 토속적인 종교 사상과 외래종교가
융합되어 '호국불교'라는 독특한 형태를 형성하게 되었다. 삼국(57 BC
-AD 668)시대와 통일신라시대(AD 668-935) 및 고려왕조(AD 918-
1392) 때에는 불교가 한국인에게 정치적·윤리적 지침을 제공했으나,
조선시대에는(AD 1392-1910) 신유교 혹은 성리학이 국가 의례 내지
종교로 채택되면서 불교는 배척을 당하게 되었다.

특히 한국 불교교육사의 관점에서, 화랑은 불교의 사상과 유교의
도덕성, 도교의 철학 및 신선사상, 군사적 기술 등을 배우고 실행하는
단체로 신라의 젊은 엘리트 를 선발하기 위한 인재양성제도이자 엘리트

를 육성하기 위한 교육기관이었다(삼국사기 권 제4, 신라본기 제4, 진흥왕 37년). 삼국사기 권 제4 및 삼국유사 권 제3에 의하면, 화랑의 엘리트 구성원들이 유교의 핵심 덕목인 오상(五常: 仁, 義, 禮, 智, 信)을 신봉하였을 뿐만 아니라, 고대 동아시아의 전통적인 교과과정인 육예(六藝: 禮, 樂, 射, 御, 書, 數)를 연마하였다고 기록하고 있다. 비록 화랑의 교육사상이 유교, 불교, 도교와 신라의 민족주의 사상과 토속신앙을 결합한 것이라 하더라도 화랑의 궁극적인 목표는 자비불과 일치가 되는 것이었다. 그러므로 불교가 화랑교육에 있어 첫 번째 주된 종교적 요소라고 간주할 수 있다.

한국의 고대 문화사의 기록에는, 삼국과 통일신라, 고려왕조 시대에 불교의 공식적인 엘리트 교육기관에 대한 자료가 거의 남아 있지 않으나, 삼국사기 및 삼국유사 등 현존하는 몇 가지 사료에 근거하여 볼 때, 당시 엘리트교육이 두 갈래로 실시되었음을 알 수 있다. 한 가지는 정규적인 고전적 유교 교육에 관련된 것이고, 다른 한 가지는 비정규적인 불교 경전과 사원에 관련된 것이다. 비록 고려왕조에 이르러 승과제도와 더불어 유·불교는 교육기관으로서의 특성이 서로 결합되었으나, 당대의 불교 학교는 중세 서양의 수도원처럼 승려를 양성하기 위한 비정규적인 사원중심적 기관이었다.5) 당시 유교의 고전과 불교의 경전을 접할 수 있는 집단은 극히 일부 상류계층이었다. 따라서 삼국시대와 고려시대의 고등교육은 정치, 사회, 경제, 문화적인 특권을 누리던 일부 지배계층을 위한 엘리트 중심의 교육이었으며 교육은 곧 그들만의 전유물이었음을 판단할 수 있다.

교육행정학적 관점에서 고찰해 본다면, 전통시대에 있어서 사원 중

---

5) 손인수(1989)는 「불교의 교육 사상」에서 불교의 비형식 교육에 있어서의 사원은 유·불교 전체의 교육기관 역할을 수행하였다고 주장하고 있다(P. 399).

심의 불교 교육기관들이 카리스마적인 지도력과 종교적 의례와 의식을 강조한-수도적인 독특한 조직문화를 지닌-독단적이며 폐쇄적인 체계를 유지하였다고 볼 수 있다. 왜냐하면 삼국시대부터 현대에 이르기까지 불교의 비정규적 교육기관에서는 수행과 삼학(三學: 戒, 定, 慧)을 병진하는 수도적인 폐쇄적 조직 체제와 위계적인 권위 중심의 종교적인 독단적 조직문화가 존속되고 있기 때문이다. 한국의 문화사적 관점에서 고찰해 볼 때, 불교가 비록 정규적인 일반교육에 체계적으로 영향을 끼치지 못하였지만 조선시대를 제외한 전통 시대에 한국 사회와 문화에 크나큰 영향을 끼쳤음은 주지의 사실이다.

비록 전통시대의 불교 엘리트교육이 현재 한국 대학교육에 제도적으로나 구조적으로 뚜렷한 영향을 끼치지 못하고 있으나, 불교는 현대 한국의 대학교육에 정신적 혹은 종교적인 영향을 미치고 있다고 할 수 있다. 왜냐하면 불도 성인(Bodhisattva)과 자비불(Maitreya)의 정신에 입각한 대자비와 연민 및 불교의 가르침(Dharma)에 근거한 팔정도(八正道)6)가-올바른 이해, 올바른 말, 올바른 행동, 올바른 일, 올바른 노력, 올바르게 신중함, 올바른 집중, 올바른 사고-유교의 일부 도덕적 덕목과 더불어 대학의 조직문화와 지도력의 중요한 특성 중의 하나가 되었기 때문이다. 현재 한국 사회에서 동정심 혹은 자비(慈悲)는 유교의 인(仁)이나 기독교의 사랑(博愛)처럼, 유능하고 덕망 있는 행정가나 지도자들이 겸비해야 할 가치 있는 윤리 요소들 중의 하나이다. 팔정도가 개인의 덕행뿐만 아니라 지도자의 특성을 나타내는 중요한 요소임에는 부인할 여지가 없다.

---

6) 사제론에서 팔정도는 正見, 正思, 正語, 正業, 正命, 正精進, 正念, 正定의 순서에 따라 수행하도록 명시하고 있고, 성실론에선 계(戒), 정(定), 혜(慧)의 순서로 수행토록 명기하고 있다(박선영, 1983, p. 20).

불교처럼 유교 또한 우리나라 전통 사상의 주류 중 하나였다. 유교는 중국 문명이 본격적으로 전파되기 이전에 이미 중국 대륙을 통해 한국으로 유입되어 통치와 교육 체계의 원리로 채택되었다(Clark, 1981; Grayson, 1989; Lee, 1998; Yun, 1996). 유교의 엘리트 교육기관은 고구려의 태학(AD 372년 설립)을 시효로, 신라의 국학(682년 설립), 고려의 국자감(AD 992년 설립)으로 전승되어 고대나 중세의 불교 국가 체제 아래에서도 유교의 학풍을 이어나갔다. 삼국시대부터 고려왕조까지 불교가 국가 사회의 주된 정신적 지주로서 한국 사회와 문화 전반을 지배하였던 반면, 유교는 주로 교육적 기능을 수행하면서 지배층에 정치 · 윤리적 가치를 전파하는 역할을 담당하였다.

그러나 조선왕조의 개국과 더불어 유교는 건국 이념으로서 국교가 되어 정치, 경제, 사회, 교육 및 문화 전반을 가늠하는 척도가 되었다. 조선왕조(1392 - 1910년)는 선대 유교교육기관의 전통을 이어받은 성균관을 중심으로 유교 엘리트교육을 실시하고 과거제도7)를 통하여 계층적이며 권위적인 관료사회를 유지하였다. 조선시대의 성균관은 고려의 국립 학술원인 국자감을 모방하여 조선왕조 창시자인 태조 치세에 수도에 세워졌다. 성균관은 일부 특권층의 후예들에게 유학(儒學)과 중국의 역사와 문학을 가르치는 최고의 관학기관이었을 뿐만 아니라 유교의 제사와 의례를 거행하는 최고의 유교 성소였다.

조선시대에 있어서 유교 교육의 양축은 엘리트 양성기관인 성균관과 관료를 선발하기 위한 과거제도였다. 조선조 성균관의 교육행정과

---

7) 과거제도의 기원은 중국의 요순시대(2357 - 2205 BC)로 거슬러 올라가, 주왕조시대(1122 - 255 BC), 진왕조시대(255 - 206 BC), 그리고 한왕조시대(349 BC - AD 220)에서 그 유형을 찾아볼 수 있다(Galt, 1929, pp. 152 - 53; Kuo, 1915, pp. 7 - 8). 그러나 우리 나라에 도입된 형태의 과거제도는 중국 수 문제 개황 7년(AD 587)에 처음으로 실시되었고, 우리 나라에서는 과거제도가 고려 광종 9년(AD 958)에 처음으로 실시되었다(이성무, 1994, pp. 17 - 18).

과거제도는 명목상 공명정대함을 표방하고 있었으나, 성균관은 조선 통치자들이 그들 자신 및 후손의 특권과 이익을 고수하고 통치권을 유지하기 위한 관립 엘리트 양성기관의 역할을 수행하였다. 또한 과거제도는 이들을 국가 관리로서 등용하기 위한 공무원 시험제도였다. 그러므로 조선시대에 과거제도와 유교 교육은 분리될 수 없는 불가분의 관계에 있었다고 말할 수 있다. 즉 과거제도가 유교 교육의 중추라고 말한다면, 유학의 최고 국가 교육기관인 성균관은 유학 사상과 중국의 문학·역사 등을 가르치는 유교 엘리트교육의 본산이었다고 말할 수 있다. 실로, 조선조의 유교 중심의 제도교육은 정치적 원리와 사회적 윤리적 규범과 가치 그리고 개인의 도덕적 덕목 함양을 강조함으로써 국가와 사회의 기강과 질서를 확립하고 개인의 수신을 신장하는 데는 이바지하였으나, 특권층은 제도교육을 통하여 그들의 특권을 유지하기 위하여 교육의 수단적 가치를 극대화시키고 엘리트교육 혹은 고등교육을 독점하여 혈연, 학연, 지연 중심의 연고주의와 파벌주의를 조장하는 폐단을 낳았다.

이를 현재 한국의 사회상과 시대관에 조명하여 평가해본다면, 과거제도와 성균관은−긍정적인 측면과 부정적인 측면의 양단이 있으나 부정적 견지에서−현재 우리 사회에 팽배해 있는 학벌중심주의, 입신양명을 위한 학문의 도구주의, 학파 내지는 계보 중심의 파벌주의, 교육을 통한 인간의 자본화8), 지연 혹은 혈연위주의 연고주의의 근원이었다고 해도 과언이 아니다. 이러한 평가가 긍정적인 측면을 무시하거나 다소 논리의 비약을 넘어서서 폄하의 정도에 이르고 있다는 비판을 받을 수

---

8) 『詳設古文眞寶大全』의 진종황제나 왕안석의 면학문에 기록되기를 "서책 속에 황금의 집이 있고... 가난한 사람은 책을 통하여 부자가 되고, 부자는 책을 통하여 고귀하게 된다"고 하여 교육의 인간자본화를 강조하고 있다.

도 있겠지만, 오늘날 행정·외무고시와 사법고시를 통하여 특권계층인 고급관료와 법조인을 선발하는 형태는 유교 엘리트교육체제하에서 과거제도를 통하여 정치적·사회적 특권을 누릴 수 있는 학자관료를 선발하던 관행을 답습하고 있으며, 현재 서울대학교는 조선시대의 성균관처럼 한국의 정치, 경제, 사회를 주도하는 엘리트 양성기관 역할을 이행하고 있다고 볼 수 있다. 현재의 고급관료선발제도(행정고시, 사법고시, 외무고시) 실시와 특정 국립고등교육기관의 육성정책은 과거제도와 국가고등교육기관을 통하여 일부 혹은 소수 집단에 정치적·경제적·사회적 특권과 이익을 독점할 수 있게 하였던 유교 중심의 교육체제와 다를 바 없다는 부정적인 비판을 받을 수 있다.

이러한 부정적인 측면에도 불구하고, 시대에 편승한 정치적·사회적 변화에 따라 일부 특권층만의 전유물이었던 고등교육이 대중교육으로 발전할 수 있는 계기를 갖게 되었다. 일부 특권층에서 제외되어 고등교육을 접할 수 없었던 일반 계층들은 뿌리 깊은 학문의 도구주의 및 숭문주의의 유교 엘리트교육을 통하여 일부 특권층(양반)이 사회경제적 기득권을 유지하고 관직을 도모하는 교육의 수단적 가치를 직·간접으로 인지하면서 입신양명적 교육관을 소망하고 고등교육 접근 기회를 갈망해 왔다. 더욱이 전통적인 봉건사회에서 근대 산업사회로의 급격한 정치적·경제적·사회적 변혁은 고급 인적자원의 급격한 필요성을 야기하고 이에 의하여 학력주의화를 가속시켰다. 오늘날 우리 국민의 교육열은 과거 일부 지배층만이 누리던 유교의 엘리트 혹은 특권층에 대한 교육기회 접근이 시대적, 정치적, 경제적 상황의 변화에 따라 모든 계층의 사람에게 허용·확대되어 교육에 대한 잠재적 욕구 내지는 한(恨)이 사회신분상승과 입신양명이라는 지향점을 향하여 폭발적으로 분출된 결과라고 본다. 이러한 교육열은 우리나라의 급속한 경제발전뿐만 아니라 교육사에서 그 유래를 찾아볼 수 없을 정도로 급격한 고등교육 수요를 유발시켜 불과 반세기만에 고등교육의 대중화를 이루게 한 원동력이 되었다.[9]

한편, 유교의 엘리트교육을 교육행정학적 관점에서 고찰하자면, 조선시대 유교의 국가 엘리트기관인 성균관의 행정구조는 왕정 조직 체계와 같이 중앙 집권적인 관료주의 체제를 갖추고 있었으며 교육행정가는 품계에 따라 권위적인 지도력을 행사하였다(태학지: 성균관, 1994). 태학지(太學志) 제5권 차제(差除)의 기록에 의하면, 성균관지사(成均館知事)는 1명으로 종2품에서 정1품까지, 동지사(同知事)는 2명으로 종2품에서 정2품까지, 대사성(大司成)은 1명으로 종2품에서 정3품까지, 사성(司成)은 1명으로 종2품, 사예(司藝)는 2명으로 정4품, 직강(直講)은 정5품, 전적(典籍)은 6품, 박사(博士)가 정8품, 학록(學錄)이 종9품이었다. 당시 성균관의 교직원이 향사나 예약 및 정례 행사에 참여할 때 좌석 위치는 공식적인 직위에 의해 결정되었다(태학지: 성균관, 1994). 따라서 성균관의 조직문화가 형식적인 권위주의와 독점적 의사전달과 남성 본위적 연공서열 체계를 유지한 수직적 조직구조를 지니고 있었다고 평가할 수 있다. 이러한 유교적 관료주의와 연공서열에 바탕을 둔 조직문화는 현재 한국의 상아탑인 대학 사회뿐만 아니라 한국 사회의 행정조직 전반에 파급되어 있는 실정이다.

조선시대 유교의 엘리트 교육제도와 현재 한국의 대학 교육제도를 비교해 볼 때, 전자와 후자가 조직구조와 지도력 및 조직문화 면에서 유사하다고 볼 수 있다. 이를 서구의 조직 이론적 관점에서 고찰한다면,

---

9) 1945년부터 1999년 사이에 한국의 고등교육은 학교수가 19개교에서 354개교, 교원수는 1,490명에서 55,718명, 그리고 학생수는 7,819명에서 3,154,245명으로 증가하였다(교육부, 1998; 교육부·한국교육개발원, 1999). 즉 54년 동안 학교수는 약 19배, 교원수는 약 37배, 학생수는 약 403배가 증가하였다.

유교적 엘리트 교육기관이 권위주의적 지도력과 합리적 체계로 베버 (M. Weber)의 관료주의적 모델인 위압적인 권위와 기계적 관료주의 속성을 나타내었으리라 평가한다. 물론 일부 유교의 선비들은 참여적 지도력을 선호하기도 했지만 일반적으로 유교의 위계적 질서에 익숙한 유학자 집단은 폐쇄적인 수직적 체제하에서 지위와 나이에 바탕을 둔 권위주의적 지도력을 선호하였다.

2. 기독교와 서구사상

두 번째 요인으로, 기독교와 서구사상은 17세기 초에서 19세기 말까지, 중요한 종교적 철학적 요소로 도입되어 한국의 현대교육 발전에 지대한 영향을 끼쳤다. 로마 가톨릭의 선교 활동이 17세기 초에 시작된 반면 최초의 외국 복음 전도 신교도(개신교) 종파인 미국 장로교회는 1884년에 선교 활동을 시작하였다(Grayson, 1985; Kim, 1995; Lee, 1984; Underwood, 1926). 로마 가톨릭의 교리 중심의 초기 선교 방법과는 달리 개신교는 유교의 정치적·사회적 이념과 기타 전통적인 한국의 종교문화와 조화를 이루면서 교세 확장을 시도하였다. 1886년 한불조약이후 기독교의 인류 평등주의와 인본주의는 특히 여성과 평민 그리고 하급 계층의 민중에게 환영받았으며, 기독교와 서구 사상, 과학 문물은 계층에 관계없이 많은 한국인들의 관심을 끌었다.

특히, 의료와 교육 중심의 선교활동은 기독교 전파에 있어서 가장 중요한 수단이었다. 로마 가톨릭 선교사들은 한국 민중에게 한글을 가르친 교육 선구자들이었으며(Grayson, 1985; 1989), 개신교 선교사들은 여러 중등 및 고등교육기관을 개설한 한국 현대교육의 개척자들이었다.

기독교 선교사들은 근대 한국의 교육 발전에 지대한 영향을 끼쳤다. 이들은 기독교 사상의 전파, 서구의 실용성과 과학의 중요성에 대한 인식, 공교육적 관점에서의 한글교육과 여성교육의 시작, 서구 교육기관의 행정 체계와 교육과정의 도입, 독립정신과 자긍심 고취, 그리고 기독교의 인본주의, 청교도정신, 인류평등주의, 민주주의, 공리주의, 실용주의 같은 가치 있는 서구 사상을 소개하는 역할을 담당하였다.

이러한 지대한 역할과 교육적 파급 효과에도 불구하고, 기독교 선교사와 선교교육자들은 교세 확장 혹은 기독교 복음 전파에 치중하여 당시 한국 사회의 종교적인 풍속 및 관례에는 배타적이었다. 일례로 우리의 조상숭배에 대한 관례의 하나인 제사를 기독교 구약성서에 나타난 십계명의 하나인 부모공경의 교리적 관점으로 인정하지 못한 채 이를 외식(外式)으로 간주하여 불경시하였다. 물론 이와 같은 태도는 서구 선교사들이나 서구의 교회행정가들의 종교적 독선과 유교 사상에 대한 편견과 무지에도 원인이 있으나, 특히 원주민의 문화에 대한 경시 그리고 성서 해석상의 교조주의적 편만함이 주된 동인이었다고 할 수 있다. 사실 오늘날까지 기독교 교리는 부분적으로나마 우리의 전통적 의례나 관습을 외경시하고 있다.

한편, 기독교 교육행정가들의 지도력과 기독교 교육기관의 조직문화를 교육행정 이론과 실제의 관점에서, 비록 몇몇 선교 교육자들이 관료주의적 특성으로 그들의 학교를 운영했지만 대체로 기독교의 고등교육기관은 민쯔버그(Mintzberg)의 '기업적 조직 구조'(entrepreneurial organizational structure) 방식을 도입하였다고 볼 수 있다. 왜냐하면 외국의 선교행정가들은 한국인에게 기독교를 전파하기 위하여 교리에 쉽게 접할 수 있도록 성서를 한글로 번역하고 서구의 지식이나 의술을 소개하여 사회 여러 계층을 포용하는 방식(Bishop, 1897; Grayson, 1989;

Underwood, 1926), 즉 행정가의 전문적 지식에 좌우되고 개성을 존중하는 전문적(expert) 및 참고적 지도력(referent power)을 선용하였기 때문이다. 또한 그들은 당시 우리나라 사람들에게 더 높은 수준의 도덕성과 계층타파나 국가 독립에 대한 동기 부여를 위해서 변형적 지도력(transformational leadership)[10]을 선택하였다. 그 당시 기독교 고등교육기관의 조직문화의 특성은 기독교 규범에 근거한 탈형식적인 민주주의와 서구의 개인주의(individualism)뿐만 아니라 유교의 패러다임에 근거한 형식적 권위주의와 전통적 집산주의(collectivism)가 주축을 이루고 있었다. 왜냐하면 그때에는 기독교의 진보적 교육행정 패러다임에 유교의 전통적 패러다임이 혼합되어 교육이 실시되었기 때문이다(Grayson, 1989; Suh, 1996; Underwood, 1926). 이 두 가지 패러다임은 현재 한국 대학교육의 조직문화를 지배하는 가장 중요한 요인이 되고 있다.

3. 신도와 일본 제국주의

세 번째 요인으로, 신도(神道)와 유교에 사상적 기반을 두고 있는 일본 제국주의가 기독교처럼 한국 대학교육 발전에 중요한 영향을 끼쳤다. 일본의 민족주의적 종파 혹은 종교인 신도는 불교나 유교, 그리고 다른 아시아의 대륙적인 영향이 있는 여타 종교와 밀접한 관련이 있다(Aston, 1905; Hong, 1988; Picken, 1994; Reischauer & Craig, 1973; Tsunoda & de Bary, 1964). 신도 · 유교주의는 일본 제국주의자들에게 절대적인 윤리

---

10) 변형적 리더십은 지도자가 종속자들에게 고도의 도덕성과 동기를 유발시키는 지도력이다(Burns, 1978). Bass(1985)에 의하면, 변형적 지도자(transformational leaders)는 종속자들에게 궁극적인 혜택을 부여함에 관계없이 동기를 촉진시키며 위임을 부가해야 한다고 주장한다.

가치와 전체주의적 강령을 제공하였으며 신군국주의를 미화하거나 정당화하는 도구로써 사용되었다.

일본 식민시대(1910 - 1945)동안 일본 제국주의자들은 친일 엘리트 그룹을 양성하기 위하여 일부 친일적인 특권층에 속하는 한국인들에게 대학교육 기회를 부여하였다. 실로 식민제국대학을 입학할 수 있는 계층은 주로 조선왕조의 권력층에 있었던 사람들의 후손이거나 일제의 매판 자본가 혹은 일제 협조자들의 후예들이었다(임종국, 1991). 비록 일본 식민 행정가들이 본국의 제국 대학을 모방한 식민지의 고등교육기관으로서 1924년에 경성제국대학을 설립했지만 그들은 의도적으로 정치학, 경제학, 공학 같은 학과는 세우지 않았다. 왜냐하면 피지배인인 한국인에게 국가 정치 및 경제를 제어할 수 있는 지도력과 국가 경제를 발전시킬 수 있는 과학 기술을 이전하고 싶지 않았기 때문이다. 이런 차별적인 교육 정책에도 불구하고 일본 식민주의의 유산은 현대 한국대학에 근대교육의 확산이라는 긍정적인 측면과 함께 식민교육체제의 잔재라는 부정적인 측면도 남겼다.

식민지배의 40여 년 동안 경성제국대학을 졸업한 한국인은 약 800여명이었으나[11], 일본과 서구(주로 미국)로 많은 사람들이 유학을 하였다(장세윤, 1992; Lee, 1984)[12]. 이들 중 대부분이 일제식민시대와 해방 이후 한국 정부에 정치, 경제, 사회, 군사, 법조, 교육 부문 등에서 중요한 역할을 수행하였다(임종국, 1991). 부정적인 측면에서 볼 때, 일제의 대학교육은 우리 민족에게 민족의 전통과 정체성을 말살시키기 위해 촉매 역할을 수행할 수 있는 인물들을 배출시키고, 우리 민족 상호간 친일

---

11) 경성제국대학은 설립이후부터 문을 닫을 때까지 810명의 한국인 졸업생을 배출하였다(서울대학교 50년사 편찬위원회, 1996, p. 6).

12) 1931년 당시, 일본 본토의 제국대학에 등록된 한국인 학생수는 3,639명에 달하였고, 미국에 유학간 학생수도 493명에 이르렀다(Lee, 1984, p. 368).

과 비친일(非親日) 혹은 반일(反日) 세력으로 대립시켜 민족 세력을 약화시켰다. 또한, 이들 제국대학 출신자들 중 많은 이들은 우리 민족과 국가보다는 자신의 영달과 일본제국을 위한 하수인 혹은 협조자 노릇에 충실하였다(서병욱, 1989; 임종국, 1991; 장세윤, 1992). 더욱이 이들은 해방이후 미군정과 새로운 대한민국 정권 아래서 지배 세력으로 군림하였고, 이들의 세력은 민족의 정통성을 유희하고, 새로운 세대에 그들의 기회주의적 기득권을 전승하고 있다(반민족문제연구소, 1993, 1994; 임종국, 1991).

일본식민시대의 제국주의 교육행정가와 식민제국대학의 조직문화를 교육행정학적 관점에서 분석해 볼 때, 앞에서 지적한 것과 같이 유교의 권위주의적 관료제도와 전체주의적 태도를 응집시킨 일본 식민행정가들이 그들의 통치하에서 교육받은−민주적이며 분권적인 체제에 접근할 기회를 갖지 못한 많은−한국 지식인들에게 긍정적인 측면보다는 부정적인 측면을 전수하였다. 당시 일제식민지배하에 한국의 고등교육기관은 우리의 현실에 적합한 서구의 모델을 식목할 기회를 접하지 못하고 일본의 식민지 교육정책에 의해 엄격하게 중앙집권적이며 폐쇄적인 조직구조와 문화를 형성하였다. 일제 식민행정가들은 유교의 권위적인 위세와 함께 제국주의를 표방하는 고도의 중앙집권적 폐쇄 체제를 공고히 하였다(Cynn, 1920; Holtom, 1938; Underwood, 1926). 당시의 일본 식민당국자들이 강제력 있는 권위와 법제화 및 기계관료주의(machine bureaucracy)로 막스 베버(Max Weber)의 관료주의적 특성을 표방하였다고 볼 수 있다.

그리고 일본 식민행정가들은 황국신민화 및 내선일체 정책 실현을 위하여 권위주의적 지도력과 카리스마적 지도력을 고등교육행정에도 적용시켰다. 일제 식민 고등교육의 조직문화는 신도 · 유교 이념에 근거한 전체주의적 군국주의나 제국주의로 포장되었다고 말할 수 있다. 이러한 판단에 대한 근거는 일제식민기간 동안 시행된 몇 차례의 교육령과 조선총독부의 법령 등이 유교와 신도 사상을 표방하고 있는 1872년에 선포된 메이지의 제국주의적 교육령에 그 바탕을 두고 있음으로 입증될 수 있다 (Anderson, 1959, 1975; Holtom, 1938; Meade, 1951; The Government-General of Choson, 1935). 현재 한국의 고등교육행정가들 중에서 일부 관료나 대학 행정가들이 아직도 일제의 신도·유교적 전체주의의 탈을 벗어 던지지 못하고 극히 권위주의적이고 중앙집권적인 폐쇄적 조직체제를 고수하면서 대학을 통제하거나 운영하고 있음을 지적하고자 한다.

4. 미국주의(Americanism)

네 번째 요인으로, 1945년부터 1948년까지 미군정 하에 미국주의 (Americanism)의 영향을 지적하고자 한다. 본고에서 미국주의는 점령지에 정치 군사 문화적 영향력으로 미국화를 시도하는 제반의 이념이나 정책을 지칭한다.

1945년 8월 해방 이후, 미군정당국자들은 교육을 통해 미국의 민주주의와 실용주의 사상을 심으려 노력하였다. 정치적 어려움과는 달리 교육적인 면에 있어서는, 미군정 당국은 우리 국민에게 서구 과학과 기술을 직접 혹은 간접적으로 배우고 실행할 수 있는 많은 기회를 제공하였다. 또한 미군정 당국은 한국인을 위해서 "한국화 정책" 하에 민주교육을 심으며 일본식민교육의 잔재를 근절하기 위해 한국의 일부 학자와 함께 노력하였다(정태수, 1995; Adams, 1965; Eversull, 1947). 그러나 이러한 노력은 친일적 성향을 지닌 일본제국대학 출신 학자들을 교육 개혁 정책에 대거 참여시킴으로써 식민교육 잔재를 청산하기 위한 소위 '한국화' 정책은 그 출발부터 빗나간 것이었다. 이 정책은 '한국화' 정책이라기보다는 '미국화' 정책이라고 말할 수 있다. 그러나 미군정의 크나큰 교육적 공적은 무엇보다도 고등교육의 보편화 내지 민주화라고 평가할 수 있다. 근대이전 시대와 조선시대 그리고 일제식민시대에 이르기까지 엘리트 및 고등교육은 일부 특권층에 한하여 접근이 가능하였으나 미군정시대에 이르러 비로소 모든 계층에 접근이 가능하게 되었던 것이다.

교육행정학적 관점에서 미군정의 고등교육 정책을 분석해 볼 때, 미군정의 교육행정가들은 기업적 구조 하에 분권적이고 참여적인 체제를 도입해서 한국인을 위한 미국화 정책을 시도하였다(정태수, 1995). 이와 더불어 그들은 한국인을 위한 새로운 교육제도와 철학을 계획하기 위해 민주적 지도력으로 상호호혜적 형태를 도모하였다. 따라서 미군정 교육가들이 폐쇄적인 형식적 체제보다는 개방적인 합리적 체제를 선호하였다고 평가할 수 있다. 비록 피폐한 신도 · 유교적 토양에 민주적 사상을 이식하는 일이 쉽지 않았지만, 미국 행정가들은 한국 대학교육이란 토양에 청교도주의, 공리주의, 실용주의와 함께 민주주의 사상을 심는 데 성공하였다. 이런 이념과 가치는 유교적 사상과 더불어 현재 한국의 고등교육에서 주된 조직문화가 되었다.

그러나 미군정의 교육적 공헌이 한국 대학교육사에서 훌륭한 업적으로 기록될 수 있음에도 불구하고, 미군정 교육행정가들이 일제교육 잔재를 청산하지 못하고 친일 학자를 수용함으로써 우리 역사의 정통성 확립과 교육의 한국화에 성공하지 못하였다. 또한 급격한 미국 군사 문화의 유입으로 인하여 서구의 양질의 문화보다 저급한 문화가 팽배하여 우리의 전통적인 미풍양속과 고귀한 문화유산이 점차 퇴색되고 있음을 부인할 수 없다. 1948년 8월 대한민국 정부 수립이후, 우리의 많은 젊은 세대들은 점차 미국화 내지 서구화가 되어 서구의 물질주의와 과학주의를 선호하는 반면, 전통적 도덕 가치를 외면하거나 경시하는 경향이 있다. 이러한 우리의 전통적 유산에 대한 손실은 오늘날 우리 한국 사회와 대학이 함께 고민해야 할 문제이다.

Ⅲ
한국 대학교육과 교육행정과의 관련성

지금까지 한국 대학교육과 교육행정의 발달에 큰 영향을 끼친 종교적·시대적 사상을 고찰하였다. 전통적인 시대에 있어서 우리의 엘리트교육은 연고주의와 파벌주의, 계층적 권위와, 고도로 중앙집권화 된 관료주의적 조직문화, 권위주의적 지도력 및 유교 가치와 규범과 의식에 근거한 엄격한 조직문화를 강조한 유교적 전통을 계승하였다(Lee, 1997, 1999b). 이런 요소들은 비록 기독교와 서양 사상과 같은 새로이 접목된 외래 사상으로 인하여 다소 퇴색되었지만, 교육행정학적 측면에서 볼 때 이들 사상은 중요한 가치와 규범이 되는 주요 요인들로서 현재 한국 대학문화에 깊이 뿌리내리고 있다.

조선시대 말기 이래로, 서구 사상은 전통적인 한국의 사상적 가지와 접목되어 이질적인 잎을 가진 새로운 가지로 뻗어 나왔다. 이제 그 접목된 가지들은 정신적·문화적 향기를 발하면서 꽃과 열매를 맺고 있다. 그 향기는 분권적인 기업적 조직구조, 참여적인 지도력, 전문적 혹은 참조적 지도력, 기독교와 서구 이념의 가치와 패러다임에 근거한 민주적 조직문화를 방출하고 있다. 현재 한국 사회에서는 위의 두 가지 이질적 사상이 민주화와 산업화의 과정 속에서 공존하고 있다. 이런 상황 하에서 전통 사상과 도입된 사상이 현재 한국 대학교육과 교육행정의 이론과 실제에 얼마나 긴밀한 연관성을 지니고 있는가가 큰 문제로 부각되고 있다. 교육행정학적 관점에서, 현재 한국의 고등교육이 안고 있는 몇 가지 문제점으로 다음과 같은 예를 지적할 수 있다.

첫째로, 현재 한국 대학교육의 조직문화는 신도 · 유교의 계층적 권위주의를 지닌 교육행정가들의 일률적 통제로 인하여 기계적 관료주의를 유지하고 있다. 따라서 국공립과 사립을 포함한 한국의 고등교육기관들은 폐쇄적인 체계 하에서 다양성과 자율성을 상실하고 있다.

1960년대 이래로 한국 정부는 대학교육을 사회경제적 발전을 위한 수단 혹은 동인으로 간주하고 있으며 그 결과로 "인간자본론"(Human Capital Theory) 이론가의 주장처럼 고등교육의 투자로 인해 급속한 국가 경제발전과 개인 소득의 증대를 이룩하였다. 국가 경제발전과 더불어, 정치적 상황은 군사적인 독재정부에서 민간의 민주정부로 전환되었다. 이와 같은 급속한 정치경제적 변화에도 불구하고, 교육행정구조는 여전히 수직적인 관료적 권위주의 전통 형태를 고수하고 있다. 이러한 중앙집권적인 폐쇄된 조직 체계 하에서는 대학의 특수성이나 자율성을 진작시킬 수 있는 수평적인 조직구조뿐만 아니라 대학의 질적 향상도 기대하기 어렵다.

이러한 현재의 폐쇄적인 조직 체계를 개방적인 체계로 전환하기 위해서 민쯔버그(Mintzberg)의 "직업적 관료주의"(professional bureaucracy) 혹은 "다양화된 형태"(diversified forms)가 대안 모델로 제시될 수 있다. 왜냐하면 전자는 수평적인 연계성, 안정된 환경, 건전한 조직문화, 전문직업인을 선호하지만, 후자는 다양한 환경, 동등한 조직 구조, 자체의 하위문화 고려, 조직의 핵심 역할로서의 중간 경영진, 부서나 학과 단위의 책임 경영을 선호하기 때문이다. 또한 상호 조정과 협동 작업을 필요로 하는 상호호혜적 형태를 추가로 고려할 수 있다. 만일 고등교육행정가들이 이런 이론을 효과적으로 실행한다면 개개의 대학들은 위계와 권위 중심의 '폐쇄적인 조직체계'(a closed system)를 균형과 대화 위주의 '개방적인 체계'(an open system) 혹은 '자연적인 체계'(a natural system)로 전환할 수 있으며 다양성과 자율성을 발전시킬 수 있다. 이를 위해서는 교육부의 일방적인 독선 행정 및 일률적인 통제가 점진적으로 감소되거나 중지되어야 하며, 고등교육 행정가들의 대학 운영의 투명성과 공공성이 전제되어야 한다.

둘째로, 행정의 주요 요소인 지도력도 역시 현재 한국 대학교육에서 개선되어야 할 중요한 문제 가운데 하나이다. 본고에서 논의하였듯이 한국의 고등교육 행정가들은 일반적으로 전통적인 유교의 원리나 가치에 근거한 권위주의적 지도력을 행사하고 있다고 말할 수 있다. 현재 한국 대학 사회에서는 서구의 과학과 기술에 대해 더 많은 전문 및 최신 지식을 가진 젊은 교원들이 때때로 장유유서(長幼有序)나 남성 지배적 유교 원리에 따른 권위적 태도를 지닌 선배 교원이나 행정가들과 갈등을 일으키는 경우가 있다. 또한 다수의 편파적이며 권위주의적인 대학 행정가들은 임용, 승진, 보직 등의 경우 여성 교원에 대한 부당한 차별을 빈번하게 행할 뿐만 아니라 연고주의 내지 파벌주의에 입각한 부당한 인사 행정을 간간이 실행하고 있다. 이런 불합리한 사례들이 발생할 때마다 편파적이고 권위주의적인 지도력은 현재의 열리지 못한 행정체제를 개혁하고 민주적 지도력을 원하는 일부 진취적인 성향을 지닌 구성원들에 의해 도전을 받아 왔다. 그러나 그 힘이 아직은 개혁 수준에 미치지 못하고 있는 실정이다.

우리나라에서 진정한 민주적인 고등교육을 이룩할 수 있도록 교육행정가들이 하우스(House)의 Path-Goal 모델을 행정 실무에 적용시켜 볼 것을 제안한다. Path-Goal 모델은 네 가지 행위의 지도력을 표방하고 있다: 후원적이며(supportive), 지시적이며(directive), 참여적이고 (participative), 성취력 중심적인(achievement-oriented) 지도력 스타일이다. 특히 후원적이며 참여적인 지도력을 고취시킬 필요가 있다. 왜냐하면 민주적 지도력에 기초한 이 형태는 지시 혹은 명령일변도적인 권위주의적 지도력 하에서 수동적 혹은 피동적인 행위 표출에 길들여진 구성원들에게 능동적인 동기를 부여함으로써 조직 일원으로서의 참여도와 조직에 대한 관심을 고취시킬 수 있기 때문이다. 실제로 후원적 지도력은 행정가들이 구성원들에게 책임과 특권을 분담함으로써 능동적 동기를 부여함에 반하여, 참여적 지도력은 하위 직급자에게도 학사행정이나 경영의 의사결정에 참여할 기회를 제공함으로써 주인 의식을 심어줄 수 있다. 만일 대학 상위 직급 행정가들이 하위 구성원들에게 그들의 책임과 권한을 분담한다면 열린 조직체계와 민주적인 대학교육이 성공적으로 이루어질 수 있다.

마지막으로, 현재 한국 대학교육에 있어서 조직문화의 개혁은 단순한 일이 아니다. 본 연구에서 논의한 것처럼 한국 고등교육에 있어서 조직문화의 특성은 유교의 정치적·윤리적 패러다임에 근거한 형식적 권위주의와 전통적 연고주의 및 집산주의의 성향을 띠고 있지만, 외국의 민주적이고 개방적인 사상과 가치가 한국 사회로 흘러 들어와 우리의 대학 문화에 만연되어 있다. 현대 한국사에서 볼 때, 한국의 전통 사상이 과학적 지식과 실용주의 철학이 결여되었기에 한국의 현대화나 산업화를 위해서 서구의 실용 사상과 과학의 도입은 불가피한 일이었다. 이로 인하여 전통적인 한국 가치와 외국 사상이 현대 한국 사회와 고등교육에 주된 조직문화로서 공존하고 있다. 이러한 상호 이질적 문화의 공존에도 불구하고 이 두 문화는 상호의존적 관계를 유지하며 한국 경제와 교육 발달에 크게 공헌해 온 것이 사실이다.

그러나 교육행정의 실제에 있어서 두 문화 간에 다소 충돌이 일어나고 있는 것도 부인할 수 없다. 옛 문화와 새로운 문화 사이에서 행정가와 교원 및 학생을 포함한 구성원 혹은 세대 간에 갈등이 종종 일어나고 있다. 이런 맥락에서 볼 때, 한국의 대학은 신·구 문화간 혹은 신·구 세대간 조화와 균형을 이룰 수 있는 새로운 조직문화의 창조가 절실히 필요하다.

미국의 고등교육 전문가인 클락(Burton R. Clark, 1992)은 그의 저서인 "탁월한 대학"(The Distinctive College)에서 대학 교육에 있어서 건전한 조직의 문화 혹은 전설을 창출하기 위해서는 두 단계, 즉 시작(initiation)과 완성(fulfillment)의 단계가 필요하다고 주장하고 있다. 그의 이론에 따르면, 첫 단계에서 제도의 혁신은 다음의 세 가지 주된 조건하에 가능하다는 것이다. 즉 새로운 조직, 기존 기관 내에서의 위기, 기존 기관의 진보적 개방성 이다. 두 번째 단계에서는, 원로 교원, 교육과정, 동문, 학생, 그리고 '전설의 상'(the imagery of the saga)이 현재 한국 대학교육 속에 새로운 조직문화를 만들어 내기 위한 핵심적 요소가 되어야 한다.

전술한 역사적 요인과 조직구조 및 조직문화의 창조에 대한 논리적 실제와 목표에 근거해서, 미래의 한국 대학교육에 있어서 조직행위와 조직문화를 다음과 같이 예견할 수 있다.

첫째, 만일 한국 대학교육이 현재의 폐쇄되고 경직된 조직문화에서 자연적 내지 개방적 조직문화로 전환되지 않는다면 앞으로도 권위주의적인 관료적 폐쇄체제로 인하여 대학의 자율성과 다양성은 실현되지 못할지도 모른다.

둘째, 우리의 대학행정가들이 구성원에게 일부 권한을 배분하지 않고 연고나 연령이나 성별로 인한 차별을 고수한다면 그들의 권위주의적이고 편파적인 지도력으로 인해 대학의 민주화는 물론 학문의 선진화마저도 성취되지 못할지도 모른다. 문제는 그들이 기득권과 편견을 지닌 채 좀처럼 개방적인 분위기를 조성하거나 민주적인 지도력을 발휘하지 않으려는 데 있다.

셋째, 권위적인 관료주의적 속성에 익숙한 정부 및 대학 교육행정가들이 고질적인 연고주의와 파벌주의를 고수한다면 개방적인 조직 체제와 민주적인 지도력 창출은 물론 지식기반사회 구축을 위한 세계적인 대학의 육성은 구호에 그치게 될지도 모른다.

넷째, 상호 인간관계에 있어서 전통문화와 도입문화간의 긴장은 전통적인 패러다임과 새로운 패러다임간의 문화적 충돌뿐만 아니라 상하간, 노소간, 남녀간, 지역간, 대학간에 많은 갈등을 유발하기 때문에 두 문화의 상징적인 균형은 더 악화될 것이다. 그러나 조직문화적인 면에선 두 문화가 정치적, 경제적, 사회적으로 국가 발전에 불가분한 관계를 유지하기 때문에 대학조직에 새로운 문화가 형성될 것이다.

다섯째, 우리의 대학교육이 인간의 자본화 내지는 입신양명을 위한 도구화를 고수한다면 대학의 조직문화는 물질주의로 편만하게 되고 교육은 경제적 영속성에서 벗어나지 못하게 될 것이다.

IV

요약 및 결론

본 연구를 요약하자면, 우리나라 대학의 조직문화(組織文化)는 종교적 · 시대적 사상이 혼합되어 있으나, 특히 유교적 가치에 기초를 둔 형식적 권위주의와 온정적 집산주의 및 서구 기독교의 개인주의적 특성을 나타내고 있다고 볼 수 있다(Lee, 1999a). 현재 우리의 대학교육행정가는 급격한 시대적 조류에 상응할 수 있는 새롭고 건실한 대학 조직문화를 창조하기 위한 혁신적인 개혁을 실행할 필요가 있다고 본다. 그러나 이미 우리의 대학문화에 자리 잡고 있는 뿌리 깊은 전통 문화와 다양한 외래 규범과 가치와 의식과 가설로 인하여 변화의 과정이 쉽지는 않을 것이다. 그러나 한국 대학교육에 있어서 이상적인 조직문화는 전통적인 가치와 도입된 가치 양자에 근거를 둔 균형 있는 발전과 여러 계층 간 편견 없는 교류와 화합이 이루어질 때 비로소 조성될 수 있으며, 이를 바탕으로 하여 민주적인 열린 교육체제를 구축하고 학문의 질적 향상과 더불어 대학의 선진화와 세계화를 추진해야 한다.

끝으로, 앞장의 예견에 근거하여 한국 대학교육과 교육행정에 있어서 건전한 조직문화 창조를 위한 몇 가지 일반적인 견해를 제시하고자 한다.

첫째, 고질적인 연고주의와 파벌주의 및 기계적인 관료주의적 조직 문화를 변화시키기 위해서는, 교육행정가들은 진부한 병폐를 개선할 수 있는 여론선도자(opinion leaders) 혹은 변화촉진자(change agents)가 되어야 한다. 이러한 목적을 이루기 위해서는 중앙집권적인 형식적 조직 체제는 구성원 누구나가 의사결정 과정에 참여할 수 있는 기회를 가질 수 있는 탈형식적 내지 분권적인 열린 체제(an open system)로 발전해야 한다. 뿐만 아니라 기관과 기관, 부서와 부서, 교원과 교원 상호간 호혜적인 교류와 대화가 이루어져야 하고, 스승과 제자, 선배와 후배간 학문의 종족 번식을 차단할 수 있어야 한다.

둘째, 비민주적 조직행위를 변화시키기 위한 방안으로서, 대학교육 행정가는 민주적인 지도력 하에 주종 간 상호 신뢰와 능동적인 분위기를 조성할 수 있도록 조직의 구성원에게 권한 이양을 과감하게 할 필요가 있다.

셋째, 우리나라 대학교육의 자치권과 다양성 및 수월성을 고양하기 위해서는 대학의 특수성을 외면한 교육부의 일방적인 독선행정 및 일률적인 통제는 점차적으로 줄어들거나 중지되어야 하며, 대학의 자율권은 대학의 질적 향상과 학문의 자유에 위배되지 않는 범위 내에서 대학 스스로 향유할 수 있도록 순차적으로 이관되어야 한다. 또한 대학경영자는 대학이 문화공동체(cultural community)로서 민주적인 조직 문화와 개방적인 조직체제하에서 대학의 자율성과 학문의 자유를 신장할 수 있도록 변화촉진자로서의 역할을 수행해야 한다.

넷째, 건전한 조직문화를 창조하기 위해서는 교육가들은 전통적 사상과 도입된 사상 간의 조화를 꾀하여 인본주의적인 사회적 도덕성을 회복시켜야 한다.

다섯째, 우리 대학에 건실한 조직문화를 창조하기 위해서는, 먼저 정부기관 교육행정가와 각 대학행정 및 정책입안가들은 엄격한 유교 가치와 원리에 바탕을 둔 관료적 권위주의와 온정적 집산주의의 폐쇄 조직 체제에서 벗어나 민주적이고 합리적인 열린 조직 체제로 변환할 것을 강조한다. 또한 각 대학 행정담당자는 조직 구성원, 즉 교직원, 학생, 동문 및 학부모에게 권한을 분배하고 책임을 나누어 그들의 견해를 경청하고 수용할 수 있는 대화망(communication networks)을 적극적으로 구축해야 한다. 이러한 변화가 일어날 때 비로소 한국 대학교육에 직면하고 있는 현재의 도전에 상응한 조직구조와 문화에 대한 새로운 모델이 태동될 수 있다.

* 본 논문은 Higher Education Review, 32(1)에 발표된 저자의 "Historic Factors Affecting Educational Administration in Korean Higher Education"을 기초로 수정 · 보완되었다.

참고문헌

〈국문〉

교육부 · 한국교육개발원(1999). 「교육통계연보」.

「국역 태학지 상 · 하」(1994). 서울: 성균관.

김부식(1145). 「삼국사기」.

문화관광부(1999). 「한국의 종교 현황」. 서울: 문화관광부.

박선영(1983). 「불교와 교육사회」. 서울: 보림사.

반민족연구소(1993). 「친일파 99인 1,2,3」. 서울: 돌베개.

반민족연구소(1994). 「청산하지 못한 역사 1,2,3」. 서울: 청년사.

서병욱(1989, 12월). 민족정기 살려야합니다, 「신동아」, 10: 444 - 55.

서울대학교 50년사 편찬위원회(1996). 「서울대학교 50년사(상)」. 서울: 서울대학교출판부.

손인수(1989). 불교의 교육사상, 「한국교육사상사 Ⅱ」. 서울: 문음사.

이성무(1994). 「한국의 과거제도」. 서울: 집문당.

일연(1285). 「사국유사」.

임종국 (1991). 「실록친일파」. 반민족연구소 엮음, 서울: 지리산.

장세윤(1992). 일제의 경성제국대학 설립과 운영, 「한국독립운동사연구 제 6집」, pp. 347 - 408.

정태수(1995). 「광복3년 한국교육법제사」. 서울: 예지각.

〈영문〉

Adams, D.(1965). *Higher Education Reforms in the Republic of Korea.* U.S. Department of Health, Education, and Welfare Office of Education: U.S. Government Printing Office.

Anderson, R. S.(1959). *Japan: Three Epochs of Modern Education*. Washington D.C.: United States Government Printing Office of Education.

Anderson, R. S.(1975). *Education in Japan*. Washington D.C.: United States Government Printing Office of Education.

Aston, W. G.(1905). *Shinto (The Way of the Gods)*. New York: Longmans, Green, and Co.

Bass, B. M.(1985). *Leadership and Performance beyond Expectations*. New York: Free Press.

Bishop, I. B.(1897). *Korean and Her Neighbors*. New York: Fleming H. Revell Company.

Burns, J. M.(1978). *Leadership*. New York: Harper & Row.

Clark, B. R.(1992). *The Distinctive College*. New Brunswick, New Jersey: Transaction Publishers.

Clark, C.(1981). *Religions of Old Korea*. New York: Garland Publishing Inc.

Cynn, H. W.(1920). *The Rebirth of Korea*. New York: Abingdon Press.

Deal, T. E. and Kennedy, A. A.(1982). *Corporate Cultures: The Rites and Rituals of Corporate Life*. Reading, MA: Addison – Wesley.

Eversull, F.(1947). Some Observations on Higher Education in Korea, *School and Society*, 65, pp. 51 – 53.

Galt, H. S.(1929). *The Development of Chinese Educational Theory*. Shanghai: The Commercial Press, Ltd.

Grayson, J.(1985). *Early Buddhism and Christianity in Korea*. Leiden, The Netherlands: E, J, Brill.

Grayson, J.(1989). *Korea: A Religious History*. Oxford: Clarendon Press.

Holtom, D. C.(1938). *The National Faith of Japan*. New York: E. P. Dutton & Company.

Hong, W.(1988). *Relationship between Korea and Japan in Early Period: Paekche and Yamato Wa*. Seoul, Korea: Iljisa.

Kim, A. E.(1995). A History of Christianity in Korea: From Its Troubled Beginning to Its Contemporary Success, *Korea Journal*, 35(2), pp. 34 – 53.

Kuo, P. W.(1915). *The Chinese System of Public Education*. New York: Teachers College, Columbia University.

Lee, J. K.(1997). *A Study of the Development of Contemporary Korean Higher Education*,

Unpublished Ph.D. dissertation, The University of Texas at Austin.

Lee, J. K.(1998). Religious Factors Historically Affecting Premodern Korean Elite/Higher Education, *The SNU Journal of Education Research, 8,* pp. 31–63.

Lee, J. K.(1999a). Historic Factors Affecting Educational Administration in Korean Higher Education, *Higher Education Review, 32* (1), pp. 7–23.

Lee, J. K.(1999b). Organizational Structure and Culture in Korean Higher Education, *International Higher Education, 16,* 17.

Lee, K.(1984). *A New History of Korea.* Wagner, E, and Shultz, E, Trans, Cambridge: Harvard–Yenching Institute.

Meade, E. G.(1951). *American Military Government in Korea.* New York: Columbia University Press.

Ministry of Education(1998). *Education in Korea.* Seoul: Korea.

Picken, S. D. B.(1994). *Essentials of Shinto: An Analytical Guide to Principal Teachings.* Westport, Connecticut: Greenwood Press.

Reischauer, E. O., and Craig, A. M.(1973). Japan: Tradition & Transformation. Boston: Houghton Mifflin.

Schwartz, H. and Davis, S. M.(Summer 1981). Matching Corporate Culture and Business Strategy, *Organizational Dynamics,* 30–48.

Suh, K. I.(1996). Christianity and Korean Culture, In J. Kim (Ed.), *Koreana: Korean Cultural Heritage, Vol. II. Thought and Religion.* Seoul, Korea: Samsung Moonhwa Printing Co.

The Government–General of Choson(1935). *A History of 25 Year Administration.* Keijo.

Tsunoda, R. and de Bary, W. T., & Keene, D.(1964). *Sources of Japanese Tradition, Volume I.* New York: Columbia University Press.

Underwood, H.(1926). *Modern Education in Korea.* New York, New York: International Press.

Yun, S.(1996). Confucian Thought and Korean Culture, In Kim, J, Ed., *Koreana: Korean Cultural Heritage, Vol. II, Thought and Religion,* Seoul, Korea: Samsung Moonhwa Printing Co.

제6장

공자와 아리스토텔레스의 사상에 나타난 지도력과 조직 문화에 있어서 윤리적 가치에 대한 비교 연구: 교육행정학적 관점에서

I

서 론

인간은 사회적 존재이다. 이런 특성으로 인하여 서로의 이익 추구와 공동 목표 성취를 위한 조직이 요구되며 이 조직을 원만하게 유지하고 효율적으로 경영하기 위한 책임자를 필요로 한다. 실로 조직은 구성원 개인의 유·무형의 실체가 집합을 이루어 그 조직의 구조와 행위를 이루고, 또한 조직의 목적과 기능에 따라 독특한 조직 문화(organizational culture)를 형성하게 되는 것이다. 이러한 조직 문화는 일반적으로 각 구성원의 행위와 생활이 조직의 철학 및 가치와 어울려 태동되고 전승되지만, 그 조직의 경영자 내지는 통솔자의 지도력(leadership) 및 윤리적 가치에 따라 새로운 조직 문화가 재구성 및 창조되기도 한다.

더욱이 현재와 같은 세분화 및 다양화된 조직 사회에 있어선, 조직의 효율화와 활성화를 위해 각인의 다양한 개성과 특질을 결집시켜 새로운 조직 문화를 창안할 수 있는 여건과 기회를 부여해 주는 것이 무엇보다도 필요하다. 이를 위해선 각 조직의 중간 계층부터 고위 계층에 이르는 행정 실무자의 개방적인 조직 행위와 새로운 시대적 조류에 부응할 수 있는 건전한 가치관의 정립이 요구된다.

실로, 금세기에 접어들어 거센 산업화 및 과학화의 물결을 타고 새로운 교육 사조를[13] 태동시키며 동·서양의 현학자들이 고대의 위대한 사상가들을 통하여 교육 사상에 대한 연구를[14] 더욱 활발히 전개하였다.

1980년대를 전후로 일본이 경제적 선진화와 더불어 서구 산업 세계의 경쟁 국가로 부상함으로써 주로 미국의 경영학 및 사회학계에서는 일본의 경영 조직 체계 및 능률성을 탐구하는 붐이 일게 되었다.[15] 소위 총체적 질 관리(Total Quality Management)[16]라고 알려진 역도입된 경영

13) 대표적인 교육 철학 사조와 사상가로서는: 동시대의 사실주의(Contemporary Realism)의 Alfred North Whitehead와 Bertrand Russell, 실용주의(Pragmatism) 또는 도구주의(Instrumentalism)의 John Dewey와 William H. Kilpatrick, 재구조주의(Reconstructionism)의 George S. Counts와 Theodore Brameld, 행동주의(Behaviorism)의 B. F. Skinner, 실존주의(Existentialism)의 Carl Rogers와 Abraham Maslow, 현상학(Phenomenology)의 Maxine Green 그리고 분석 교육 철학(Analytic Philosophy and Education)의 Israel Scheffler와 Jonas F. Soltis 등을 들 수 있다.

14) 공자와 아리스토텔레스에 대한 탐구를 한 몇몇 동·서양의 대표적인 학자와 저서로는: H. G. Creel, The Man and the Myth(New York: The John Day Company, 1949), T. Davidson, Aristotle and Ancient Educational Ideas(London: William Heinemann, 1904), H. S. Galt, The Development of Chinese Educational Theory(Shanghai: The Commercial Press, Limited, 1929), W. K. Frankena, Three Historical Philosophies of Education: Aristotle, Kant, Dewey(Scott: Foresman and Company, 1961), Jingpan Chen, Confucius As A Teacher(Selangor Darul Ehasn: Delta Publishing Sdn Bhd., 1993) 그리고 Tu, Weiming(Ed), Confucius Traditions in East Asian Modernity(Cambridge, Massachusetts: Harvard University Press, 1996) 등을 들 수 있다.

15) 대표적인 학자와 연구로는: W. G. Ouchi and A. M. Jaeger, Type Z Organization: Stability in the Midst of Mobility. Academy of Management Review(1978), 3, 305 - 314, W. G. Ouchi, Theory Z: How American Business Can Meet the Japanese Challenge(Reading, Mass.: Addison - Wesley, 1981), R. T. Pascale and A. G. Athos, the Art of Japanese Management: Application for American Executives(New York: Simon and Schuster, 1981), R. S. DeFrank, M. T. Matteson, D. M. Schweiger and J. M. Ivancevich, The Impact of Culture on the Management Practices of American and Japanese CEOs, Organizational Dynamics(Spring 1985), 62 - 76 그리고 N. Hatvnany and V. Pucik, Japanese Management: Practices and Productivity, Organizational Dynamics(Spring 1981), 522 등이다.

16) TQM에 있어서, 질(quality)은 조직 경영의 중심적 가치이자 목표이다. 즉 총체적 질적 향상을 위하여 모든 고용인에게 질적 책임을 부여하고 경영인에게 코오치로서의 역할을 부여한다. TQM의 개념과 기원에 관해선 아래 책을 참고 바람.
K. Ishikawa, What Is Total Quality Control?(Lu, D. J. Trans., Englewood Cliffs, NJ:

철학과 상호문화적 산물인 조직 문화론(organizational culture)[17]이 대표적인 것이다.

특히 1980년대 중반에 TQM과 조직 문화론이 미국의 교육행정학회에 도입되어 교육행정학의 기본적 원리와 개념의 일부분으로 다루어졌으며 미국의 많은 교육 기관이 조직 변화와 다문화교육(multi‐cultural education) 및 교육 개혁을 위해 이 이론을 적용하였다.[18]

그러나 TQM과 조직 문화는 동·서양 문화의 절충에서 상호 보완적 기능을 도출한 경영·조직 이론으로 볼 수 있다. 사실 광의적으로 추

Prentice Hall. 1985); M. Imai, Kaizen: The Key to Japan's Competitive Success(New York: Random House, 1986), W. E. Deming, Out of the Crisis (Cambridge, MA: Massachusetts Institute of Technology, 1986).
또한 TQM의 대학 교육에의 응용에 대해선 다음 책을 참조 바람: L. A. Sherr and D. J. Teeter(Eds.), Total Quality Management in Higher Education(New Directions for Institutional Research, 71. San Francisco: Jossey‐Bass, 1991). 그리고 M. A. Heverly, Total Quality Management, In The Primer for Institutional Research, M. A. Whiteley, J. D. Porter, and R. H. Fenske(Eds.)(Tallahassee: Florida, Association for Institutional Research, 1992).

17) 조직 이론에 대한 개념은 본고 제2장에서 언급하고 있다. W. G. Ouchi가 주장한 'Theory Z' 또는 'Type Z'는 Douglas McGregor의 '이론 X(Theory X)'와 '이론 Y(Theory Y)'를 변형·확장한 조직 문화 분야의 한 이론이다. '이론 Z(Theory Z)' 조직은 일본인의 조직 체계의 대표적 유형으로서 개인적 가치가 문화적 가설에 결합된 형태이다. 이 조직은 평생 고용, 합의적 의사 결정, 개인에게 책임감 부여, 집단적 협동 형태 등을 특색으로 하고 있다. '이론 Z(Theory Z)'의 개념과 비판을 기술한 학자 및 저술로서는:
C. W. Joiner, Making the "Z" Concept Work, Sloan Management Review(Spring 1985), 57‐63, J. J. Sullivan, A Critique of Theory Z, Academy of Management Review(1983), 8, 132‐142 그리고 S. P. Sethi, N. Namiki, and C. L. Swanson, The Decline of the Japanese System of Management, California Management Review(Summer 1984), 34‐45 등을 들 수 있다.

18) 대표적인 학자 및 저서로는:
T. J. Sergiovanni and J. E. Corbally. (Eds.), Leadership and Organizational Culture: New Perspectives on Administrative Theory and Practice(Urbana and Chicago: University of Illinois Press, 1984), William Glasser, The Quality School(New York: Harper & Row, 1990), Cecil Miskel and Rodney Ogawa, Work Motivation, Job Satisfaction, and Climate, in N.J. Boyan(Ed.), Handbook of Research on Educational Administration(New York: Longman, 1988) pp. 279‐304 그리고 F. C. Lunenburg and Ornstein, Educational Administration: Concepts and Practices(Belmont, CA: Wadsworth Publishing Company. 1991) pp. 57‐85 등이다.

론해 볼 때, 현대 서양의 경영·조직론이 그리스·유대 사상에 바탕을 두고 있으며, 일본의 경영·조직 문화는 유교 및 불교 사상에 근간을 두고 있다고 해도 과언이 아니다. 이런 관점에 기인하여, 동·서양의 대표적인 철인(哲人)들의 사상을 통하여 교육행정학의 발전을 위한 이상적인 이론을 고찰해 보는 것은 동·서양의 교육행정가에게 확고한 교육행정의 지표를 제시함은 물론 그들 자신에게 경영자 내지 정책자로서의 자질을 검토하고 지도자로서의 리더십(leadership)의 표본을 선택할 수 있는 계기를 부여하리라 믿는다.

현재 한국의 교육 사회는 자율화와 전문화 및 세계화의 추세에 편승한 조직의 체질 개선과 새로운 조직 문화의 창조가 요구되는 시점에 처해 있다. 이를 해결하기 위한 한 방안으로 저자는 교육행정학의 건전한 리더십의 정립과 교육 기관의 건실한 조직 문화 건설을 우선적인 사안으로 제시한다. 따라서 미국의 산업계와 교육계가 상호 문화적 절충에서 조직 기능의 강화와 경영의 효율성을 추구한 것처럼, 저자는 본고의 연구 목적을 한국의 시대적·사회적 흐름에 적합한 지도력 정립과 조직 문화의 건설을 위해 동·서양의 정신적 및 실제적인 세계에 중대한 영향을 끼쳐 온 두 위대한 철학가, 즉 중국 고대 문화유산의 전승자이자(Chen, 1993, Fung, 1947, 1966) 유교의 토대를 구축한 자로서(Moritz, 1990) 동아시아 유교 문화의 대부 격인 공자(孔子)와, 근대 서구의 현실주의에 바탕을 둔 경험적, 과학적 학문의 선구자이자(Gutek, 1972, Hamm, 1981, Ozmon and Craver, 1990, Power, 1982) 서양의 리얼리즘(Realism) 철학의 창시자이며(Jaeger, 1923) 근대 구미의 경험적, 실용적 교육 사상의 대부 격인 아리스토텔레스(Aristotle)의 사상을 통하여 그들이 제시하고 강조한 이상적인 지도력과 조직 문화에 있어서 윤리 가치 표준을 교육행정학적 관점에서 소개 및 비교하여 한국 교육행정가들에게 교육행정학의 이론적·실제적 패러다임(paradigms)을 제공하는 데 둔다.

본 연구를 체계적으로 논의하기 위하여 저자는 다음과 같은 세 가지 질문을 설정한다. 첫째, 리더십과 조직 문화 및 윤리적 가치 개념은 무엇이며 그 관계는 어떠한가? 둘째, 공자와 아리스토텔레스의 사상에 나타난 이상적인 리더십과 조직 문화에 있어서 윤리적 가치는 무엇인가? 셋째, 위의 두 항목에 있어서 유사성과 차이점은 무엇인가? 또한 저자는 본 연구의 신뢰성을 높이기 위하여 주로 일차 자료인 중국 고어(古語)와 헬라(Hella)어로 된 원문을 참조하되 보조 자료의 필요시엔 이차 자료로서 영어, 독어 및 한국어로 된 서적과 간행물을 참고한다. 그리고 본 연구 범위를 명확히 하기 위하여 공자의 사상은 논어(論語)에 한하며 아리스토텔레스의 사상은 니코마쿠스 윤리학($H\Theta\iota\kappa\omega\nu$ $N\iota\kappa o\mu\alpha\chi\varepsilon\iota\omega\nu$. The Nicomachean Ethics) 및 정치학($\Pi o\lambda\iota\tau\iota\kappa\omega\nu$. The Politics)에 한하여 논의될 것이다. 뿐만 아니라 이들의 저서를 통하여 조직 문화를 조성하는 가장 중요한 요소의 하나인 윤리적 가치를 교육행정학의 조직론적 관점에서 다루게 될 것이다.

마지막으로 본 연구는 상호 문화적 연구(cross-cultural research)를 통한 서술적 내용 분석 방법(descriptive content analysis method) (Gay, 1992)을 이용하여 다음과 같이 논의한다. 첫째, 앞에서 이미 기술한 것처럼, 연구의 중요성, 목적, 질문, 제한 및 방법론을 제시한다. 둘째, 이론적 배경으로서 공자와 아리스토텔레스의 사상을 논한다. 셋째, 지도력과 조직 문화 및 윤리적 가치의 기본적 개념 및 관계를 설명한다. 넷째, 리더십과 조직 문화에 있어서 윤리적 가치 개념을 중심으로 공자와 아리스토텔레스의 사상에 나타난 두 항목에 대한 관점을 분석하고 공통점과 상이함을 비교한다. 끝으로 본고를 요약한 후 결론을 기술하며, 현재와 미래의 한국 교육행정가에게 두 사상가의 이상적 리더십과 건실한 조직문화 창조를 위한 윤리 가치의 표준을 제시하고 미래 연구를 위한 권고를 부언한다.

II
공자와 아리스토텔레스의 교육 사상

논어(論語) 양화(陽貨)편 제8장[19]에 다음과 같이 기록되어 있다.

학문을 사랑함이 없이 어짊을 사랑함은 어리석음만이 폐단으로 남고,

학문을 사랑함이 없이 지혜를 사랑함은 방자함만이 폐단으로 남고,

학문을 사랑함이 없이 신의를 사랑함은 그르침만이 폐단으로 남고,

학문을 사랑함이 없이 정직을 사랑함은 엄함만이 폐단으로 남고,

학문을 사랑함이 없이 용맹을 사랑함은 혼란만이 폐단으로 남고,

학문을 사랑함이 없이 강건함을 사랑함은 사나움만이 폐단으로 남는다.

위에서 언급된 것처럼, 공자는 논어에서 일반적으로 '배움(學)'을 '학문을 행함' 또는 '교육'의 의미로 사용하면서 인간의 덕성을 이룩하기 위한 필연적인 도구로써 강조하고 있다. 또한 공자는 덕(德)의 수련이 부족하고 학문에 대한 토론이 부족함은 개선의 여지를 빼앗는 것으로 간주하고 있다.[20] 그리고 공자는 윤리적 내지 교육적 원칙을 정립하

---

19) 子曰: 好仁不好學, 其蔽也愚, 好智不好學, 其蔽也蕩, 好信不好學, 其蔽也賊. 好直不好學, 其蔽也絞, 好勇不好學, 其蔽也亂, 好剛不好學, 其蔽也狂. (Legge, 1971, p. 322)

기 위하여 '배움(學)'의 중요성과 배움에 대한 태도를 강조하고 있다. 즉 그는 사고(思考)가 없는 배움에 대해서 경고하고[21] 있으며 부단한 연습으로[22] 옛것을 온전히 하고 새것을 익힐 것[23]을 주장하고 있다. 공자에게는 배움이 없이는 인간은 자아 개발 또는 수련을 기대할 수 없으며 조화로운 윤리적 사회를 건설할 수 없다는 주장이다. 현대의 교육적 도구주의(道具主義)의 관점에서 볼 때 그의 주장에 비판을 가할 수 있는 소지가 없지 않으나, 논어에서 언급된 '배움(學)' 그 자체의 개념은 개인의 덕성과 인성의 균형적 발전을 위한 필연적 요소로서 이해되어야 할 줄 믿는다.

논어에 나타난 공자의 교육 사상은 크게 두 가지로 대별될 수 있다. 즉 개인적 목적으로서 자아의 덕성 개발과 사회적 목적으로서 도덕적인 조화로운 사회 성취 및 윤리적 이상 국가의 건설이다. 먼저 자아의 수양을 위한 개인적 목적을 고찰하자면, 덕성의 핵심적 가치 기준으로서 인(仁)을 인간의 지고의 선(善)으로 인식하고 있으며, 지(知) 또한 수기(修己)를 위한 중요한 요소로 간주하고 있다. 논어에서 공자는 지(知)에 대해 "알 때 안다고 말하고 모를 때 모른다고 말하는 것"[24]이라 정의하고 지(知)는 다른 덕목—의(義), 예(禮), 신(信), 충(忠), 효(孝), 등—과 더불어 도덕적 이상인(理想人)인 성인(聖人) 군자(君子)가 되기 위한 중요한 덕목으로서 가치를 부여하고 있다.

다음으로 사회적 목표로서 공자는 도덕적인 사회와 윤리적인 이상

---

20) 子曰∴ 德之不脩, 學之不講聞義不能徒, 不善不能改……. 述而篇, 第三章(Legge, 1971, p. 195)
21) 子曰: 學而不思則罔, 思而不學則殆. 爲政篇, 第十五章(Legge, 1971, p. 150)
22) 子曰: 學而時習之(不亦說好)……. 學而篇, 第一章(Legge, 1971, p. 137)
23) 子曰: 溫故而知新, 可以爲師矣. 爲政篇, 第十一章(Legge, 1971, p. 149)
24) 子曰: …… 知之爲知之, 不知爲不知…… 爲政篇, 第十七章(Legge, 1971, p. 151)

국가로서의 건설은 개인의 자아 개발 및 수양을 통하여 화목한 가정을 바탕으로 이루어진다고 주장하고 있다. 이를 위한 핵심 덕목으로서 인(仁)을 주장하며 "모든 사람에게 편안함을 주기 위해서는 자신을 수양해야"25) 함을 강조하고 있다. 그리고 인(仁)과 마찬가지로 예(禮) 또한 중요 덕목으로 "자신을 극복하고 예로 귀의하는 것이 곧 인(仁)에 달하는 것"26)이라 하여 예(禮)를 도덕적 사회를 이룩하고 유지하기 위한 필연적 가치 개념으로 강조하고 있다. 위와 같은 덕목 함양과 더불어 개인적 및 사회적 교육 목적을 성취하기 위하여 공자는 부단한 학습, 특히 덕성 교육을 통한 성인 군자화 및 도덕적 사회·국가 건설을 주장하고 있다. 이러한 관점에서 볼 때, 공자는 도덕을 중심으로 정치와 교육의 일치 내지 조화(정총, 1980)를 강조하고 있다.

한편 공자의 교육 사상과 마찬가지로 아리스토텔레스도 덕성의 함양을 통한 개인의 자아실현과 이상적 국가 건설을 역설하고 있다. 아리스토텔레스는 그의 윤리학(Ethics) 및 정치학(Politics: [POL])에서 일반적으로 세 가지 중요한 교육적 주제를 다루고 있다. 즉 개인을 위한 미덕은 무엇인가? 국가를 위한 미덕은 무엇인가? 그리고 덕이 있는 인간과 자연과의 관계는 무엇인가? 일반적으로 니코마쿠스 윤리학에서는 인간에 대한 목적론을 설명하고 있는 반면 정치학에선 인간과 국가와의 가치론에 대해 논의하고 있다. 환언하자면 아리스토텔레스의 윤리학과 정치학은 불가분의 관계에서(Gigon, 1955) 개인적 또는 사회적으로 윤리학과 정치학의 제반 문제에 대해 언급하고 있다.27) 또한 그는 교육의

---

25) 子曰: 脩己以安百姓…… 憲問篇. 第四十五章(Legge, 1971, p. 292)

26) 子曰: ……克己復禮爲仁, 一日克己復禮, 天下歸仁焉…… 顔淵篇. 第一章(Legge, 1971, p. 250)

27) Olof Gigon(1955)이 서술하기를 "Die Nikomachische Ethik gift……daβ sie in den Gesamtbereich der politischen Wissenschaft gehört, und der erste Satz der Politik

근본적 원리에 관한 문제를 정치학의 마지막 두 편에서(제7권과 8권) 취급하고 있으며 니코마쿠스 윤리학[NE]에서도 여러 곳에서 교육 문제가 윤리학적 내지 철학적인 견지에서 논의되고 있다(Barker, 1946, Grant, 1885).

아리스토텔레스는 정치학 제8권 1장(1337 all - 12, 1337a 20 - 24)에서 다음과 같이 기술하고 있다.

> 입법자가 젊은이의 교육을 최상의 목표로 삼는 것에 대하여 아무도 논란을 삼지 않을 것 이다. …… 어떤 재능이나 기술을 연습하기 위해선 과거의 숙련이나 습관이 요구된다. 명확히 말하자면 덕성의 실행을 위해서. 그리고 모든 도시가 하나의 목표를 지니고 있기에 교육은 모든 사람을 위한 것이어야 함은 자명하며, 개인적이 아니라 공공적인 것이어야 한다.[28]

위에서 언급된 것처럼, 아리스토텔레스는 교육의 의미로 '파이데이아($\pi\alpha\iota\delta\epsilon\acute{\iota}\alpha$. paideia)'를 사용하고 있으며, 교육($\pi\alpha\iota\delta\epsilon\acute{\iota}\alpha$)은 덕성의 실행을 위한 도구이며 공공적이어야 함을 주장하고 있다. 이러한 이유로 인하여 교육은 법에 의하여 규정되어야 하며 국가적인 사안으로 공교육의 특성을 지녀야 한다고(POL., Ⅷ, 1337a 33 - 35) [29]강조하고 있다.

---

ist nichts anderes als eine Anwendung desselben Grundgedankens der philosophischen Ethik der Griechen, den……"(p. 7)
["니코마쿠스 윤리학은…… 정치학의 모든 분야에 속하며, 정치학의 첫째 편은 그리스의 철학적 윤리학의 기본 개념과 다르지 않다……."]

28) ὅτι μέν οὖν τῷ νομοβέτη μάλιστα πρανματευτέον περί τὴν τῶν νέων παιδείαν οὐδείς ἀν ἀμφιαβητήσειεν, …… ὥστε δῆλον ὅτι καί πρός τάς τῆς ἀρετήs πράξεις ἐπεί δ' ἐν τό τέλος τῇ πόλει πάσῃ, φανερόν ὅτι καί τὴν παιδείαν μίαν καί τὴν αὐτὴν ἀναγκαῖον εἶναι πάντων καί ταύτης τὴν ἐπιμέλειαν εἶναι κοινὴν καί μὴ κατ' ἰδίαν……(Susemihl and Hicks, ed., 1894, pp. 569 - 70).

29) ὅτι μέν οὖν νομοβετητέον περί παιδείας καί ταύτην κοινύ ποιητέον, φανερ όν' τίς δ' ἐστίν παιδεία καί πῶς χρὴ παιδεύεσβαι, δεῖ μὴ λανβάνειν (Susemihl and Hicks, ed., 1894, p. 571).
[교육은 법에 의해서 규정되어야 하며 국가적 사안이 되어야 하나 공교육의 특성이 무엇이며 어떻게 젊은이를 교육시켜야 하는가라는 문제가 재고되어야만 한다.]

실로, 아리스토텔레스에게는 '파이데이아'는 윤리적·사회적·정치적 제반 문제를 포함하는 개념으로 개인의 안녕과 행복을 위해서뿐만 아니라 사회와 국가의 조화와 정의의 실현을 위한 필연적 도구로 간주되고 있다. 특히 니코마쿠스 윤리학 제10권(1176b 4)[30]에서 주장된 것처럼, 정치학 제7권 13장(1332a 8 - 10)에서도 '유다이모니아(εὐδαιμονία: eudaimonia[幸福]' 또는 '아레테(ἀρετή: arete[지성적 덕성 또는 미점(美點)])'는 덕의 자각이자 완전한 실행에서 기인된 아무런 부족함이 없는 자족(自足)의 상태로서 무조건적이며,[31] 개인과 국가에 있어서 최상의 목표는 '행복(εὐδαιμονία: eudaimonia)'이 무엇인가를 앎으로써 성취될 수 있다는 것이다. 이것을 성취할 수 있도록 해 줄 수 있는 매체가 곧 교육이며 이는 선(善)과 미덕의 발전을 도모해 줄 수 있는 세 가지 요소와 밀접한 관련을 맺고 있다. 세 가지 요소란 천성(θύσις: thusis)과 습관(ἔθοος: ethos) 그리고 이성(λόγος: logos)이며(POL., 1132a 39 - 40)[32] 이들이 상호 조화를 이루어야 한다는 것이다. 교육은 이 세 가지 요소 중에서 특히 습관과 이성적 특질에 바탕을 둔 가르침에 기인하며(POL., 1132b 10 - 11),[33] 인간의 도덕적 미점(ἀρετή: 美點)에 관련된 특질인 '프로네시스(φρόνησις: phronesis: 실질적 지혜)'의(NE., 1141b 9 - 10, 1143b 21 - 24, 1144b 1 - 2)[34] 개발과 실행을 요구하고 있다.

---

30) ……οὐδενὸς γάρ ἐνδεὴς ἡ εὐδαιμονία ἀλλ' αὐτάρκηs(Grant 1885, Vol. I, p. 332). [……행복이란 부족함이 전혀 없는 자족(自足)이다.]

31) ……εἰ τι τῶν λόγων ἐκείνων ὄφελος, ἐνέργειαν εἶναι καὶ χρῆσιν ἀρετῆς τ ελείαν, καὶ ταύτην οὐκ ἐξ ὑποβ έοεως ἀλλ' ἁπλῶς(Susemihl and Hicks, 1894, pp. 528 - 29).[……예증으로 든 논의에 어떤 가치가 있다면 행복 또는 지성적 덕성은 덕의 자각이자 완전한 실행으로 조건적이 아닌 절대적인 것이다.]

32) ἀλλὰ μὴν ἀγαθοὶ γε καὶ σπουδαῖοι γίνοται διὰ τριῶν. τὰ τρία δὲ ταῦτ' ἐστ ι φύσις ἔθος λόγος(Susemihl and Hicks, 1894, p. 532). [인간에게 선과 덕을 조성해 주는 세 가지 요소가 있는바, 즉 천성과 습관과 이성이다.]

33) τὸ δὲ λοιπόν ἔργον ἤδη παιδείας. τὰ μὲν γάρ ἐβιζόμενοι μανθάνουσι, τὰ δ' ἀκούοντες(Susemihl and Hicks, 1894, p. 533). [그 밖에 모든 것은 교육적인 일이다. 우리들은 습관과 가르침에 의해 어떤 것을 배운다.]

사실 아리스토텔레스의 관점에서 볼 때, 행복은 지고(至高)의 선(善) 내지 도덕 생활에 있어서 최상의 목표로 간주되고 있으며(NE., 1178b 22), '실질적 지혜'는 지적 덕성을 갖추기 위한 하나의 목표로서 강조되고 있다. 따라서 이상적인 덕성과 실질적인 지혜를 갖춘 개인, 즉 '고매한 인물(καλòs κἀγαθòs: kalos kagathos[a gentleman or a noble man]'이 되는 것이 아리스토텔레스의 교육 사상에 있어서 개인적 목표라고 볼 수 있다.

그리고 아리스토텔레스가 정치학 제1권 1장에서 언급하기를 인간은 미덕이라고 생각하는 것을 얻기 위하여 항상 행동하며(POL., 1252a 2-3), 만일 모든 사회가 미덕을 목표로 지향한다면 이를 목표로 한 사회·국가가 최상이라는(POL., 1252a 3-7) 것이다. 또한 그는 모든 인간이 사회 속에서 서로의 행복, 즉 지고의 선을 추구하기 위하여 사회적 목표를 내세워야 하며 이러한 목적은 공교육(公敎育)을 통하여 이루어질 수 있다고 주장한다. 아리스토텔레스는 정치학 제8권에서 개인이 사회적·정치적 범주 내에서 자신의 덕성 개발과 행복한 생활 추구를 위한 공교육의 필요성과 국가의 역할을 역설하면서, 그의 교육 사상에 나타난 사회적 목표를 교육을 통한 행복한 국가·사회 건설에 초점을 두고 있다. 위에서 고찰해 본 두 철학가의 공통된 교육 사상을 개인적·사회적 목적의 일반적 관점에서 요약하자면, 덕성의 함양과 인성의 개발을 통한 개인의 자아실현과 이를 바탕으로 한 도덕 사회와 이상 국가 건설이 핵심 목표라고 말할 수 있다.

---

34) ⋯⋯ἡ δὲ φρόνησις περὶ τὰ ἀνθρώπινα καὶ περὶ ὧν ἐστι βουλεύσασθαι'(NE., 1141b 9-10)(Grant, 1885, Vol. I, p. 167). [⋯⋯실질적인 지혜는 인간의 일과 관련이 있다.] ⋯⋯εἴπερ ἡ μὲν φρόνησίς ἐστιν ἡ περὶ τὰ δίκαια καὶ καλὰ καὶ ἀγαθὰ ἀνθρώπω⋯⋯(NE., 1143b 21-24)(Grant, 1885, Vol. I, p. 182). [⋯⋯실질적인 지혜는 인간을 위한 정의와 미와 덕이 무엇인가에 관련된 특질이다.] ⋯⋯καὶ γὰρ ἡ ἀρετὴ παραπλησίως ἔχει, ὡς ἡ φρόνησις πρòς τὴν δεινότητα⋯⋯(NE., 1144b 1-2)(Grant, 1885, Vol. I, p. 186). [⋯⋯도덕적 미점(美點)은 실질적인 지혜가 포괄하고 있는 능력과 일치함을 보여 주고 있다.]

Ⅲ
지도력과 조직 문화 및 윤리적 가치의 개념

앞 절에서 간략히 고찰했듯이, 저자는 두 위대한 철인(哲人)의 교육 사상의 주안점을 개인의 자아실현을 통한 사회 공동체와 국가 체제 안에서 삶의 질을 고양하는 것으로 평가하였다. 위의 두 사상가의 교육 사상을 중심으로 교육행정학의 원론적 관점에서 리더십(leadership)과 조직 문화(organizational culture)에 있어서 윤리적 가치(ethical values)를 논의하기에 앞서, 지도력과 조직 문화 및 윤리적 가치의 개념을 이해하기 위하여 서구 학자들의 이론을 빌려 개론을 소개하면서 양자의 관계를 간략히 기술하고자 한다.

1. 지도력(Leadership)

동서고금을 막론하고 리더십은 조직을 이끄는 원동력으로서 공동체의 흥망에 결정적인 역할을 해 왔다. 지도자의 능력과 특성과 행위는 조직의 문화적·윤리적 가치를 구현하고, 조직의 운영에 직접적인 영향을 주어 조직의 구조를 유지하고 조정하며, 조직 문화를 창조 및 보존하며, 조직의 실질적 변화와 개혁을 주도하기도 한다. 실로 지도력은 행정 수행의 핵심적 요소이자 조직 관리와 경영의 유·무형적 실체로서 조직 구조로부터 분리될 수 없으며 새로운 조직 문화 창조에 중요한 역할을 수행한다. 이러한 중요성에 비추어 볼 때, 조직의 효율적 관리 및 행정을 위해 지도력에 대한 연구의 중요성은 아무리 강조해도 지나침이 없다고 볼 수 있다.

실로 서구에서는 금세기 초 이래로 리더십에 대한 연구가 이론가와 실행가를 중심으로 활발하게 전개되어 3,000편 이상의 경험적 연구가 이루어졌으며(Bass, 1981), Warren Bennis와 Burt Nanus(1985)가 지적한 대로 리더십에 대한 정의만도 350편 이상이나 산출되었다. 몇몇 대표적인 정의를 소개하자면:

* 리더십은 목표 성취에 대한 영향력 있는 그룹 활동의 진행 과정이다 (Bass, 1985, p. 56).
* 리더십은 다른 사람의 사고와 행동에 영향력을 주기 위하여 불가피하게 요구되는 권력이다(Zaleznik, 1977, p. 67).
* 리더십은 효과적인 영향력이다(Argyris, 1976, p. 227).
* 리더십은 지도자와 종속자 간의 상호 작용이다(Graen, 1976, p. 116).
* 리더십은 문화적 표현으로서 몇몇 차원의 복잡한 상호 작용으로부터 기인한다(Sergiovanni, 1984, p. 107).

전반적으로 위에서 나타난 리더십의 정의는 크게 두 가지로 대별할 수 있다. 첫째, 리더십은 지도자와 종속자 간에 달리 배분된 영향력과 권위 안에서 형성된 관계라는 개념이다. 둘째, 리더십은 조직 내에서 지도자에 의해서 창조된 문화의 일부라고 볼 수 있다. 이러한 관점에서 볼 때 리더십과 조직 문화는 상호 불가분의 관계에 있다 하겠다.

리더십은 연구자의 탐구 방법의 취향이나 이론에 의하여 각기 다르게 논의되어 왔으나 일반적으로 세 가지 주제로 — 특성(trait), 행위(behavior) 그리고 우연성/상황(contingency) — 대별할 수 있다(Hellriegel, Slocum & Woodman, 1986, Lunenburg and Ornstein, 1991, Yukl, 1989). 이를 간략히 언급하자면, 특성적 모델(Traits Model)은 리더의 개인적 능력이나, 기술 그리고 특질을 강조하는 이론으로 1930년대 및 1940년대에 미국의 사회 심리학자 Ralph M. Stogdill 등의 이론가를 중심으로 주로 지도자의 개성의 특질을 탐구하여 왔으나, 그 후 1980년대를 전후하여 J. M. Burns, B. M. Bass, J. A. Conger, R. Kanungo 등의 이론가에 의하여 지도자의 경영관리의 동기나 업무에 관련된 기술에 초점을 두어 크게 카리스마적인 리더십(charismatic leadership)과 변형적 리더십(transformational leadership)으로 대별되어 지도자의 특성에 대한 연구가 다시 활발히 전개되었다(Lunenburg and Ornstein, 1991, Stogdill, 1948, Yukl, 1989).

이들 개념에 대한 정의를 소개하자면, 카리스마적인 리더십은 지도자에게 강도 높은 충실성과 헌신을 권고하는, 지도자의 가치관과 태도 및 개성을 바탕으로 한 통솔력이며(House and Singh, 1987), 변형적 리더십은 지도자나 추종자들이 고도의 도덕성과 동기를 종속자들에게 유발시키는 진행 과정의 하나이다(Burns, 1978). 특히 Bass(1985)에 의하면, 카리스마(charisma: 지도자의 강도 높은 영향력 또는 권력)는 변형적 지도력의 필수적인 요소이나 그 자체만으로는 변형적 과정을 충분히 설명할 수 없다고 지적하면서 변형적 지도자는(a transformational leader) 종속자들에게 궁극적인 혜택을 부여함에 상관없이 그들에게 동기를 촉진시키며 위임을 증가시켜야 한다고 주장한다.

다음으로 행위적 모델 또는 이론(Behavioral Models or Theories)은 지도자의 특성 대신에 행위를 강조한 이론으로 지도자가 실제로 업무에서 무엇을 행할 것인가에 초점을 둔 접근 방법이다(Hellriegel et al., 1986,

Yukl, 1989). 지도자의 행위에 대해 널리 알려진 연구로서는 "아이오와 대학교 연구(University of Iowa Studies)"와 "오하이오주립대학 연구(Ohio State University Studies)" 및 "미시간대학교 연구(University of Michigan Studies)"를 들 수 있다. "아이오와 연구"는 세 가지 리더십 유형 — 권위적 지도력(Authoritarian Leadership), 민주적 지도력(Democratic Leadership) 그리고 자유방임적 지도력(Laissez-Faire Leadership)[35] — 에 초점을 두고, 이들 세 유형이 조직 구성원의 태도와 생산에 미치는 영향에 대해 탐구하였다. 이 연구에 대한 전반적인 결론으로서, '민주적 지도력'이 최상이라고 평가하면서 '권위적 지도력'은 처음엔 산출량을 증가시키나 장기적으로는 종속자들에게 불만족과 무력감을 주어 현저하게 생산력을 감소시키며, 또한 '자유방임형 지도력'은 종속자들에게 도전적인 행위를 야기한다고 지적하고 있다(Lunenburg and Ornstein, 1991, p. 137).

그리고 "오하이오 연구"는 지도자의 두 행위적 차원 — 주도적 구조(Initiating Structure)와 고려 사항(Consideration)[36] — 과 이들이 종속자의 업무 수행에 미치는 영향에 대해 초점을 두고 있다. 이 연구의 결과는 '높은 주도적 구도(high Initiating Structure)'와 '높은 고려 사항(high consideration)'의 지도적 행위는 높은 만족도와 실행도를 가져오지만 이러한 현상이 불변적인 것은 아니라고 평가하고 있다(Hellriegel et al., 1986, pp. 307-309).

---

35) 권위적 지도력(authoritarian leadership): 지도자는 매우 지배적인 태도를 취하며 의사 결정 시 독단적이며 종속자의 참여를 불허한다. 민주적 리더십(democratic leadership): 지도자는 조직 구성원에게 토의를 권고하며 의사 결정 시 적극적 참여를 도모한다. 자유방임적 리더십(laissez-faire leadership): 지도자는 조직 구성원에게 완전한 자유를 부여하며 자신의 리더십을 발휘함이 없이 종속자들에게 결정 권한을 부여한다.

36) 주도적 구조(initiating structure): 지도자가 직접 조직의 업무와 실행을 관장하며 대화 창구를 열고 종속자와의 관계를 고려하고 작업 수행에 대한 성과를 평가한다. 고려 사항(consideration): 지도자는 종속자에게 신뢰와 온정을 나타내고 지원과 복지를 도모한다.

또한 "미시간 연구"는 두 현저한 지도자 행위—생산 중심적 지도자 행위(a production-centered leader behavior)와 종업원 중심적 지도자 행위(an employee-centered leader behavior)[37]—로 대별되어 생산성과 만족감에 대한 접근을 시도하였다. 이에 대한 초기 연구는 '종업원 중심적 지도력'이 최상이라고 평가하였으나, 후기 연구에선 종업원 중심적 및 생산 중심적 지도력의 혼합형이 생산성과 만족감을 증대시킨다는 결론을 내리고 있다(Lunenburg and Ornstein, 1991, pp. 135-37). 이들 세 연구가 지도력의 효과성(leadership effectiveness)에 대한 어떤 뚜렷한 결론을 제시하지 못하고 있지만, 행위(behavior)에 대한 연구는 '우연성/상황 이론(Contingency Theories)'의 발전에 중요한 요소로 기여하였다.

마지막으로 '우연성/상황 지도력 모델 또는 이론(Contingency Leadership Models or Theories)'은 1970년대를 전후하여 전항에서 언급한 '특성 이론(Traits Theories)'이나 '행위 이론(Behavioral Theories)'보다 훨씬 복잡하게 전개된 이론으로서 상황 또는 조건의 중요성을 강조하고 있다. 본고에서는 세 가지 우연성/상황 지도력 모델—Fiedler의 이론, House's Path-Goal 이론 그리고 Vroom과 Yetton의 이론—을 간략히 소개하고자 한다. 먼저 Fred E. Fiedler(1967)는 지도자가 수행해야 할 상황의 효과적인 진단에 초점을 두고, 효과적인 수행을 위해선 모든 지도자가 상황의 본질을 이해하고 이 상황을 올바른 지도력 행위 또는 형태에 맞추어야 한다고 주장하고 있다. 한편 Robert J. House(1971)는 지도력 행위는 종속자의 특성이나 일의 본질을 조건으로 하며, 지도자의 목표를 이루기 위해선 종업원의 생산성과 만족에 장애가 되는 모든 방해물

---

37) 생산 중심적 지도자 행위(a production-centered leader behavior)는 업무 성취를 위해서 이미 사용된 종업원의 일과 방법을 강조한다.
종업원 중심적 지도자 행위(an employee-centered leader behavior)는 피고용인의 개인적 필요와 상호 인간관계의 발전을 강조한다.

을 제거하고 지도자의 행위 자체를 상황에 맞추어야 한다고 제시한다. 그리고 V. Vroom과 P. Yetton(1973)은 지도자의 스타일이 어떻게 의사 결정의 질과 이에 대한 종속자들의 수락 여부에 영향력을 미치는가에 대한 분석에 초점을 두었으며, 결론으로 이러한 상황적 변수가 연대적 으로 그룹의 수행에 영향을 미치도록 지도자의 행위는 독재적인 것으로 부터 자발적인 것으로 유도되어야 한다고 판단하고 있다.

이러한 상황성 또는 우연성 이론의 발전과 더불어 지도자가 종속 자에게 미칠 수 있는 태도, 즉 지도력 형태(Leadership Styles)에 대한 연 구가 전개되었다. 대표적인 학자와 이론을 소개하자면, Robert Tannenbaum과 Warren Schmidt의 지도력 형태 연속체(Leadership‑Style Continuum),[38] Robert R. Blake와 Jane S. Mouton의 관리의 격자 (Managerial Grid),[39] William Reddin의 삼차원적 리더십 형태(Three‑ Dimentional Leadership Styles),[40] 그리고 Paul Hersey와 Kenneth Blanchard의 상황적 리더십 모델(The Situational Leadership Model)[41] 등

---

38) Tannenbaum과 Schmidt(1973)는 초기의 리더십의 특성 및 행위 연구에서 대별된 두 가 지 형태 — '보스 중심 지도력(Boss‑Centered Leadership)'과 '종속자 중심 지도력 (Subordinat‑Centered Leadership)' — 에서 착안하여 '리더십 형태 연속체(A Leadership ‑Style Continuum)'를 고안하였다. 일반적으로 장기적인 목적에서는 상황 요인의 광범위 함과 '종속자 중심 지도력'이 효과적이라고 주장하였다.

39) Blake와 Mouton(1985)의 '관리의 격자(Managerial Grid)'는 두 가지 차원 — 생산을 위한 관심(concern for production)과 사람을 위한 관심(concern for people) — 의 지도자 중 심으로 대별하여 연구하였다. 그들은 그룹 구성원의 참여와 위임과 이해 상충에 대한 해결 등을 통한 경영 효율성을 위한 리더십 스타일로 판단하고 있다.

40) William Reddin(1970)은 효과적인 리더의 형태를 지도자의 특성과 행위 및 우연성 이론을 기초로 하여 보다 구체적인 환경에 대한 상황적 요구에 결합시켜 세 가지 차원의 모델을 발 전시켰다. 최대의 효율성을 성취하기 위하여 참여자에게 다양한 리더십 스타일을 인식시킬 수 있고 리더를 특별한 상황에 적용할 수 있는 리더의 스타일을 훈련시킬 수 있도록 고안된 효과적 형태를 제시하였다.

41) Hersey와 Blanchard(1988)의 상황적 리더십 모델(The Situational Leadership Model)은 두 가지 지도자의 행위 — 일 [중심] 행위(task behavior)와 관계 [중심] 행위(relationship behavior) — 를 축으로 하여 네 가지 지도력 형태 — 직접적 스타일(directing style), 코칭 스타일(coaching style), 지원 스타일(supporting style) 그리고 위임 스타일(delegating

을 들 수 있다. 특히 Hersey와 Blanchard (1988)의 '상황적 리더십 모델'은 '지도력 형태 연속체', '관리의 격자', '삼차원적 리더십 형태'의 틀을 복합·확장한 이론으로 리더십 효과를 위한 해결책은 적합한 리더십 스타일을 적합한 사람과 상황에 조화시키는 데 있다고 제시한다.

위에서 소개한 지도력의 개념과 이론을 정리해 본다면, 효율적인 리더십은 리더의 특질이나 행위 그리고 다양한 상황적 내지 조건적 요인과 상호 작용을 이루면서 지도자와 종속자 간에 조화로운 관계를 유지하고 건전한 조직 문화를 발전시켜 나갈 때 이루어질 수 있으리라 믿는다. 이와 더불어 윤리적 가치 표준을 정립하는 일은 건전한 조직 문화 조성을 위해 가장 필요한 요소이다. 이런 중요성에 기인하여, 다음 절에서 조직 문화와 윤리적 가치의 개념을 논의할 것이다.

2. 조직 문화와 윤리적 가치

앞 절에서 고찰해 보았듯이, 지도자의 특성과 행위 및 조직의 제반 상황과 환경은 조직 문화를 창출 또는 변화시키는 주요한 요소이다. 특히 지도자는 조직 문화를 관리하고 혁신시킬 수 있는 가장 중요한 내적

---

style) ― 를 추종자의 일과 심리적 성숙도에 따라 측정하고 있다. 즉 상황적 리더십 이론은 지도자의 스타일이 사람과 상황에 따라 달라져야 함을 특히 강조하고 있다. 이 이론은 1980년대 미국의 교육행정학 분야에 도입되어 현재에도 학교 행정에 적용되고 있다.

교육행정에 관련된 연구로서는: Paul Hersey, Arrigo L. Angelini and Sofia Carakushartsky, "The Impact of Situational Leadership and Classroom Structure of Learning Effectiveness", Group and Organization Studies, 7(1982), pp.216 - 224, Salvatore V. Pascarella and Fred C. Lunenburg, "A Field Test of Hersey and Blanchard's Situational Leadership Theory in a School Setting", College Student Journal, 21(1988), pp.33 - 37, 그리고 Bob Webb, "Situational Leadership: The Key Is Knowing When to Do What", Executive Educator, 12(1990), pp. 29 - 30 등을 들 수 있다.

요인이나, 실제적으로 지도자는 조직의 일원으로서 조직 문화에 포함되어 있는 하나의 실체라고 볼 수 있다. 이런 맥락에서 볼 때, 지도자의 리더십은 조직 문화에 있어서 가장 핵심적인 내적 가치로 간주될 수 있다. 실로 조직 문화는 문화만큼 다양한 의미와 개념으로 학문적 논쟁의 주제가 되어 오고 있으나,42) 일반적으로 조직 문화는 조직 구성원에 의해서 공유된 신념과 기대의 한 양상으로 정의되며(Schwartz and Davis, 1981), 조직의 리더나, 전례와 의식, 사회적 가치나 규범 그리고 의사 교환 등이 조직 문화 창조의 핵심적 요소로 간주되고 있다(Deal and Kennedy. 1982).

조직에 있어서 문화를 조성하는 가장 중요한 가치의 하나는 윤리적 가치(ethical values) 이다(Daft, 1992, p. 326). 윤리적 가치의 기본적 개념은 윤리(ethics)와 가치(values)에 대한 개별적 의미를 고찰함으로써 파악할 수 있다. 서양에서 윤리(ethics)의 어원은 '에소스($\varepsilon\theta\dot{o}s$)'에서 유래되는바, '에소스'는 습관이나 관습을 뜻하고 있다(Liddell and Scott, 1995, p. 226). 이런 맥락에서 볼 때, 윤리는 오랜 도덕적 관습에 바탕을 둔 옳고 그름에 대한 개인과 사회의 행위와 책임을 규정하는 도덕적 원리와 가치의 규범이라 간주할 수 있다. 그리고 가치는 이성적 판단이나 인간의 본질 및 기타 권능에 의해 어떤 독립된 관점으로부터 지도되고 교정될 수 있도록 제시된 선택 기준이다. 따라서 윤리적 가치(ethical values)

---

42) 조직 문화의 개념은 지난 1980년대를 전후로 하여 서구의 많은 학자들에 의해서 상당한 학문적 논쟁의 주제로 다루어져 다양한 접근 방법으로 연구되어 오고 있다. 대표적인 학자로는 Barley, Meyer and Gash, 1988, Martin and Siehl, 1983, Ott, 1989, Smircich and Calas, 1987, Deal and Kennedy, 1982, Hofstede, 1980, Van Maanen and Barley, 1984, Argyris and Schön, 1978, Schein, 1992 등을 들 수 있다.
E. H. Schein(1992)은 그의 저서 "조직 문화와 지도력(Organizational Culture and Leadership)" pp. 3 - 15에서 조직 문화의 개념에 대한 다양한 정의를 소개하고 있다. 몇몇 정의를 예로 들자면, 신봉된 가치(espoused values)(Deal and Kennedy, 1982), 분배된 의미(Shared meanings)(Smircich, 1983, Van Maanen and Barley, 1984), 게임의 규칙(rules of the game)(Schein, 1978, Ritti and Funkhouser, 1982) 등이다.

란 행위나 의사 결정에 있어서 도덕적 원리와 규범으로서 무엇이 옳고 그른가에 대한 표준을 정하는 주관적 개념이다(Shea, 1988, Trevino, 1986). 또한 윤리적 가치의 표준이나 행위는 단순히 법제화된 것뿐만 아니라 법규(the rule of law)가 포함하지 못한 도덕적 상식의 범주를 내포하고 있다(Daft, 1992, p. 326).

조직에서 윤리적 가치는 개인과 그룹의 윤리적 행위와 표준을 나타내며 경영 윤리(managerial ethics)와 사회적 책무(social responsibility)의 원칙과 규범을 제시하는 것이다. 특히 리더는 건전한 조직 문화 창조를 위한 문화적 · 윤리적 가치 기준을 설정하고 상징적 경영자(symbolic managers)[43] 또는 도덕적 경영자(moral managers)[44]로서 문화적 지도력 (cultural leadership)[45]을 지니며 발휘해야 할 필요가 있다.

즉 지도자는 자신의 문화적 · 윤리적 특성을 발전시키고 조직에 자신의 신념과 행위와 윤리적 특질을 주입시켜 조직 문화를 창조하며 변화시킬 수 있는 경영 윤리와 보편적인 사회 책무가 요구된다. 이런 관점에서 볼 때, 광의적으로는 조직의 궁극적 사명 성취와 보편적 사회 가치 실현을 위해 리더십과 조직 문화 및 윤리적 가치는 상호 불가분의 관계로 공유하고 있으나, 협의적으로는 리더십과 윤리적 가치는 도덕적 경

---

43) Richard L. Daft(1992)에 의하면, 상징적 경영자(symbolic managers)는 법인 조직의 가치에 영향을 미칠 수 있는 징후나 상징을 규정하며 사용한다고 주장하면서, 조직 가치 (Organizational values)를 위한 명확한 비전(vision)에 의해서 문화적 · 윤리적 가치에 영향을 끼치는 사람으로 규정하고 있다(p. 330).

44) R. L. Daft(1992)는 그의 저서 "조직 이론과 디자인(Organization Theory and Design)"에서 Clarence C. Walton의 이론을 인용하여, 도덕적 경영자(moral managers)는 명확한 윤리적 관념을 지닌 자로서 윤리적 철학이나 구조를 연구함으로써 윤리적 개념을 발전시킬 수 있으며, 훌륭한 도덕적 특성을 구현한 리더십 아래 성공적인 조직을 유지하고 최선을 다할 수 있다고 기술하고 있다.

45) Harrison Trice와 Janice Beyer(1993)는 조직에 있어서 네 가지 유형의 문화적 리더십 (Cultural Leadership)을 주장하고 있다. 즉 지도자는 조직의 문화와 가치를 창조하고, 구현하며, 변화시키거나 통합할 수 있다는 것이다.

영자 또는 문화적 지도력에 필수적 요소이며 조직 문화를 구성하는 가장 중요한 가치이자 규범으로 간주할 수 있다. 그러므로 조직 문화라는 범주 내에 윤리적 가치와 리더십이 공유하고 있다고 말할 수 있다.

이상과 같이 본 장에선 리더십과 조직 문화 및 윤리적 가치의 개념을 서구 학자들의 조직 이론을 중심으로 고찰하였으나, 다음 장에서는 공자와 아리스토텔레스의 사상을 중심으로 교육행정학의 조직론적 관점에서 그들이 주장하고 있는 리더십과 조직 문화의 핵심적 가치인 윤리적 가치를 고찰하고 이에 대한 공통점과 상이점을 비교하고자 한다.

Ⅳ

리더십과 조직 문화에 있어서 윤리적 가치: 공자와 아리스토텔레스의 사상을 중심으로

1. 공자의 논어와 아리스토텔레스의 윤리학 및 정치학에 나타난 리더십

공자의 논어에서 리더십에 대한 개념은 '다스림(政 또는 治)'에서 그 뜻을 설명할 수 있다. 논어 전반에 걸쳐 다스림에 대한 정의나 본질이 부분적으로 언급되고 있으나 특히 위정, 옹야, 안연, 자로, 위령공편에서 자주 논의되고 있다. 본고에서는 먼저 안연, 자로 및 위정편에서 공자와 그의 제자들이 문답식으로 토의한 '다스림(政)'에 대한 기본적 개념을 고찰한 후 논어에서 제시된 리더의 특성 및 행위적인 면을 논의하고자 한다.

공자는 안연편(顔淵篇)에서 '다스림(政)'에 대한 제자들의 물음에 '바르게 하는 것'(제17장: ……政者正也), '성실히 행하는 것'(제14장: ……行之以忠), 다스리는 자는 다스리는 자로서 추종자는 추종자로서 도리를 다하는 것(제11장)46)으로 대답하면서 '다스림'의 필수 조건은

'물량이 풍부하고 군비가 넉넉하며 사람들이 지도자를 신뢰하는 것'(제
7장: 足食 足兵 民信之矣)이라고 주장하고 있다. 또한 공자는 올바른 다
스림에 대한 제자들의 질문에 '사람들에게 본을 보이고 성실하게 시종
일관 행하라'(子路篇 제1장: 先之勞之), '가까운 사람이 기뻐하고 멀리
있는 사람이 다시 찾아오게 하라'(子路篇 제16장: 近者說遠者來), 지도
자가 먼저 선하고자 하라(顔淵篇 제19장)[47] 그리고 지도자는 추종자들
에게 진지한 태도를 취하되 충실함과 선함을 지니라(爲政篇 제20장)[48]
고 권고하고 있다.

　위에서 나타난 공자의 '다스림(政)'에 대한 정의는 문자 그대로 가
볍게 쳐서(攴) 올바르게 하는 것(正)으로, 환언하자면 지도자의 올바른
몸가짐과 성실한 행동으로 사람들을 올바로 이끄는 것이라고 설명할 수
있다. 먼저 지도자 자신이 덕을 겸비하고 올바르게 행하여 사람들을 편
하게 할 것(憲問篇 제45장: 脩己以安人)을 주장하고 있다. 이에 대해 공
자는 지도자의 윤리적 특성과 행위를 강조하면서 지도자의 올바른 행
위,[49] 즉 정명(正名)은 다스림에 있어서 첫 번째로 고려되어야 하며(子
路篇 제3장: 必也 正名乎), 모든 다스림은 '정명(正名)'이 시작이요 끝이
라고 주장한다. 그는 법의 굴레에서 다스려지는 법치주의보다는 덕이
중심이 된 덕치주의를 더 강조하고 있다.[50] 따라서 지도자는 예를 숭상
하고(憲問篇 제44장: 上好禮則民易使也) 덕을 고려해야 한다(里仁篇 제
11장: 君子懷德……)고 역설하고 있다.

---

46) 君君, 臣臣, 父父, 子子. 顔淵篇 第11章(Legge, 1971, p. 256)
47) …… 子欲善 而民善矣……. 顔淵篇 제19장(Legge, 1971, p. 259)
48) …… 臨之以莊, 則敬, 孝慈, 則忠, 擧善而敎不能, 則勸. 爲政篇 제20장(Legge, 1971,
　　p. 152)
49) 其身正, 不令而行, 其身不正, 雖令不從. 子路篇 제6장(Legge, 1971, p. 266)
50) 爲政篇 제1장(Legge, 1971, p.145): 爲政以德……. 爲政篇 제3장(ibid., p. 146):
　　……道之以德 齊之以禮…….

특히 공자는 중용(中庸)의 덕성을 강조하면서 중용이야말로 완전한 덕성이라(雍也篇 제27장: 中庸之爲德也)고 설파하고 있다. 이런 맥락에서 지도자는 온유하면서도 근엄하고 위세가 있으나 사납지 아니하고 공손하나 군색하지 않으며(述而篇 제37장: 子溫而厲 威而不猛 恭而安), 그의 말은 확고하며 결정적이어야 한다[51]고 주장한다. 실로 논어에서 중국인들이 극히 중시해 온 전통 사상의 하나인 중용(中庸)은(陳大齊, 1970. p. 115) 정명(正名)과 더불어 지도자가 지녀야 할 필수적 요소로 제시되고 있다.

또한 공자는 논어에서 지도자와 종속자의 행위적 관계에 대해서도 언급하고 있다. 예를 들자면 지도자는 중간 계층 관리자를 선례에 따라 선임하고, 관리자는 지도자를 충성으로 받들어야 하며,[52] 지도자를 공경하는 것은 곧 번영에 이르는 길이요 지도자를 경멸하거나 경시하는 것은 곧 패망에 이르는 길임(子路篇 제15장)을 암시하면서, 지도자에게는 도덕적 리더십의 개발을 권고하며 종속자에게는 충성과 공경의 덕목을 갖출 것을 가르치고 있다. 이를 조직론적 관점에서 본다면, 공자는 지도자가 되기 위해선 먼저 윤리적 경영자로서의 자질을 겸비하는 것을 선결 조건으로 제시하고 있으며, 이를 바탕으로 한 수직적 조직 구조를 권고하면서도 상호호혜적(相互互惠的)인 조직 관계를 주장하고 있다고 볼 수 있다.

위에서 고찰한 것을 요약해서 말한다면, 공자는 리더십이 덕치주의적 관점에서 상호호혜적 관계로 이루어져야 함을 주장하고 있다. 이를 위해선 지도자의 도덕적 덕성의 개발이 우선적으로 요구되며 추종자는 충(忠), 성(誠), 경(敬)의 덕목을 바탕으로 지도자를 받들어야 함을 권고

---

51) 君子有三變, 望之儼然, 卽之也溫, 聽其言也厲. 子張篇 제9장(Legge, 1971, p. 342)
52) ……君使臣以禮, 臣事君以忠. 八佾篇 제19장(Legge, 1971, p. 161)

하고 있다. 이는 곧 사람을 사랑하는 사상(學而篇 제5장: 而愛人 使民以時)이 다스림(政)의 근본적 뿌리가 되어야 하며, 덕치주의는 그 줄기가 되어야 함을 제시하고 있다.

이러한 관점에서 볼 때, 공자가 권고하고 있는 지도력은 서구의 조직 이론 학자들이 주장하는 주제별 이론의 — 특성, 행위, 우연성(상황) — 어떤 특정적 분야 또는 모델에 전적으로 부합되는 것을 발견할 수 없으나, 지금까지 논의한 것을 토대로 고려해 볼 때, 대체적으로 논어에서 나타난 지도력의 유형은, 추종자에게 공경과 복종을 요구하는 면에서는 카리스마적 리더십을 강요한다고 간주할 수 있으나, 긍정적인 도덕적 가치와 인간애가 중심이 된 주종관계에선 변형적 리더십에 더욱 근접한다고 볼 수 있다. 그리고 행위적인 면에선 오하이오 연구에서 제시된 고도의 두 행위적 차원 — 높은 주도적 구도와 고려 사항 — 에서 비슷한 유형을 결부시킬 수 있다. 왜냐하면 지도자가 모든 것을 실행 관장하지만 종속자에게 신뢰와 온정을 나타내고 복지를 도모하는 지도자의 높은 행위적 차원을 강조하기 때문이다. 또한 상황적 리더십 모델에서 고려한다면, 일 중심 행위보다는 관계 중심의 지도자 행위로 직접적 스타일이나 코칭 스타일에 근접하고 있다고 평가할 수 있다. 왜냐하면 덕치(德治)와 인애(人愛)가 중심이 된 리더십을 강조하고 있기 때문이다. 한편 공자가 논어에서 일반적으로 '다스림'에 대한 본질적 문제를 거론한 것과는 달리, 아리스토텔레스는 정치학에서 '다스림(정치 또는 행정)', 즉 '폴리테이아($\pi o \lambda \iota \tau \varepsilon \iota \alpha$: politeia)'에 대해 구체적인 이론을 제시하고 있다. 아리스토텔레스는 정치학(Politics) 제3권 3장에서 '인간은 본질적으로 정치적 동물'(1178b 19 - 20)이라고 전제하면서 국가의 목적은 인간의 사회적 본능을 만족시키기 위함뿐만이 아니라 인간이 행복한 생활을 할 수 있도록 하는 데 있다(1178b 6 - 29)고 기술하고 있다. 국가를 하나의 조직체로 간주할 때 이러한 목적은 곧 조직의 궁극적 목적으로 해석될 수 있을 것이다. 본고에서 저자는 아리스토텔레스의 니코마쿠스 윤리학 및 정치학에서 논의된 국가 개념과 정체 혹은 정치의 형태와 본질을 조직론적 관점에서 조직의 개념과 리더십의 스타일과 본질의 표상으로 해석하고자 한다.

먼저 리더십의 개념과 형태를 고찰하기 위하여, 니코마쿠스 윤리학 및 정치학에서 나타난 리더십과 지도자의 특성을 논의하고자 한다. 니코마쿠스 윤리학 제8권 10장에서 가족 관계로 유추된 세 가지 종류의 정체 또는 조직은[53] 정치학 제3권부터 제6권에 걸쳐 보다 구체적이며 세부적으로 논의되고 있다. 즉 양호한 정체 또는 조직 형태로선 군주정체($\mu o\nu a\rho\chi i a$: monarxia), 귀족정체($a\rho\iota\sigma\tau o\kappa\rho a\tau i a$: aristokratia), 금권정체($\tau\iota\mu o\kappa\rho a\tau i a$: timokratia)이며 불량한 정체 또는 조직 형태로선 전제정체($\tau\nu\rho a\nu\nu i s$: turannis 또는 $\delta\epsilon\sigma\pi o\tau\epsilon i a$: despoteia), 과두정체($o\lambda\iota\gamma a\rho\chi i a$: oligarxia), 극단적 민주정체($\delta\eta\mu o\kappa\rho a\tau i a$: demokratia)를 제시하고 있다. 아리스토텔레스에 의하면 이상적인 정치 형태는 온정주의(paternal rule)를 바탕으로, 법의 정의가 구현될 수 있는 군주정체[54]를 주장하고, 군주 개인의 독주로 인한 전제정체[55] 내지 독재정체화의 잘못을 경계

---

53) 세 가지 종류의 정체로 군주정체, 귀족정체, 금권정체를 주장하면서, 군주정체는 부자 관계로, 귀족정체는 부부 관계로, 금권정체는 형제 관계로 유추하고 있으며(1160a 31 - 1161a 9), 최상은 군주정체요 최하는 금권정체라고 기술하고 있다.

54) 정치학 제3권(1284b 35 - 1285b 36)에서 5가지 형태의 군주정체가 아래와 같이 논의되고 있다.
   (1) 무용(武勇)(Spartan) 형태: 장수적인 지도자로 군주가 모든 일을 관장하는 조직 형태.
   (2) 야만(Barbarian) 형태: 법에 의한 세습적 전제 형태.
   (3) 선출적 독재(Aesymnetia) 형태: 선출된 독재자에 의한 전제적 권력 형태.
   (4) 영웅(Heroic) 형태: 법적이나 세습적인 영웅적 형태.
   (5) 절대 왕권(The Absolute Kingship) 형태: 법의 정의가 선결된 가장(家長)적 형태.

55) 전제정체는 전제 군주가 자신의 이익만을 추구하는 사악한 독재 형태로서 아리스토텔레스는 세 가지로 분류하고 있다(정치학 제4권 1295a 10 - 1295a 24).
   (1) 야만적 전제정체: 법에 의한 세습적 전제권력 형태.

하면서 중간 관리자에게 군주의 권력 및 권한의 일부를 분배하여 동등한 권한을 부여하는 것이 필연적이라고(정치학 제3권 1287a 1 - 1287b 35) 언급하고 있다. 그리고 귀족정체는 권력과 부로 다스리고 부부적 관계처럼 덕으로써 권력의 일부를 양도하지만 민주정체보다는 금권주의로 기울어진 형태이며 소수가 부와 권력을 점유하고 덕성으로 다스리지 못하면 과두정체[56]로 전락될 수 있다고 말한다.

그리고 금권정체는 계층적으로 평등하게 구분된 부에 의한 과두정체와 민주정체의 절충 형태이나 민주정체 쪽으로 기울어진 것으로(정치학 1293b 35 - 37), 덕의 부재가 수반된 빈자 위주의 만인 평등 및 자유는 통치 부재를 야기하는 극단적 민주정체[57]로 전락될 수 있음을 경계하고 있다. 아리스토텔레스에 의하면 최상의 민주정체는 자유와 평등을 근본으로 하는 농업적 민주정치(an agricultural democracy)로 행정관은 시민(농민)에 의해 선출되며 모든 시민이 참정권을 가진다고 설명하고 있다. 끝으로 아리스토텔레스는 정치학 제4권에서, 최상의 조직 또는 정체는 부자와 빈자 양자를 위한 중간 형태로 중간 계층이 다수가 되는 중산층을 위한 형태라고 주장한다(1296a 2 - 4, 1296a 6 - 9).

또한 아리스토텔레스는 정치학에서 최상의 조직 또는 정체와 더불어 지도자의 건전한 윤리적 특성과 행위를 강조하고 있다. 먼저 지도자는 충실성과 행정적 능력과 덕과 정의가 요구되며(제5권 1309a 32 - 37), 그리고 니코마쿠스 윤리학(NE)에선, 지도자에게 필요한 주요한 도덕적

---

(2) 선거에 의한 독재정체: 법에 의한 비세습적 전제권력 형태.
(3) 엄격한 전제정체: 비자발적 백성에 의한 법이 없는 독재권력 형태.

56) 과두정체는 세습적이며 소수 독재자가 부와 권력을 독점하고 법에 의해 통제되지 못하며 덕성으로 다스리지 않는 정치 형태(정치학 제4권, 1292a 39 - 1292b 21).

57) 민주정체의 네 가지 형태로는 농업적, 목가적, 상업적, 극단적 민주정치를 언급하고 있다(정치학 제6권 1318b 6 - 1319b 31, 제4권 1291b 35 - 1292a 8).

덕성으로 중용($\mu\varepsilon\sigma\acuteo\tau\eta$s: mesotes 또는 $\mu\acute{\varepsilon}\tau\rho\iota\alpha$: metria)을 제시하면서[58] (제2권 8장과 9장), 용기($\acute\alpha\nu\delta\rho\alpha\gamma\alpha\Theta\acute\iota\alpha$: andragathia)는 두려움과 자신감에 대한 중용이며[59](제3권 6장부터 9장), 절제($\sigma\omega\phi\rho\sigma\acuteo\nu\eta$: sophrosune) 는 쾌락($\acute\eta\delta\sigma\nu\acute\eta$)과 방종($\acute\alpha\kappa\sigma\lambda\alpha\sigma\acute\iota\alpha$)에 대한 중용이라고[60](제3권 10장부터 12장) 주장한다. 이와 더불어 관대함(NE., 제4권 1119b 20 - 21), 엄숙함(NE., 제4권 1122a 20 - 1123a 33), 적절한 긍지(NE., 제4권 1123a 34 - 1125a 35), 침착함(NE., 제4권 1125b 25 - 29) 등을 중용의 덕목으로 제시하고 있다.

그리고 행동에 관련된 지도자의 지적 덕성으로는 신중함($\varepsilon\acute\upsilon\beta\sigma\upsilon\lambda\acute\iota\alpha$: euboulia), 이해력($\sigma\acute\upsilon\nu\varepsilon\sigma\iota$s: sunesis), 판단력($\gamma\nu\acute\omega\mu\eta$: gnome)(NE., 제6권 9장부터 11장)을 강조하며, 윤리학(NE) 제7권에선 절제($\sigma\omega\phi\rho\sigma\acuteo\nu\eta$: sophrosune)와 온유함($\mu\alpha\lambda\alpha\kappa\acuteo$s: malakos)과 인내($\kappa\alpha\rho\tau\varepsilon\rho\iota\kappa\acuteo$s: karterikos) 를 강조하고, 반면에 피해야 될 행위로 사악함($\kappa\alpha\kappa\acute\iota\alpha$: kakia)과 비절제($\acute\alpha$ $\kappa\rho\alpha\sigma\acute\iota\alpha$: akrasia)와 야수성($\Theta\eta\rho\iota\acuteo\tau\eta$s: theriotes)을 규정하고 있다[61](NE., 제7권 1145a 15 - 19). 뿐만 아니라 조직 유지를 위한 지도자와 종속자

---

58) $\tau\rho\iota\tilde\omega\nu$ $\delta\acute\varepsilon$ $\delta\iota\alpha\beta\acute\varepsilon\sigma\varepsilon\omega\nu$ $\sigma\grave\upsilon\sigma\tilde\omega\nu$, $\delta\acute\upsilon\sigma$ $\mu\acute\varepsilon\nu$ $\kappa\alpha\kappa\iota\tilde\omega\nu$, $\tau\acute\eta$s $\mu\acute\varepsilon\nu$ $\kappa\alpha\beta'$ $\acuteo\pi\varepsilon\rho\beta\sigma\lambda\grave\eta\nu$ $\tau\grave\eta$s $\delta\acute\varepsilon$ $\kappa\alpha\tau'$ $\acute\varepsilon\lambda\lambda\varepsilon\iota\phi\iota\nu$, $\mu\iota\acute\alpha$s δ' $\acute\alpha\rho\varepsilon\tau\grave\eta$s $\tau\grave\eta$s $\mu\varepsilon\alpha\acuteo\tau\eta\tau\sigma$s, $\pi\acute\alpha\sigma\alpha\iota$ $\pi\acute\alpha\sigma\alpha\iota$s $\acute\alpha\nu\tau\acute\iota\kappa\varepsilon\iota\nu\tau\alpha\iota$ $\pi\omega$ s······(제2권 1108b 11 - 13: Grant, 1885, Vol. I, p. 509).
[세 가지 종류의 성질이 있는바 이들 중 둘은 각각 과도하거나 결핍을 내포하는 악과 그리고 덕성 곧 중용이며, 이 셋 모두는 어떤 의미에서 서로 대립된다.]

59) $\acuteo\tau\iota$ $\mu\acute\varepsilon\nu$ $\sigma\grave\upsilon\nu$ $\mu\varepsilon\sigma\acuteo\tau\eta$s $\acute\varepsilon\sigma\tau\iota$ $\pi\varepsilon\rho\grave\iota$ $\phi\acuteo\beta\sigma\upsilon$s $\kappa\alpha\grave\iota$ $\beta\acute\alpha\rho\rho\eta$, $\grave\eta\grave\sigma\eta$ $\kappa\alpha\grave\iota$ $\pi\rho\acuteo\tau\varepsilon\rho\sigma\nu$ $\varepsilon\acute\iota\rho\eta\tau\alpha$ ι······(제3권 1115a 7 - 8: Grant, 1885, Vol. II, p. 33).
[그것은[용기는] 이미 명백해진 두려움과 자신감에 대한 중용이다.]

60) ······$\acuteo\tau\iota$ $\mu\acute\varepsilon\nu$ $\sigma\grave\upsilon\nu$ $\mu\varepsilon\sigma\acuteo\tau\eta$s $\acute\varepsilon\sigma\tau\grave\iota$ $\pi\varepsilon\rho\grave\iota$ $\grave\eta\delta\sigma\nu\grave\alpha$s $\grave\eta$ $\sigma\omega\phi\rho\sigma\sigma\acute\upsilon\nu\eta$······ $\acute\varepsilon\nu$ $\tau\sigma\tilde\iota$s $\alpha\grave\upsilon\tau\sigma\tilde\iota$s $\delta\grave\varepsilon$ $\kappa\alpha\grave\iota$ $\grave\eta$ $\acute\alpha\kappa\sigma\lambda\alpha\rho\acute\iota\alpha$ $\phi\alpha\iota\nu\varepsilon\tau\alpha\iota$(제3권 1117b 24 - 27: Grant, 1885, Vol. II, p. 47).
[······절제는 쾌락에 대한 중용이며······ 방종 또한 마찬가지 양상으로 명확히 설명된다.]

61) ······$\acuteo\tau\iota$ $\tau\tilde\omega\nu$ $\pi\varepsilon\rho\grave\iota$ $\tau\grave\alpha$ $\grave\eta\beta\eta$ $\phi\varepsilon\upsilon\kappa\tau\tilde\omega\nu$ $\tau\rho\acute\iota\alpha$ $\acute\varepsilon\sigma\tau\acute\iota\nu$ $\varepsilon\iota\grave\iota\delta\eta$, $\kappa\alpha\kappa\acute\iota\alpha$ $\acute\alpha\kappa\rho\alpha\sigma\acute\iota\alpha$ $\Theta\eta\rho\iota\acuteo\tau\eta$ s. $\tau\grave\alpha$ δ' $\acute\varepsilon\nu\alpha\nu\tau\acute\iota\alpha$ $\tau\sigma\tilde\iota$s $\mu\acute\varepsilon\nu$ $\delta\upsilon\sigma\grave\iota$ $\grave\sigma\grave\eta\lambda\alpha'$ $\tau\grave\sigma$ $\mu\acute\varepsilon\nu$ $\gamma\grave\alpha\rho$ $\acute\alpha\rho\varepsilon\tau\grave\eta\nu$ $\tau\grave\sigma$ δ' $\acute\varepsilon\gamma\kappa\rho\acute\alpha\tau\varepsilon\iota\alpha\nu$ $\kappa\alpha\lambda\sigma\tilde\upsilon\mu\varepsilon\nu$(제7권 1145a 15 - 19): Grant, 1885, Vol. II, p. 193). [피해야 할 도덕적 상태는 세 가지가 있는바 사악함과 비절제와 야수성이다. 이러한 것들에 명확히 상반되는 두 가지 특징은 소위 하나는 덕이며 다른 하나는 절제이다.]

간의 행위적 관계에 대해선, 정치학(POL)에서 지도자와 중간 관리계층 간에 필요 불가결한 관계를 유지하되 중간 관리자에게 권한의 일부를 분배하고 책임 소재를 분명히 하며(제4권 1299a 3 - 1300b 11), 또한 지배자와 종속자 간에 상호호혜적 관계를 유지하되, 종속자는 어떤 개인이나 계층에 권력 집중을 허락지 말고, 지배자는 계층 억압을 경계하라고(POL, 제5권 1307b 26 - 1309a 32) 명시하고 있다.

위에서 고찰한 것을 서구의 조직 이론적 입장에서 평가한다면, 아리스토텔레스가 주장하는 리더십은 덕치와 법치주의 관점에서 온정주의적 관계를 강조하는 지도자 중심 지도력이나, 공자의 논어에서 나타난 것처럼 특성적으로는 변형적 리더십에, 행위적으로는 고도의 주도적 구도(initiating structure)와 고려 사항(consideration)에 근접한다고 판단할 수 있다. 왜냐하면 지도자 중심적 리더십을 강조하면서도 주종 간 덕성과 상호호혜적 관계를 중시하고 있기 때문이다. 이런 맥락에서 볼 때, 일 중심보다는 관계 중심 지도자 행위로 상황적 리더십 모델의 직접적 스타일과 코칭 스타일을 병행하고 있으나, 중간 계층 관리자에게 권한을 분배하고 위임하는 면에선 위임 스타일을 더욱 강조하고 있다고 평가할 수 있다.

2. 공자의 논어와 아리스토텔레스의 윤리학 및 정치학에 나타난 조직에 있어서의 윤리적 가치

앞 절에서 두 위대한 사상가가 제시하고 있는 리더십과 리더(leader)의 행위적 특성을 고찰하였으나, 본 절에선 조직 문화론적 관점에서 논어와 윤리학 및 정치학에서 나타난 윤리적 가치를 논의하고자 한다.

본고 제2장에서 언급한 것처럼, 공자의 교육 사상의 핵심은 개인적 목적으로서 자아의 덕성 개발을 통한 군자화(君子化) 내지 성현화(聖賢化)와 사회적 목적으로서 도덕적인 조화로운 사회 성취 및 덕치(德治) 국가의 건설이다. 따라서 도덕적 이상인인 성현(聖賢)이 되기 위한 이상적 인격을 갖추는 것이(楊碩夫, 1986, p. 65.) 논어에서 제시되고 있는 윤리적 가치의 궁극적 목표라고 볼 수 있다. '이상적 인격(理想的 人格)'을 곧 성현의 인도(仁道) 사상의 구현으로 간주할 때, 논어에 나타난 선비(士)와[62] 군자(君子)는[63] 성현 또는 인자(仁者)[64], 성인(成人)·성인(聖人)적 최고 이상, 즉 지선(至善), 지진(至眞), 지미(至美)를 향한 예비 단계라고 볼 수 있다(林永喜, 1976).

헌문편(憲問篇) 제13장에서 공자는 성인(成人)이란 지식과 무욕과 용기와 예지와 예악(禮樂)에 통달한 사람이라고 말하면서, 군자가 갖추어야 할 세 가지 덕목은 인(仁), 지(知), 용(勇)을 주장하고 있다.[65]또한 군자는 덕자(德者)(里仁篇 제11장: 君子懷德) 또는 의인(義人)(里仁篇 제16장: 君子喻於義)으로 표현되며, 군자로서의 행위적 표준으로 눈으로는 맑게 보려고 하며, 귀로는 분명하게 들으려고 하며, 얼굴은 온후한 표정을 나타내려 하며, 태도는 공손하게 나타내며, 말은 진실하게 하며,

---

62) 行己有恥……不辱君命……(子路篇 제20장: Legge, 1971, p. 271) [선비란 자신의 행위에 대해 부끄러움을 인식할 줄 알며 지도자를 욕되게 하지 않는 사람이다.]

63) 공자는 논어에서 군자에 대한 정의를 여러 번 언급하고 있으나 그중 대표적인 표현으로 "脩己以安人……"[다른 사람에게 안락함을 주기 위해 자신의 덕을 개발하는 사람](憲問篇 제45장: Legge, 1971, p. 292)을 들 수 있다.

64) 夫仁者, 己慾立而立人, 己慾達而達人……(雍也篇 제28: Legge, 1971, p. 194) [자신뿐만 아니라 다른 사람을 위해서도 완전한 덕성을 갖추기를 힘쓰며 자신의 도덕적 달성뿐만 아니라 타인의 도덕적 달성도 바라는 사람.]

65) 君子道者三, 我無能焉, 仁者不憂, 知者不惑, 勇者不懼…… (憲問 제30장: Legge, 1971, p. 286)

매사에 신중하며, 의문 나는 것을 묻고자 하며, 화를 자제하며, 이득을 헤아릴 시엔 올바른 것인가를 생각할 것을 제시하고 있다.[66]

본고 제3장에서 기술한 대로, 조직에서 윤리적 가치가 개인과 집단의 윤리적 행위와 표준을 나타내며 경영 윤리와 사회적 책무의 원칙과 규범을 제시하는 것이라고 주장할 때, 논어에서 언급된 군자의 덕목과 행위의 표준은 조직에서 개인의 윤리적 행위의 규범이 될 수 있을 뿐만 아니라 윤리적 경영자로서 리더(leader)의 윤리적 가치 기준 내지는 도덕적 특성을 제시하고 있다고 말할 수 있다. 특히 인(仁)이 모든 사람을 사랑하는 것이요 지(知)가 모든 사람을 아는 것(顔淵篇 제22장: ……問仁 子曰 愛人 問知 子曰 知人……)이라는 공자의 말을 수용한다면, 이 두 덕목은 중용과 더불어 개인과 조직의 그룹 양자에게 필수적인 윤리 가치로 간주될 수 있다. 왜냐하면 조직의 원활한 유기적 관계를 유지하기 위해선, 주종 간 서로를 이해하고 화목한 인간관계를 조성할 수 있는 대화와 개방이 필수 불가결하며, 경영의 합리화와 효율화를 위한 건전한 조직 문화 창조에 있어서 확고한 윤리 가치의 정립이 불가피하기 때문이다.

또한 논어에서 나타난 집단적 윤리 가치의 중요 덕목으로 예(禮), 의(義), 신(信), 성(誠), 충(忠), 효(孝), 경(敬), 서(恕), 정명(正名) 등을 들수 있으나, 일반적으로 예(禮), 의(義), 신(信), 성(誠)은 주종 간 상호호혜적 덕목으로서, 충(忠), 효(孝), 경(敬)은 종속자가 지도자 내지 상위자에게 나타내어야 할 상향적 덕목으로, 서(恕)와 정명(正名)은 지도자가 추종자 또는 종속자에게 수행할 수 있는 일방적 윤리 가치라고 간주할 수 있다. Daft(1992)의 경영 윤리학적[67] 관점에서 볼 때, 논어에서 나타난

---

66) 孔子曰. 君子有九思. 視思明. 廳思聰. 色思溫. 貌思恭. 言思忠. 事思敬. 疑思問. 忿思難. 見得思義. (季氏篇 제10장: Legge, 1971, p. 314)

덕목은 개인적 윤리 범주인 신조와 가치, 도덕적 개발, 윤리적 틀로서의 역할을 수행하는 요소일 뿐만 아니라, 조직 문화의 의례와 상징적 요소로서 또한 조직 제도의 규칙과 윤리 규범적 요소로서 평가될 수 있다. 끝으로 공자의 논어에서 나타난 윤리적 가치는 군자나 성현의 포괄적 의미에서 찾아볼 수 있듯이 주종 간 상호부조적(相互扶助的)인 배분적 정의를 내포하고 있다고 확대 해석할 수도 있으나, 궁극적으로는 주종 간 상호호혜적 관계에서 도덕적인 삶을 향유할 수 있도록 권고하고 있다고 평가할 수 있다.

한편, 공자가 논어에서 윤리적 가치의 궁극적 목표를 도덕적 이상상인 성현(聖賢)이 되기 위한 이상적 인격을 갖추는 것에 두었듯이, 아리스토텔레스도 니코마쿠스 윤리학에서 삶의 궁극적 목표는 '유다이모니아(εὐδαιμονία: eudaimonia)', 즉 행복이라 고 간주하고,[68] 행복은 완전한 덕성에 따른 정의의 활동이기에 덕의 본질을 먼저 고찰해야 한다고[69] 주장한다. 실로 참된 행복은 지혜와 덕성에 기인하는 것이므로 외적 소유물에 기인하는 것은 아니나 도덕적 생활을 위한 도구로써 외적 소유물을 갖추어야 한다는 것이다.[70] 이런 맥락에서 볼 때 아리스토텔레

---

67) Daft(1982)에 의하면, '경영 윤리학(managerial ethics)'은 도덕적인 면에서 경영자의 옳고 그름에 대하여 경영자의 의사결정권이나 행위를 지침해 주는 원리(p. 326.)라고 정의하고 있으며, 경영 윤리학은 크게 세 분야를 내포하고 있다. 즉 개인적 윤리, 조직 문화, 조직 제도이다. 특히 개인적 윤리는 공리 이론(utilitarian theory), 개인적 자유(personal liberty) 및 배분적 정의(distributive)의 윤리적 틀을 포함한다.

68) ⋯⋯τί ἐοτιν οὖ λένομεν τὴν πολιτικήν ἐφίεοθαι καί τί τὸ πάντων ἀκρότατον τῶν πρακτῶν ἀγαθῶν⋯⋯ τὸ δ' εὐ ζῆν καί τὸ εὐ πράττειν ταὐτὸν ὑπολαμβάνουοι τφ εὐδαιμονεῖν⋯⋯(NE., 제1권 1095a 16 - 19: Grant, 1885, Vol. I, pp. 430 - 31)[정치적 지식이 목적으로 하는 것은 행동에 의해 이룰 수 있는 모든 선의 지고(至高)인 것이다. ⋯⋯ 잘사는 것과 행복과 더불어 사는 것은 동일한 개념이다.]

69) Ἐπεί δ' ἐοτίν ἡ εὐδαιμονία ψυχῆς ἐνέργεια τις κατ' ἀρτὴν τελείαν, περί ἀρετής ἐπιοκεπτέον τάχα γάρούτως ἀν βέλτιον καί περί τῆς εὐδαιμονίας θεωρήοαομεν. (NE., 제1권 1102a 5 - 7: Grant, 1885, Vol. I, pp. 472 - 73) [행복이 완전한 덕성에 따른 영적 활동이기에 덕의 본질을 고려해야만 한다. 이럴 때 우리는 행복의 본질을 더 잘 알 수 있게 될 것이다.]

스의 윤리적 가치의 궁극적 목표는 행복이라고 볼 수 있다.

아리스토텔레스는 니코마쿠스 윤리학에서 덕을 지적인 것과 도덕적인 것으로 대별하면서 지적 덕성으로 과학적 지식(ἐπιστήμη: episteme)(제6권 1139b 18 - 1139b 34), 기술(τέχνη: techne)(1140a 1 - 1140a 24), 실질적 지혜(φρόνησις: phronesis)(1140a 25 - 1140a 30), 직관적 이성(voύs: nous)(1140b 31 - 1141a 8), 철학적 지혜(σοφία: sophia) (1141b 2 - 3)를 제시하고, 도덕적 덕성으로는 중용(μεσότης: mesotes)과 절제(σωφροσύνη: sophrosune)와 정의(δικαιοσύνη: dikaiosune)를 기술하고 있다. 또한 니코마쿠스 윤리학 제5권에서 정의를 보편적 정의 (universal justice)와 특별 정의(particular justice)로 대별하고, 전자는 덕 (德)과 동연(同延)하는 것으로 모든 법률과 도덕률을 내포하는 것임에 반하여, 후자는 덕의 행위 중에서 한 특징적인 국면만이 해당되며 공정함과 평등에 입각하는 것으로 서술하고 있다. 특별 정의는 다시 배분적 (distributive) 정의와 정명적 정의(rectificatory justice)로 구별되고 있는바, 배분적 정의는 정체에 참가한 사람들 간에 명예나 금전 등에 관한 분배를 등비 비례(geometrical proportion)에 의하고 있으며, 정명적 정의는 민법적 사건에 적용된 정의로서 잘못에 대한 처벌이 아닌 배상에 대한 것으로 산술적 진행(arithmetical progression)에 의하고 있다(NE., 제5권 2-4장). 또한 윤리학 제5권에서, 아리스토텔레스는 정치적 정의(political justice)를 자연적 내지 법적인 것으로 주장하면서(1134b 18 - 1135a 14), 공정함(equity)을 법적 정의의 수정 형태로 제시하고 있다(1136b 31 -

---

70) ······ὁρῶντασ ὅτι κτῶνται καὶ φυλάττουσιν οὐ τὰς ἀρετὰς τοῖς ἐκτὸς ἀλλ' ἐκεῖνα ταύταις, καὶ τὸ ζῆν εὐδαιμόνυς, εἴτ' ἐν τῷ χαίρειν ἐστιν εἴτ' ἐν ἀρετῆ τοῖς ἀνθρωποις εἴτ' ἐν ἀμφοῖν, ὅτι μᾶλλον ὑπάρχει τοῖς τὸηβοσ μὲν καὶ τὴν διάνοιαν κεκοομημένοις εἰς ὑπερβολήν, περὶ δὲ τὴν ἕξω κτῆοιν τῶν ἀαχαβῶν μετριάζουοιν, ἢ τοῖς ἐκεῖνα μὲν κεκτημέενοις πλεῖω τῶν χρησίμων ······(Susemihl & Hicks, 1984, pp. 472 - 73)

1138a 3). 이렇듯 정의는 중용, 절제, 용기 등과 더불어 아리스토텔레스의 가장 중요한 도덕적 덕목으로 강조되고 있다.

위에서 언급한 지적 및 도덕적 덕목들은 조직론적 관점에서 볼 때 개인의 윤리적 규범과 지도자로서 겸비해야 할 윤리적 · 도덕적 가치를 나타내고 있다. 특히 본고에서는 니코마쿠스 윤리학 제8권에서 행복과 정의의 개념을 바탕으로 기술한 '교우($\phi\iota\lambda\delta\tau\eta\varsigma$: philotes)'의 세 가지 유형을 경영 윤리학적 관점에서 대인적 윤리 가치의 전형으로 간주한다. 제8권에서 제시된 세 가지 유형의 '교우(friendship)'는 '공리'와 '권위'와 '덕성'에 바탕을 둔 것으로서, 첫째 유형은 실용성 본위로 덕성과 기쁨이 부족하고, 둘째는 공익과 덕성을 동시에 만족시키기 어려우며, 셋째는 공평함을 기하기 어렵다고 설명하고 있다(1158a 1 – 1158b 12). 이에 덧붙여 참된 교우는 상호 진실한 덕성으로 동등한 호의와 기쁨을 나누는 것(1157b 35 – 40)이라고 기록하고 있다. 이를 근거로 본고의 저자는 이 세 가지 형태의 덕성을 공리 이론과 배분적 정의라는 사회 윤리학 이론의 초안으로서 아리스토텔레스의 경영 윤리학의 실제적 모형으로 강조한다.

특히 공자가 주종 간 상호호혜적 관계를 주장한 것처럼, 아리스토텔레스도 상호호혜적 친화를 강조하면서(NE., 제8권 1158b 12 – 19) 친화의 내적 본질로서 자애와 호의와 합의와 자선을 제시하고 있다(NE., 제9권 1166a 1 – 1169b 3). 저자는 이 네 가지 요소를 조직에 있어서 주종 간 대인(對人) 관계를 조화롭게 하여 조직 문화의 신봉된 가치(espoused values)와 분배된 의미(shared meaning)의 역할을 할 수 있는 핵심적 윤리 가치라고 판단한다.

끝으로 위에서 논의된 문제를 토대로 윤리적 가치 기준을 조직 문화의 관점에서 요약하자면, 공리와 사회 정의 및 화목과 지적 내지 윤리적 덕성이 개인과 국가사회 조직의 행복한 생활을 위한 신봉된 가치와 철학으로 경영 윤리학의 핵심을 이루고 있다고 평가할 수 있다.

V

요약 및 결론

　지금까지 저자는 본 연구에서 제시된 질문을 서술적 내용 분석 방법으로 고찰하였다. 먼저 이론적 배경으로서 공자와 아리스토텔레스의 교육 사상을 논의하였다. 두 철학가의 공통된 교육 사상은 덕성의 함양과 인성의 개발을 통한 개인의 자아실현과 이를 토대로 한 도덕 사회와 이상 국가의 건설로 평가하였다.

　다음으로, 리더십(leadership)과 조직 문화(organizational culture) 및 윤리적 가치(ethical values)의 기본적 개념과 관계를 서구 학자들의 이론을 빌려 파악하였다. 저자는 리더십은 지도자와 종속자 간에 달리 분배된 영향력과 권위 내에서 형성된 상호 작용이며, 조직 문화란 조직의 지도자나, 전례와 철학, 사회적 가치나 규범 등이 핵심적 요소를 이룬 조직 구성원에 의해서 공유된 신념과 가치의 양상이며, 그리고 윤리적 가치는 개인과 조직의 윤리적 행위와 표준을 나타내며 경영 윤리와 사회적 책무의 원칙과 규범을 제시하는 것으로 규정하였다. 이들 세 항목의 관계에 대해서 저자는 리더십과 윤리적 가치는 도덕적 경영학 또는 문화적 지도력에 필수적 요소이며 조직 문화를 구성하는 가장 중요한 가치이자 규범인 까닭에 조직 문화의 범주 내에 리더십과 윤리적 가치가 공존하고 있다고 판단하였다.

세 번째로, 공자의 논어와 아리스토텔레스의 윤리학 및 정치학에 나타난 이상적인 리더십으로서, 저자는 공자의 리더십은 덕치주의의 관점에서 주종 간 호혜적인 관계로 이루어진 상호 작용으로서 지도자가 모든 것을 실행하고 관장하지만 종속자에게 신뢰와 온정을 나타내고 복지를 도모하는 지도자의 높은 도덕성이 중심이 된 행위적 차원으로 평가하였다. 그리고 아리스토텔레스의 리더십은 덕치와 법치주의의 관점에서 온정주의적 관계를 강조하는 지도자 중심 지도력을 나타내지만, 주종 간 덕성과 상호호혜적 관계를 중시하며 중간계층관리자에게 권한을 분배하고 위임하는 위임 스타일(delegating style)을 제시하고 있다고 판단하였다.

본고 제4장 1절에서 논의된 내용을 토대로 하여 리더십의 유사성과 차이점을 간략하게 말하자면, 이들 두 사상가가 암시하고 있는 리더십의 유사성은 덕치주의 사상이 중심이 된 지도자 중심적 리더십으로서 높은 도덕성이 요구되는 주종 간 상호호혜적 관계를 중시하는 것이며, 차이점으로선 공자가 충(忠), 성(誠), 경(敬), 효(孝) 등의 덕목을 바탕으로 추종자에게 공경과 복종을 요구하는 반면에, 아리스토텔레스는 정의와 평등의 덕목을 바탕으로 어떤 개인이나 계층에 권력 집중을 허락하지 않으며 중간 관리계층에 권한을 분배하고 위임할 것을 제시하고 있다고 평가한다. 그리고 리더의 특성에 관한 유사성은 두 사상가 모두 높은 도덕적 덕목, 즉 중용이나 정명 (正名) 혹은 정의 등을 강조하고 있으며, 행위적으로도 온정주의와 높은 지적 · 도덕적 덕목을 바탕으로 하는 덕치주의를 표방하고 있다고 본다. 차이점으로는 서구의 상황적 리더십 모델의 견지에서 볼 때, 공자가 직접적 스타일(directing style)을 중심으로 코칭 스타일(coaching style)을 병행하고 있다면, 아리스토텔레스는 직접적 스타일을 중심으로 위임 스타일(delegating style)을 병행하고 있다고 판단할 수 있다.

끝으로 저자는 위의 두 철학가의 사상에서 나타난 윤리적 가치(ethical values)를 논어와 윤리학 및 정치학을 통하여 조직론의 문화론적 관점에서 다음과 같이 평가하였다. 공자가 제시하고 있는 윤리적 가치의 목표를 도덕적 이상인인 성현(聖賢)이 되기 위한 이상적 인격 곧 인도(仁道) 사상의 구현으로 판단하였으며, 그리고 아리스토텔레스는 윤리적 가치의 궁극적 목표를 외적 소유물이 도구로 구비된 지혜와 덕성에 기인하는 행복한 삶의 실현으로 보았다. 본고에서 고찰된 내용을 바탕으로 두 사상가가 제시한 윤리적 가치의 유사성과 차이점을 언급하자면, 먼저 유사성으로선 지도자 내지 이상인이 갖추어야 할 윤리적 가치로 높은 도덕적·지적 덕목을 제시하고 있는 점이다. 즉 공자는 인(仁), 지(知), 용(勇), 예(禮) 등의 덕목을 주장하고 있으며, 아리스토텔레스는 공리와 권위와 자제와 지혜 등의 덕목을 강조하고 있다. 한편 차이점으로서 공자는 주종 간 상호호혜적 또는 상호부조적(相互扶助的) 관계에서 도덕성이 중심이 된 도덕적 인간 생활에 대한 윤리적 가치 기준을 권고하고 있으나, 아리스토텔레스는 공리와 사회 정의 및 덕성이 행복한 생활을 위한 신봉된 가치와 철학으로 경영 윤리학의 핵심적 요소라고 평가하고 있다.

본고에서 고찰된 문제가 한국의 교육행정학가들에게 건전한 리더십의 정립과 교육행정 기관 및 교육 기관의 건실한 조직 문화 창조 및 변혁을 위한 이상적인 지도력과 조직 문화의 핵심적 요소인 윤리 가치 정립의 이론적 패러다임(paradigms)으로서 권고되기를 바란다. 마지막으로 저자는 본 연구에서 평가된 이론적 패러다임을 바탕으로 피상적이고 개괄적이나마 교육행정의 실제적 적용을 위한 몇 가지 제언을 하고자 한다.

첫째, 교육행정가—교육 정책 입안가 및 교육행정 실무자—의 수직적 권위주의적 태도와 사무 중심의 관료적 합리화의 지도력에서 벗어나 종속자에게 온정주의적인 수평적 · 개방적 태도로 신뢰와 사랑을 나타내고 복지를 도모하는 높은 도덕성을 바탕으로 한 종속자 중심의 행위적 차원의 리더십이 요구된다.

둘째, 고위층 교육 감독 기관 및 관리자는 중간 계층 교육행정 기관 및 행정가들에게 최대한의 권한을 분배하고 이에 대한 자율성과 책임을 부여하되 일 중심보다는 관계 중심 지도자 행위로 코칭 스타일과 위임 스타일이 강조된 상황적 리더십 모델(Situational Leadership Model)을 활용하도록 제시한다.

셋째, 각 교육 기관의 최고 행정 책임자는 각 교육 기관 특유의 문화적 · 윤리적 특성을 발전시키기 위해 조직의 행정 집단에 경영 윤리와 사회적 책무의 원칙과 윤리 규범을 마련하고 도덕적 경영자로서 고유한 조직 문화 창조를 위한 문화적 지도력이 요청된다.

이상과 같이 저자는 한국의 교육행정가에게 도덕적 경영자 혹은 문화적 지도자로서 동 · 서양의 두 대표적인 사상가를 통하여 이상적인 리더십과 윤리 가치의 표준을 제시하였다. 본고에선 교육행정 기관과 교육 기관의 특성, 규모, 사명, 문화에 따른 구분을 하지 않고 일반적 내지 포괄적인 면에서 기본적인 개념을 석명하고 고찰하였기에, 교육행정 실무에 적용할 수 있는 구체적인 방안을 만족하게 제시하지 못하였다. 따라서 미래의 연구를 위해선 경험적 연구가 선행되어 양적 · 질적으로 명확하고 구체적인 분석과 평가가 이루어질 것을 권고한다. 뿐만 아니라 문화적 지도자 내지 도덕적 경영자로서 교육행정가의 지도적 특성을 고양하고 개발할 수 있도록 동·서양의 교육 사상 및 교육사에 대한 연구가 선행되고, 또한 조직 문화 및 윤리 가치론을 경영학, 사회학 및 철학과의 교류와 연대를 이루어 한국 교육행정학의 필수적 분야로 연구·발전시킬 것을 권고한다.

참고문헌

정총(1980). 공자의 교육 사상. 서울: 집문당.

揚碩夫(1986). 孔子敎育思想與儒家敎育. 臺北市: 永裕印刷廠.

林永喜(1976). 孔孟荀敎育哲學思想比較分析硏究. 臺北市: 文景出版社.

陳大齊(1970). 孔子學說論集. 臺北市: 正中書局.

Argyris, C.(1976). *Increasing Leadership Effectiveness*. New York: Wiley.

Argyris, C. & Schoen, D. A.(1978). Organizational Learning. *Reading*, Mass.: Addison – Wesley.

Barker. E.(Trans.). (1946). *The Politics of Aristotle*. Oxford: The Clarendon Press.

Barley, S. R., Meyer, G. W. & Gash, D.(1988). Cultures o f Culture: Academics, Practitioners and the Pragmatics of Normative Control, *Administrative Science Quarterly*, 33, 24 – 60.

Bass, B. M.(1981). Stogdills Handbook of Leadership. New York: Free Press.

Bass, B. M.(1985). *Leadership and Performance beyond Expectations*. New York: Free Press.

Bennis, W. & Nanus, B.(1985). *Leaders: The Strategies for Taking Charge*. New York: Harper & Row.

Blake. R. R. & Mouton, J. S.(1985). *The Managerial Grid Ⅲ: The Key to Leadership Excellence*. Houston: Gulf.

Bums, J. M.(1978). Leadership. New York: Harper & Row.

Chen, J.(1993). *Confucius as a Teacher*. Selangor Darul Ehsan: Delta Publishing Sdn Bhd.

Creel, H. G.(1949). *The Man and the Myth*. New York: The John Day

Company.

Daft, R.(1992). *Organization Theory and Design,* St. Paul, MN: West Publishing Company.

Davidson, T.(1904). Aristotle and Ancient Educational Ideas. London: William Heinemann.

Deal, T. E. & Kennedy, A. A.(1982). Corporate Cultures: The Rites and Rituals of Corporate Life, Reading, MA: Addison – Wesley.

DeFrank, R. S., Matteson, M. T., Schweiger, D. M. & Ivancevich, J. M.(Spring 1985). The Impact of Culture on the Management Practices of American and Japanese CEOs, *organizational Dynamics*, pp. 62 – 76.

Deming. W. E.(1986). *Out of the Crisis.* Cambridge, MA: Massachusetts Institute of Technology.

Fiedler, F.(1967). *A Theory of Leadership Effectiveness.* New York: McGraw – Hill.

Frankena, W. K.(1961). *Three Historical Philosophies of Education: Aristotle, Kant, Dewey.* Scott: Foresman and Company.

Fung, Y.(1947). *The Spirit of Chinese Philosophy.* Westport: Greenwood Press.

Fung, Y.(1966). *A Short History of Chinese Philosophy.* Derk Bodde(Ed.). New York.: The Free Press.

Galt, H. S.(1929). *The Development of Chinese Educational Theory.* Shanghai: The Commercial Press, Limited.

Gay, L. R.(1992). *Educational Research Competencies for Analysis and Application.* New York: Macmillan Publishing Company.

Gigon, O.(1955). *Aristotleles, Politik und Staat der Athener*[Aristotle, Athenian Politics and State]. Zuerich: Artemis Verlag.

Glasser, W.(1990). *The Quality School.* New York: Harper & Row.

Graen, G. B.(1976). Role – Making Processes within Complex Organizations. In M. D. Dunnette(Ed.), *Handbook of Industrial and Organizational Psychology.* Chicago: Road McNally.

Grant, A.(1885). *The Ethics of Aristotle*(4th ed.). Vols. Ⅰ & Ⅱ. London: Longmans, Green and Co.

Gutek, G. L.(1972). *A History of the Western Educational Experience*. Prospect Height, Illinois: Waveland Press Inc.

Hamm, R. L.(1981). Philosophy and Education: Alternatives in Theory and Practice. Danville, Illinois: Waveland Press Inc.

Hatvnany, N. & Pucik. V.(Spring 1981). Japanese Management: Practices and Productivity, *Organizational Dynamics*, 522.

Hellriegel, D., Slocum, J. W. & Woodman, R. W.(1986). *Organizational Behavior*(4th ed.). St. Paul, MN: West Publishing Company.

Hersey, P., Angelin. A. & Carakushansky, S.(1982). The Impact of Situational Leadership and Classroom Structure on Learning Effectiveness, *Group and Organization Studies*, 7, 216 – 24.

Hersey, P. & Blanchard, K. H.(1988). *Management of Organizational Bhavior*(5th ed.). Englewood Cliffs, NJ: Prentice – Hall.

Hervery, M. A.(1992). Total Quality Management, In M. A. Whiteley, J. D. Porter and R. H. Fenske(Eds.), *The Primer for Institutional Research* Tallahassee: Florida, Association for Institutional Research.

Hofstede, G.(1980). *Cultures Consequences: International Differences in Work – related Values*. Beverly Hills, CA: Sage Publications.

House, R. J.(1971). A Path – Goal Theory of Leader Effectiveness. *Administrative Science Quarterly*, 16, 321 – 39.

Imai, M.(1986). *Kaizen: The Key to Japans Competitive Success*. New York: Random House.

Ishikawa, K.(1985). *What Is Total Quality Control?*(D. J. Lu, Trans.). Englewood Cliffs, NJ: Prentice – Hall.

Jaeger, W.(1923). Aristoteles: Grundlegung einer Geschichte Seiner Entwicklung[Aristotle: Fundamentals of the History of His Development]. Berlin: Weidmannsche Buchhandlung.

Joiner, C. W.(Spring 1985). Making the Z Concept Work, *Sloan Management Review*, 57 – 63.

Legge. J.(Trans.)(1971). Confucius: Confucian Analects, The Great learning & The Doctrine of the Mean. New York: Dover Publications, Inc.

Liddell, H. G. & Scott, R.(1995). *An Intermediate Greek – English Lexicon*. Oxford: Oxford University Press.

Lunenburg, F. C. & Ornstein, A. C.(1991). *Educational Administration: Concepts and Practice*. Belmont, CA: Wadsworth Publishing Company.

Martin, J. & Siehl, C.(Autumn 1983). Organizational Culture and Counter Culture: An Uneasy Symbiosis, *Organizational Dynamics*, 52 – 64.

Miskel, C. & Ogawa, R.(1988). Work Motivation, Job Satisfaction and Climate. In N.J. Boyan(Ed.), *Handbook of Research on Educational Administration*. New York: Longman.

Moritz, R.(1990). *Die Philosophie im Alten China*[Philosophy in Old China]. Berlin: Deutscher Verlag der Wissenschaften.

Ott, J. S.(1989). *The Organizational Culture Perspective*. Belmont. CA: Dorsey Press.

Ouchi, W. G.(1981). Theory Z: How American Business Can Meet the Japanese Challenge. *Reading*, Mass.: Addison – Wesley.

Ouchi, W. G. & Jaeger, A. M.(1978). Type Z Organization: Stability in the Midst of Mobility, *Academy of Management Review*, 3, 305 – 314.

Ozmon, H. and Craver, S.(1990). *Philosophical Foundations of Education*. New York, NY: Macmillan Publishing Company.

Pascale, R. T. & Athos, A. G.(1981). *The Art of Japanese Management: Application for American Executives*. New York: Simon and Schuster.

Pascarella, S. V. & Lunenburg, F. C.(1988). A Field Test of Hersey and Blanchards Situational Leadership Theory in a School Setting, *College Student Journal*, 21, 33 – 37.

Power. E. J.(1982). *Philosophy of Education: Studies in Philosophies, Schooling and Educational Policies*. Englewood Cliffs, New Jersey: Prentice — Hall Inc.

Reddin, W. J.(1970). *Managerial Effectiveness*. New York: McGraw — Hill.

Ritti, R. R. & Funkhouser, G. R.(1982). *The Ropes to Skip and the Ropes to Know: Studies in Organizational Behavior*(2nd ed.). New York: John Wiley & Sons.

Schein, E. H.(1978). Career Dynamics: Matching Individual and Organizational Needs. *Reading*, MA: Addison — Wesley.

Schein, E. H.(1992). *Organizational Culture and Leadership*(2nd ed.). San Francisco Calif.: Jossey — Bass Publishers.

Schwartz. H. & Davis, S. M.(Summer 1981). Matching Corporate Culture and Business Strategy. *Organizational Dynamics*, 30 — 48.

Sergiovanni, T. J.(1984). Leadership as Cultural Expression. In T. J. Sergiovanni & J. E. Corbally(Eds.), *Leadership and Organizational Culture: New Perspectives on Administrative Theory and Practice*. Urbana and Chicago: University of Illinois Press.

Sergiovanni, T. J. & Corbally, J. E.(Eds.)(1984). *Leadership and Organizational Culture: New Perspectives on Administrative Theory and Practice*. Urbana and Chicago: University of Illinois Press.

Sethi, S. P., Namiki, N. & Swanson, C. L.(Summer 1984). The Decline of the Japanese System of Management, *California Management Review*, 34 — 35.

Shea, G. F.(1988). *Practical Ethics*. New York: American Management Association.

Sherr, L. A. & Teeter, D. J.(Eds.)(1991). Total Quality Management in Higher Education(*New Directions for Institutional Research*, 71, San Francisco: Jossey — Bass).

Smircich, L.(1983). Concepts of Culture and Organizational Analysis. *Administrative Science Quarterly*, 339 — 358.

Smircich, L. & Calas, M. B.(1987). Organizational Culture: A Critical Assessment. In F. M. Jablin, L. L. Putnam, K. H. Roberts & L.

W. Porter(eds.), *Handbook of Organizational Communication.* Newbury Park, Calif.: Sage.

Stogdill, R. M.(1948). Personal Factors Associated with Leadership: A Survey of the Literature, *Journal of Psychology*, 25, 35 – 71.

Sullivan, J. J.(1983). A Critique of Theory Z, *Academy of Management Review*, 8, 132 – 142.

Susemihl, F. & Hicks R. D.(1894). *The Politics of Aristotle: A Revised Textwith Introduction Analysis and Commentary.* London: Macmillan.

Tannenbaum, R. & Schmidt, W.(1973). How to Choose a Leadership Pattern, *Harvard Business Review*, 51, 162 – 180.

Trevinno, L. K.(1986). Ethical Decision Making in Organizations: A Person – Situation Interactionist Model, *Academy of Management Review*, 11, 601 – 17.

Trice, H. & Beyer. J.(1993). *The Cultures of Work Organizations.* Englewood Cliffs, N.J.: Prentice – Hall.

Tu, W.(Ed.)(1996). *Confucius Traditions in East Asian Modernity.* Cambridge, Massachusetts: Harvard University Press.

Van Maanen, J. & Barley, S. R.(1984). Occupational Communities: Culture and Control in Organizations. In B. M. Staw & L. L. Cummings(Eds.), *Research in Organizational Behavior*, Vol.6. Greenwich, Conn.: JAI Press.

Vroom, V. & Yetton, P.(1973). *Leadership and Decision Making.* Pittsburgh: University of Pittsburgh Press.

Webb, B.(1990). Situational Leadership: The Key Is Knowing When to Do What, *Executive Educator*, 12, 29 – 30.

Yukl, C. A.(1989). *Leadership in Organizations*(2nd ed.). Englewood Cliff, New Jersey: Prentice Hall.

Zaleznik, A.(1977). Managers and Leaders: Are They Different? *Harvard Business Review.* 55. 67.

〈Abstract〉

A Comparative Study of Leadership and Ethical Values in Organizational Culture Revealed in the Thoughts of Confucius and Aristotle: From the Perspective of Educational Administration

Jeong-Kyu Lee, Ph.D.

The purpose of this study is to explore leadership and ethical values in organizational culture revealed in the Analects of Confucius and in the Ethics and Politics of Aristotle that have exerted a significant influence upon the substance of the spiritual and practical worlds in the East and the West, and to give Korean educational administrators the theoretical and practical paradigms of ideal leadership and ethical values shown through the two great thinkers ideas.

To discuss the study systematically, the author addresses the following three questions:

First, what are the concepts and relations of leadership, organizational culture, and ethical values?

Second, what are ideal leadership and ethical values in organizational culture revealed in the thoughts of Confucius and Aristotle?

Last, what are the similarities and differences in the above two items?

In order to defend the three questions logically, the inquirer examined the study through a descriptive content analysis method. Before discussing the questions, the researcher simply illustrated the educational thoughts of Confucius and Aristotle. Then, the first question was defended as the following:

Leadership is a reciprocal action that is formed within unevenly distributive power and authority between a leader and his or her subordinates: organizational culture is an aspect of common beliefs and values that are formed by leadership, rite, philosophy, social values and norms, and organizational members; and ethical values show the ethical conducts and criteria of an individual and a group, as well as the principles and norms of managerial ethics and social responsibilities. In addition, the relations of the three items show that leadership and ethical values coexist within the category of organizational culture because leadership and ethical values are not merely the essential factors of ethical management and cultural leadership but also the significant values and norms composed of organizational culture.

The second and third questions were defended as follows:

The similarity of leadership which is suggested by Confucius and Aristotle is boss-centered leadership that emphasizes the reciprocal relationship based on moral virtues. The differences are: (1) Confucius demands that subordinates should respect and obey their leader with faithfulness, sincerity, reverence, filial piety, etc, and (2) Aristotle does not allow an individual or a class to assume power, based on justice, freedom, and equity, but does require middle managers to be distributed and be delegated authorities and responsibilities by their leader. Additionally, the similarity of leaders traits is that both thinkers stress highly moral virtues such as the golden mean, rectifying names, or justice.

Finally, the similarity of ethical values shown by Confucius and Aristotle is that leaders or gentlemen should have moral and intellectual virtues as ethical values. Briefly speaking, Confucius generally asserts benevolence, knowledge, courage, and propriety, while Aristotle commonly claims utility, authority, continence, and wisdom. On the other hand, the differences are: (1) Confucius proposes the standard of ethical values regarding moral life based on reciprocal relationships; and (2) Aristotle evaluates that utility, social justice, and virtues are the core factors of managerial ethics, as espoused values and philosophies, for happy life.

제7장

한국 대학의 조직문화와 유교적 가치

-유교 사상에 나타난 정(情)의 개념을 중심으로-

I

서 론

동아시아의 정신세계를 지배해 온 주된 역사적 요소 중 하나인 유교(儒敎) 혹은 유학(儒學)은 한국 사회와 문화에 지대한 영향을 끼쳐왔다. 유교의 윤리적 원리는 인간관계에서 자기 수양을 통한 도덕적·사회적 조화와 정치적 이상의 실현에 역점을 두었다. 특히, 동아시아의 초기 유학자들은 정(情)의 개념을 인간 본성의 일부로 간주하였고, 이는 곧 인간의 본성을 이해하는 대표적인 철학적 논의의 대상이 되었다(Chung, 1995).

유학이 동아시아의 사회적·문화적·경제적 구성체 혹은 조직의 중요한 요소로 동아시아인의 정신세계와 실제생활에 지대한 영향을 끼침에 따라, 일부 서양인들은 유교 사상을 통하여 삶의 의미와 인간의 본성에 대한 그들의 기본적인 철학적 명제에 새로운 의미를 부여하게 되었다(Graham, 1986; Knoblock, 1988; Ozmon & Craver, 1990; Schwartz, 1985; Tongqi et al., 1995). 이와 같은 흐름에 편승하여 그들은 유교의 원리와 규범에 깊은 관심을 가지게 되었고 인간의 본성과 유교의 윤리적 가치에 대한 새롭고 근본적인 철학 체계를 제공받게 되었다.

특히 한국에 있어서 유교에 나타난 정(情)의 개념은 인간의 본성과 삶의 본질을 이해하는 근본적인 윤리적 가치로서 뿐만 아니라, 한국 민족의 조직문화를 특징지을 수 있는 온정주의와 정실주의의 철학적 · 문화적 요인이다. 즉 온정주의와 정실주의는 유교의 정(情)의 개념에 뿌리를 둔 중요한 윤리적 요소이며 이는 단일 민족인 한국 사람들에게 사회 조직체 구성에 있어서 하나의 구심점 역할을 하여 왔다고 볼 수 있다. 비록 이 두 요소의 함축적 의미는 다르지만, 온정주의는 일반적으로 인(仁)에 바탕을 둔 관대함과 온후함의 긍정적인 의미를 함축하고 있는 반면에, 정실주의는 보통 상대적으로 다른 개인이나 집단을 무시하거나 피해를 주면서 특정한 개인이나 가족 집단에게 특별한 호의나 편애를 베푸는 부정적인 의미를 함축하고 있다. 이처럼 내포된 의미가 다름에도 불구하고 온정주의와 정실주의는 한국의 대학 조직문화에 긍정적 혹은 부정적인 영향을 끼쳐왔음을 부인할 수 없다. 이러한 맥락에서 볼 때, 한국 고등교육의 조직문화에 지대한 영향을 끼쳐온 온정주의와 정실주의에 대한 이론적 배경을 파악하는 것은 한국의 대학 조직문화의 실제 현황을 파악하고 분석하는 것 못지않게 중요한 의미를 지닐 뿐만 아니라, 한국인과 외국인 모두에게 한국의 조직문화를 더욱 깊이 이해할 수 있는 이론적인 근거를 제공해 줄 수 있을 것이다.

유교는 오래 전부터 주로 서양의 종교인, 즉 천주교의 신부나 개신교의 선교사 등을 통하여 서구에 소개되어왔으나, 20세기 후반에 이르러 동아시아 지역의 급속한 경제 발전과 더불어 유교 사상은 서양의 많은 학자들에게 사회 · 경제학적 연구의 관심 분야로서 뿐만 아니라, 철학, 심리학 및 교육학 분야의 기제로서도 주목을 받게 되었다(de Bary, 1960, 1981, 1989; Deuchler, 1992; Graham, 1986; Griffiths, 1990; Gutek, 1972; Hall & Ames, 1987; Hatton, 1982; Kalton, 1988; Ozmon & Craver, 1990; Schwartz, 1985; Weber, 1968). 오늘날 유교는 서구에서도 이미 여러 분야에서 그 위치를 점하고 있으며 연구 대상이 되고 있다. 또한, 유교는 동아시아 지역에서도 학문적 혹은 실제적인 면으로 재평가되고 있다.

이러한 현실에 비추어, 이 연구에서는 유교의 정(情)의 개념이 현재 한국의 고등교육 조직문화에 어떠한 부정적인 영향을 끼치고 있는가를 고찰하고, 한국 대학 조직문화의 중요한 두 가지 구성 요소인 정(情)의 개념에 대한 이론적인 면을 원론적으로 분석하고자 한다. 따라서 본 연구는 독자들에게 대학의 조직 문화와 관련하여 유교의 정(情)의 개념에 기초한 온정주의와 정실주의의 문제를 함께 고찰할 수 있는 기회를 부여해 줄뿐만 아니라, 한국 고등교육의 조직문화의 주류를 이루고 있는 정(情)의 개념을 이해하기 위한 이론적 뒷받침을 제공하는 데 그 중요성이 있다.

이 연구는 체계적인 논리적 근거 제시를 위해 비교 문화적 접근을 통한 기술적 분석방법을 택하였으며 다음과 같은 절차로 진행될 것이다. 첫째, 서구의 사회문화적 관점에서 조직문화의 개념을 논의하고, 둘째, 중국과 한국의 대표적인 고전적 유교 사상가들의 이론을 통하여 유교에서 나타난 정(情)의 개념을 분석하고, 셋째, 유교에서 나타난 정(情)의 가치가 한국의 대학 조직문화에 끼친 역기능을 고찰할 것이다. 따라서 본 연구는 학술에세이로서 동서양 및 고금(古今)의 이질적인 이론을 접목하여 한국의 대학 조직문화의 이론적 근거를 석명(釋明)하는데 일조하게 될 것이다.

Ⅱ
조직문화의 개념

문화는 여러 방식으로 정의되어 왔다. 이로 인하여 문화는 다양한 개념을 함유하고 있다. 고대 그리스(헬라)어 사전에서는 대체적으로 파이데이아(*paideia*: 정신문화, 교육, 학습), 게오르기아(*georgia*: 경작, 농사, 수양), 필로테크니아(*philotechnia*: 예술이나 독창적인 건축물에 대한 열정)의 세 단어가 문화의 개념을 포함하고 있다(Liddell & Scott, 1968). 문화의 의미는 비록 고대 라틴어에서 쿨투라(*cultura*)로 철자가 변형되었으나 헬라어인 게오르기아(*georgia*)의 의미를 담고 있었다. 이러한 라틴어에서 파생된 영어의 '*culture*' 독일어의 '*Kultur*'도 경작 혹은 교양의 의미를 함축하고 있다. 그리고 기원전 3세기에 중국의 유학자인 순자(荀子)는 그의 저서에서 문화(文化)라는 용어를 참된 인간을 위한 수양의 과정이라는 뜻으로 기록하였다(Lee, 1997). 우연하게도 동서양의 고대어 모두 문화의 개념이 경작 혹은 수양과 유사한 의미를 내포하고 있음을 알 수 있다.

이러한 문화에 대한 고대의 개념은 근세에 이르러 1950년대 후반에 시작된 자민족 중심주의 혹은 비교문화연구의 주제로 서구 사회과학자들에 의해 활발히 논의되었다(Garfinkel, 1967; Geertz, 1973, 1976; Hannerz, 1969; Keesing, 1974; Kluckhohn & Strodtbeck, 1961; Valentine, 1968). 특히 1980년대에 접어들어 문화는 예술 활동, 과학, 종교, 법률, 미디어와 대중문화, 조직 문화, 가치, 스타일, 일상 행위의 관념적 형태 등을 설명하는 데에도 사용되었다(Becker, 1982; Deal & Kennedy, 1982; Geertz, 1973; Gitlin, 1985; Katz, 1988; Latour, 1987; Lincoln & Kalleberg, 1990; Neitz, 1987; Sackman, 1991; Schein, 1968, 1984; Star, 1989; Swidler, 1986; Tagiuri & Litwin, 1968; Van Maanen, 1976; Van Maanen & Schein, 1979). 이로 인하여 문화의 개념은 여러 분야, 조직, 민족 집단 등에서 다양한 수단으로 사용되어 여러 가지 의미를 함축하게 되었다. 이를 간략하게 기술하자면 문화는 다음과 같은 방식으로 정의되고 있다. 기술 및 물질적 예술품 등을 포함한 인류의 총체적 삶의 방식(Geertz, 1973), 사람들이 경험하고 의미를 표현하는 과정을 통하여 형성되는 상징적 형태(Keesing, 1974), 신념, 종교적 의식, 예술적 형태, 의식, 언어, 신변잡기, 이야기, 일상생활 등과 같은 행위를 포함하는 의미의 상징적 수단(Swidler, 1986)이 그것이다.

Sackman(1991)에 의하면 문화는 구조적 및 자기발전적 요소의 구성체이며 감각 기제를 사용한 현실의 집합적 구성체로 개념화할 수 있다고 보고 있다. Trice와 Beyer(1993)는 문화란 인간이 늘 경험하는 불확실성과 혼란에 대한 반응이 구체화된 총체적 현상으로 정의하고 있다. 그리고 Hofstede(1980)의 주장에 의하면 문화는 사회, 민족, 지역 집단에 의해 결정되며 이는 조직, 직장, 가족과 같은 다른 집합체나 범주에도 동일하게 적용될 수 있는 것으로 판단하고 있다. 이를 간략히 표현하자면, 문화는 인간 정신의 복합적인 프로그램 편성체라 할 수 있다. 이러한 관점을 참조하여 저자는 문화를 일상생활에 복합적으로 존재하는 유형·무형의 실체의 변형으로 정의한다(Lee, 1997).

그리고 문화 형태의 안정성에 대하여 논의하면서, Hofstede(1980)는 조직 내의 주요 집단에 의해 공유되고 있는 가치 체계를 구성하는 '사회적 규범'을 다음과 같이 분석하였다. Hofstede(1980)의 이론에 의하면, 문화 형태의 기원은 다양한 외부의 영향과 생태학적 요소에서 - 지리, 경제, 인구학, 유전학, 위생학, 역사, 기술, 도시화 등 - 추적할 수 있다고 주장한다(p. 26). 즉, 사회적 규범이 존재함으로써 사회는 발전하며 사회 내의 특정한 구조 및 기능 방식을 통하여 조직의 형태가 유지된다는 것이다. 조직의 구조 및 기능 방식에는 가족 형태, 역할 구분, 사회 계층, 사회화 강조, 교육, 종교, 정치 체제, 법률, 건축, 이론의 개발 등이 포함된다. 그는 규범이나 문화는 외부의 영향력이나 가치보다는 내부의 생태적인 요인에 의하여 발전한다고 보고 있다. Hofstede(1980)는 그의 이론에서 문화를 집단의 속성으로 간주하는 반면, 가치나 규범을 개인과 집단의 속성으로 간주하고 있다. 또한, Swidler(1986)는 문화 분석의 3단계 대안으로 도구 킷으로서의 문화의 상(像), 문화의 인과 효과, 인과의 중요성을 제시하고 있다. Swidler(1986)는 이러한 대안적인 문화 분석 과정을 통해 문화적 가치는 집단이 비안정적 시기에 보다 분명하고 뚜렷하게 나타나는 반면, 문화적으로 안정된 시기에는 새로운 형태에 적응하여 문화를 재형성하는 데 높은 비용이 소요되므로 변화를 억제하는 경향이 있다고 보고 있다.

문화와 마찬가지로 가치의 개념도 여러 가지 방식으로 정의되고 있다. Hofstede(1980)는 가치란 '어느 일의 상태를 다른 것보다 선호하는 전반적인 경향' 또는 '외연 혹은 함축적인 개념, 개인의 특징이나 집단의 특성, 가능한 방법이나 행동의 목표나 수단을 선택하는 데 영향을 주는 바람직한 그 무엇'으로 정의하였다. 그리고 Hofstede는 가치를 바라는 것과 바람직한 것으로 구분하였다. 전자는 통계적이며 실용적인 것인 반면 후자는 절대적이며 의무적인 가치 규범을 지니는 것으로 평가하였다. 반면에, Swidler(1986)는 문화란 실제로 우리 사회에서 가치와 실제의 결합체임으로 문화와 가치는 분리될 수 없는 것으로 보고 있다. 또한 문화는 가치를 통해 다른 것보다 특정 목표에 보다 직접적으로 인간 활동에 영향을 준다고 주장하고 있다(Swidler, 1986, p. 274). 따라서 가치란 특정한 행위 양식 혹은 존재 상태가 개인적 내지 사회적으로 다른 행위 양식이나 존재 상태보다 선호되는 지속적인 신념이다(Rokeach, 1973, p. 5). 가치는 삶에서 어떠한 행위 양식을 통하여 유사한 성과를 공유하는 사람들 사이의 공통적인 선호도를 나타낸다(Borgatta and Borgatta, 1992). 이는 개인적 필요나 사회적 요구로 연결되므로, 그러한 행위는 개인이나 집단에 의해 그 가치가 규정된다.

그러므로, 문화적 가치의 개념은 현실 자체를 유지하고 강화하려는 사회적 요구에 대하여 구성원이 상호 균형을 이루기 위한 필요의 수단인 것이다. 이런 맥락에서, 유교적 정(情)의 개념은 문화적 가치로 간주될 수 있다. 또한, 현재 한국 고등교육에 있어서 유교적 원리 및 정(情)의 개념에 바탕을 둔 온정주의와 정실주의는 사적(私的)이나 공적(公的)인 일에서 개인이나 집단에 의해 고착화된 문화 형태로 평가될 수 있다.

조직문화는 가치의 개념과 밀접하게 관련되어 있다. 현대 사회에 있어서 조직문화는 행정·관리 영역뿐만 아니라 대부분의 다른 사회적·환경적 요인과도 밀접한 상호 관련을 맺고 있기 때문에 그 개념은 인간관계를 간파하고 있다. 문화와 마찬가지로 조직문화의 개념은 20세기 후반에 학문의 여러 분야에서 논쟁의 주제가 되어 왔다. 따라서 조직문화에 대한 개념은 다양하게 정의되고 있다. 즉, 그 개념은 신봉된 가치(Deal & Keddedy, 1982), 문화, 전통, 의식과 같은 관찰 가능한 행동이나 규칙(Goffman, 1959; Trice & Beyer, 1993; Van Maanen, 1976), 철학(Ouchi, 1981; Pascal & Athos, 1981) 규범(Homans, 1950), 게임의 규칙(Ritti & Funkhouser, 1982; Schein, 1968; Van Maanen, 1976), 감정이나 풍토(Schneider, 1990; Tagiuri & Litwin, 1968), 사고의 습관과 언어적 패러다임(Douglas, 1986; Hofstede, 1980; Van Maanen & Schein, 1979), 공유된 의미(Barley, 1984; Geertz, 1973; Smircich, 1983), 근본적인 은유 혹은 통합적 상징(Gagliardi, 1990; Schultz, 1991), 공유된 가치와 기본 가설(Schein, 1992) 등으로 표현되고 있다.

조직문화를 분석함에 있어서, Schein(1992)은 문화를 세 가지 수준으로 묘사하고 있다. 첫째, 인위적인 것에는 가시적인 조직 구조와 진행 과정이 포함된다. 둘째, 신봉된 가치에는 전략, 목표, 철학이 포함되어 있다. 그리고 셋째, 기본 가설에는 무의식적 내지는 당연한 신념, 인식, 생각이나 감정 등이 속해 있다. 그러나 새로운 조직 문화를 창조하는 과정은 단순한 것만은 아니다. 일반적으로 조직의 지도자, 관례, 의식, 사회적 규범이나 가치, 가설, 의사 소통망은 조직 문화를 형성하는 데 중요한 역할을 한다(Deal & Kennedy, 1982). 일단 조직 문화가 형성되면, 특정 가치를 수용할 수 있는 많은 장치들이 형성되며 이는 곧 문화를 유지하고 강화시키는 역할을 한다(Lunenburg & Ornstein, 1991). 조직문화는 각각의 조직, 기구, 사회, 국가에 따라 서로 다르기 때문에 때로는 변화를 필요로 하게 된다. 즉, 한국 사회의 조직문화는 근본적으로 유교와 불교문화에 바탕을 두고 있는 반면, 구미 사회는 일반적으로 그리스 유대 기독교 문화를 근간으로 하기 때문에 두 사회의 조직문화는 명확히 서로 다르다고 볼 수 있다.

미국 고등교육기관의 조직문화에 대하여 심층적으로 분석한 Clark(1970)는 조직 내외의 강한 규범적인 결속을 제공하는 전형적인 조직의 역사적 공적에 바탕을 둔 독특한 성취를 위한 집단적인 이해가 공유되는 조직의 전설을 강조하고 있다. 그는 조직의 전설을 만들기 위해서는 시작과 이행의 두 단계를 제안하고 있다. 시작은 다양한 조건을 바탕으로 실행되어야 하며 상대적으로 짧은 기간 내에 이루어지는 것인 반면, 이행은 지속적이고 보다 예측 가능한 조직의 특색과 관련이 있다고 본다(Clark, 1970, p. 180). 또, Clark(1992)는 초기 단계의 제도적 개혁은 다음과 같은 세 가지 주요 조건 아래 시도될 수 있다고 주장한다(p. 237). 새로운 조직, 확립된 제도 내에서의 위기, 확립된 제도에서의 혁신적 개방이 그것이다. 이행 단계에서 대학이 구비해야 할 핵심 요소로는 원로 교수, 프로그램, 외부의 사회적 지원(동창회), 학생의 부속문화, 전설의 상(the imagery of the saga) 이다. Clark(1970)는 조직의 전설(an organizational saga)은 형식적인 면에서 조직의 결속을 강화시키는 강력한 수단이 될 수 있다고 주장한다(p. 183).

한국의 문화사에서 볼 때, 유교의 전설은 한국의 정치, 경제, 사회, 문화 전반에 걸쳐 지대한 영향을 끼쳐 오고 있다. 또한, 한국의 교육사적 관점에서도 유교의 전설은 엘리트교육 내지는 고등교육의 조직문화에 크나큰 영향력을 발휘해 온 것이 사실이다. 이러한 문화사적 흐름을 고려하여, 한국의 대학 조직문화의 핵심을 이루고 있는 정(情)의 개념을 유교적 원리의 관점에서 논의하고자 한다.

Ⅲ

유교 사상에 나타난 정(情)의 개념

유교 사상에 나타난 정(情)의 개념을 이해하기 위하여 고대 중국의 저명한 유학자인 맹자(孟子: 371 - 289 BC)와 순자(荀子: 300 - 230 BC)의 사상과 더불어 중국과 한국의 몇몇 대표적인 신유학(新儒學, 性理學 혹은 朱子學)자들의 이론을 중심으로 이를 논의하고자 한다.

맹자는 그의 저서(2A: 6)에서 다음과 같이 정(情)의 개념을 기술하고 있다.

> 무릇 인간이라 함은 남의 고통을 보고 그냥 지나칠 수 없는 마음을 가지고 있다. 이러한 동정심은 인간의 본성에서 비롯된다. 동정심은 자비의 근본이며 부끄러움과 싫어함은 정의의 근본이다. 겸허함과 공손함은 예절의 근본이며 옳고 그름은 지혜의 근본이다.

맹자는 인간의 마음속에는 네 가지 정념이 있다고 지적하고 있다. 이는 곧 사단(四端)으로 네 가지 도덕적 윤리의 근본이 되는 것이라고 주장하고 있다. 위에서 언급된 것처럼, 자비와 인간애는 동정심에서 비롯된 것이며, 정의는 부끄러움과 증오의 마음에서 비롯된 것이며, 예의와 예절은 호의와 공손함에서 비롯된 것이며, 지식과 지혜는 옳고 그름에서 비롯된 것이라고 간주하고 있다. 이와 같이 맹자는 인간의 소중한 윤리적 가치로서 정(情)의 개념에 기초한 네 가지 요소를 자기 수양을 위한 가장 중요한 교육적 지표 내지는 덕목으로 제시하고 있다.

이러한 맹자의 형이상학적 및 존재론적 관점에 기초하여, 이학(理學) 혹은 성리학을 강조하는 중국 송시대(960－1279) 정주학파(程朱學派)의 대표적인 유학자의 한 사람인 주희(朱熹: 1130－1200)는 인간애는 본래 타고 나는 것이며, 동정심은 인간 본연의 감정이라고 주장하고 있다(Chu Tzu Chuan－shu, 45: 3a－19b; trans., Chan, 1986, p. 500). 또한 주희는 인간의 정신이나 마음은 정(情)을 내포하는 것으로 간주하고 있으나, 인간의 본성과 정을 구분해서 설명하고 있다. 구체적으로 말하면, 그는 자비심, 정의, 예절, 지혜는 인간의 본성에 해당된다고 보는 반면에, 동정심, 부끄러움과 싫어함, 공손함과 겸허함, 옳고 그름은 정(情)의 개념에 해당된다고 보고 있다. 그러나 주희는 "비록 인간의 본성과 정(情)의 범위는 다르나 이 두 요소는 각 부분이 고유의 관계를 갖는 혈류와 같다"(Chu Tzu wen－chi 67: 21a)고 주장한다. 맹자와 주희의 이론을 고찰해 볼 때, 두 유학자 모두 네 가지의 주요한 정념 혹은 근본을 타고난 도덕적 덕성으로 간주하고 있다. 이들의 이론에 따르면 인간의 마음은 인간의 본성과 감정을 함께 지배하기 때문에, 인(仁)·의(義)·예(禮)·지(智)의 사단(四端)을 포함하고 있는 정(情)의 개념은 근본적으로 인간의 마음에서 비롯된다고 보고 있다.

중국 송나라(960－1279) 정주학파(程朱學派)의 신유학자인 정이(程頤)(1033－1107) 역시 인간 본성은 천리(天理)에서 비롯되며 이는 곧 사단(四端)이라고 주장하였다. 맹자와 정주학파 이론에서 사단(四端)은 인간 본연의 도덕적인 감정 혹은 도덕적 자아 수양을 위한 도(道)의 원리로 간주될 수 있다. 맹자를 신봉하는 정이·정주 형제는 인간의 본성은 본질적으로 악하다는 순자의 견해를 따르지 않고, 인간은 본래 선하다는 맹자의 견해를 추종하였다. 정주학파는 인간이 자신의 본성이나 감정을 수양하는 것과 마찬가지로 천리를 깨닫기 위한 의식적인 노력을 통해 자신의 한계를 극복함으로써 자아실현이 가능하다고 주장하였다. 맹자와 정주학파의 논리에 의하면, 사단(四端)이란 인간 본래의 타고난 선(善)의 한 부분이며 도덕적 자아수양의 본질적 요소라는 것이다.

비록 인간의 본성에 대한 관점은 맹자와 견해를 달리한 순자였지만, 정(情)에 대한 개념의 해석은 맹자와 그 맥을 같이하고 있다고 볼 수 있다. 즉 순자는 인간 본성의 호(好)·불호(不好), 희로애락(喜怒哀樂)은 정(情)의 개념에 해당된다고 지적하였다. 고전적인 유학자들의 논리에 따르면, 정(情)은 인간의 본성과 같은 본능적인 인간의 감정에서 비롯된 물질적·정신적 상태로 설명되고 있으며, 또한 사단(四端)과 함께 칠정(七情)─희노애락애오욕(喜怒哀樂愛惡欲)─을 인간의 기본적 감정으로 간주하고 있다. 이를 주희의 이기론적(理氣論的) 관점에서 보면, 사단(四端)은 이(理)에 해당되는 반면 칠정(七情)은 기(氣)에 해당된다. 이(理)는 도덕적인 감정에 속하고 기(氣)는 이기적 욕망에 속한다고 할 수 있다. 맹자의 인식론에서 비추어 볼 때, 사단(四端)은 이(理)에 의해 발현되는 인간 본성에 내재된 선이라는 도덕적 감정을 뜻하며, 칠정(七情)은 기(氣)에 의해 발현되는 물질적 혹은 육체적 감정을 의미한다.

이를 한국 유학사의 관점에서 조명해 본다면, 16세기 조선시대의 대표적인 신유학자 혹은 성리학자인 퇴계와 율곡은 중국 송나라의 정주학파의 전통을 기반으로 하여 윤리적·형이상학적 방법으로 정욕(情慾)에 관한 사단칠정론쟁(四端七情論爭: 四七論)을 펼침으로써 정주학파의 전통을 계승하였다(Chung, 1995). 퇴계의 사칠론(四七論)은 이(理)와 기(氣)의 존재론적인 분리 및 부동성(不同性)에 초점을 두고 있었다(윤사순, 1980). 퇴계는 마음, 본성, 감정에 관한 윤리적·철학적 존재론의 이원론적 관점을 유지하였다. 즉, 이(理)는 원초적 본성, 도덕심, 우주 원리와 관계되며 사단(四端)에 해당되고, 기(氣)는 물질적 본질, 인심(人心), 물질적·이기적 욕망과 관계되며 칠정(七情)에 해당된다. 반면에 율곡의 사칠론(四七論)은 이(理)와 기(氣)의 존재론적인 통합과 조화에 초점을 두었으며, 이(理)와 기(氣), 원초적 본성과 물질적 본질, 도덕심과 인심(人心), 우주의 근본 원리와 물질적 욕망, 그리고 사단(四端)과 칠정(七情) 간에 서로 조화를 강조하였다(이병도, 1973; 이상은, 1973). 요약하면, 퇴계의 사칠론(四七論)에 기초한 자아수양법은 형이상학적인 윤리관에서 이(理)와 기(氣)의 분리를, 율곡의 자아수양법은 실천적 윤리관에서 이(理)와 기(氣)의 조화를 강조하고 있다. 이처럼 퇴계와 율곡 두 성리학자 모두 인간의 마음, 본성, 감정에 대하여 정통적인 중국 송대 정주학파의 관점과는 인식론적인 견지에서 다소 차이를 나타내고 있으나, 대체적으로 정주학파의 정통적 학설의 존재론적인 측면을 지지하고 있다고 볼 수 있다(Chung, 1995, p. 35). 즉, 이(理)와 기(氣)는 각각 원초적 본성과 육체적 본질, 그리고 사단(四端)과 칠정(七情)의 속성을 지니고 있다고 주장한다.

이상에서 고찰해 본 것과 같이, 맹자, 정주학파, 퇴계·율곡의 사상을 통하여 본 정(情)의 개념은 위와 같은 논리에 기초하여 인간의 본성과 마음을 밀접하게 연관시켜 철학적 존재론과 윤리학적 도덕론의 주요한 개념으로 강조되고 있다고 볼 수 있다. 그들의 논리에 의하면, 마음은 유교의 윤리적·철학적 개념의 근본으로 감정을 조절하는 기제이며, 정(情)에 바탕을 두고 있는 사단(四端)은 교육적 지각을 포함하는 자기실현을 위한 중요한 윤리적·도덕적 가치이다. 또한, 이러한 가치는 우주의 원리를 이해하고 인간 본성과 감정을 수양하고자 하는 의식적인 노력을 통하여 자신의 한계를 극복함으로써 획득될 수 있으며, 이를 통하여 자아실현이 가능하다는 것이다.

이를 조직문화론적 관점에서 석명한다면, 유교의 정(情)의 개념은 개인이 조직 내에서 이타주의적이 되기를 강조하는 윤리적 · 철학적 방법, 도덕적 규범 및 윤리적 가치라 할 수 있다. 이를 사전적 해석에 결부시켜 판단해 본다면, 온후한 마음에 기초한 온정주의(溫情主義)는 도덕적 정념인 이(理)에 해당된다고 볼 수 있으나, 편애한 마음에 기초한 정실주의(情實主義)는 물질적이고 이기적인 욕망인 기(氣)에 해당된다고 볼 수 있다. 환언하자면, 온정주의는 조직에서 인간애에 기초한 윤리적 가치를 포함하는 긍정적 요소인데 반하여, 정실주의는 이기적인 윤리적 가치성을 표방하는 부정적인 요소를 담고 있다고 볼 수 있다. 즉 온정주의가 동질적인 집단에 자비를 베푸는 관계, 예의 바름, 온화한 태도를 포함하는 인간적인 정(情)에 의존하는 반면, 정실주의는 개인이나 집단에 대한 특별한 호의나 편애에 의존하는 점에 있어서 그 차별성을 나타내고 있다. 그러나 이러한 상반된 윤리적 가치 요소를 띠고 있음에도 불구하고 온정주의와 정실주의 모두 실제로는 상호간 유기적인 관련성을 지니고 있다. 이와 같은 두 이념의 상호 차별성과 유기성의 공존은 한국 사회와 조직에 독특한 문화를 조성하는 주요한 동인(動因)이 되고 있다.

특히, 유교의 윤리적 원리와 정(情)의 개념에 기초한 온정주의와 정실주의는 교육행정 분야에 지대한 영향을 미쳐왔다. 이러한 점을 고려하여 저자는 사회적 가치와 조직문화론적 관점에서 유교의 정(情)의 개념이 한국 고등교육에 미치는 영향력과 그 문제점을 논리적으로 분석하고자 한다.

IV

유교의 정(情)의 가치가 한국의 대학
조직문화에 끼친 역기능

한국 고등교육의 행정 및 조직문화에서 유교의 정(情)의 개념은 다양한 형태나 이념으로 표출되고 있지만 일반적으로 온정주의와 정실주의를 대표적인 두 이념으로 간주할 수 있다. 앞장에서도 간략히 논의하였지만, 온정주의와 정실주의는 유교 원리와 인간의 본성 및 마음에 관련된 인간애에 바탕을 둔 동정심에 그 뿌리를 두고 있다고 볼 수 있다. 사회적 규범 체계 정립에 있어서 유교 원리나 정(情)의 개념은 개인적 가치, 집합적인 문화적 가치, 특정한 사회적 구조와 더불어 사회적 규범으로 유지·발전되어 왔다고 주장할 수 있다. 더욱이 유교를 근간으로 한 우리나라의 사회적 규범체계는 남성 중심사회 체제와 연공서열 체제를 중심으로 한 수직적인 조직 구조, 유교적 정치 윤리와 규칙에 바탕을 둔 권위적이고 경직된 조직 문화, 신분 차별 제도에 기반을 둔 사농공상(士農工商)의 사회경제적으로 차별화되고 계층화된 정치 사회적 제도나 직업 그리고 이념 및 생태학적 요소에 의해 사회 조직 체계가 정립되고 유지되어 왔다.

이러한 위계적이고 차별화된 사회 구조와 제도는 혈연에 기반을 둔 가족 체계, 사회 계층에 따른 파벌주의, 서열, 연령, 성, 신분, 학벌, 지역, 직업, 출신 등의 사회경제적 지위와 신분에 바탕을 둔 차별주의 등으로 인하여 개인이 바라는 민주적이고 실용적인 가치보다는 집단적으로 바람직한 절대적 의무론적 가치를 중시하는 사회체계로 발전하게 되었다(이환, 1999).

Swidler(1986)의 문화적 가치 이론에 비추어 볼 때, 이와 같은 유교적 규범과 관념에 의해 발전된 문화적 가치는 유교가 정치 사회의 황금률이던 조선시대(1392 - 1910)에는 절대적인 정치·사회·윤리적 척도가 되었다. 반면, 근세에 이르러 한국 사회에서 유교적 가치는 서구 사상 및 문물의 유입과 더불어 전통적인 문화적 가치로서의 자리를 위협받게 되었으나, 현재까지 유교적 윤리 규범과 이념에 바탕을 둔 생태학적 요소는-가족 및 친족 관계를 통한 혈연, 개인의 출생지로 결정되는 지연, 출신 학교와 관련된 학연, 다양한 내·외부의 인맥 혹은 연고에 의한 파벌주의 등-우리 한국 사회의 조직문화 형성에 주요 요인으로 여전히 지속되고 있다.

특히, 전통적인 유교의 문화적 가치 중 하나인 온정주의는 한국 대학 사회에서 행정가와 교수간, 선후배 교수 및 학생 상호간의 인간관계를 인정이나 동정심으로써 친목과 화합을 강조하는 정(情)에 바탕을 둔 인정(人情)주의 문화를 심어 놓았다. 또한 혈연, 지연, 학연을 기반으로 한 연고주의는 연고에 기인한 호의나 편애를 통하여 상호간 학문적 이득이나 특권 그리고 사회경제적 이익을 추구하는 동질적인 집단의 연대와 결속을 촉진시켰다. 따라서 유교 원리와 정(情)의 개념에 바탕을 둔 온정주의와 정실주의 두 이념 모두 이미 한국 대학 사회에 널리 파급된 문화적 가치로서 뿌리를 내리고 있음을 부인할 수 없다. 조직문화의 속성적 관점에서, 이 두 이념은 사회적 규범과 가치, 관습, 의식, 권력의 독점, 인물 등과 같은 여러 가지 사회학적 및 생태학적 요소로 구성되어 있다고 볼 수 있다.

현재 한국 사회뿐만 아니라 고등교육에서 정(情)에 바탕을 둔 온정주의와 정실주의는 위에서 언급한 긍정적인 측면보다 부정적인 측면을 더욱 더 깊고 넓게 파급하고 있다. 이러한 부정적인 영향으로 인하여 한국의 대학 사회는 파벌주의와 학문의 동족번식이 점차 보편화되고 있으며 이로 인하여 학사 행정의 공정성과 학문의 호혜성은 점차 자리를 잃어 가고 있다. 이제 전환기적인 새로운 시대를 맞아 한국 대학의 질적 향상을 진작시키기 위해서라도 두 이념의 부정적인 측면을 쇄신해야 할 때가 되었다. 사실 고착화된 문화와 가치를 대폭적으로 개편한다는 것은 단순한 문제가 아니다. 그러나 한국 대학 사회의 고질적인 병폐나 악습을 치유함이 없이는 대학의 질적 향상을 위한 새로운 조직문화 창조를 기대할 수 없다. 이러한 맥락에서 저자는 한국 대학의 행정과 조직문화에 편만한 온정주의와 연고주의의 문제점을 논하고자 한다. 물론, 온정주의와 연고주의로 대변될 수 있는 정(情)의 가치가 시대의 흐름에 따라 음양적인 면이 교차되면서 한국 사회와 교육에 긍정적 혹은 부정적인 영향을 끼쳐 왔음을 부인할 수 없으나, 본 연구에서는 한국 고등교육의 조직문화에서 유교의 정(情)의 개념이 끼친 부정적인 영향에 초점을 맞추고자 한다.

첫째, 대학 사회에 있어서 비평 문화의 부재를 들 수 있다. 대체적으로 학연이나 지연의 정실관계에 메여 있는 교수 집단에서는 제자나 후배 교수가 스승이나 선배 교수의 학문적 견해나 주장을 진솔하게 비판하고 토의할 수 있는 분위기가 조성되어 있지 않은 것이 현실이다. 특히, 이러한 관계에서 학문적인 활동을 하는 경우, 제자는 스승의 이론이나 주장을 비평 없이 수용하며, 특별한 연고가 있는 사제지간과 마찬가지로 학연에 얽매인 선후배 교수 사이에도 후배는 선배의 학설이나 주장에 반대 의사를 진솔하게 펼치지 못하는 것이 보편화되어 있다. 구체적으로 말하면, 스승이나 선배의 학문 영역을 비판하거나 성토하는 것은 자신의 앞길에 장애를 설치하는 것과 같다고 생각하기 때문에 가능한 한 그들의 비위를 거스르려고 하지 않는다. 그들의 주의나 주장에 동조하고 싶지 않은 경우에는 침묵으로 일관하는 경향이 있다. 한편 일반적으로 우리나라의 대학가에서는 스승이나 선배 교수가 그들과 개인적인 연고가 있는 사람을 학사 행정이나 학문 활동에 있어서 온정적으로 우대하거나 선처하는 정의(情意)를 나타내고 있으며, 제자나 후배 교수는 그들의 스승이나 선배 교수의 학문적 업적에 대하여 비판을 자제함으로써 상호호혜적인 온정주의를 견지하는 경향이 있다. 그들 상호간 연고나 정리(情理)에 의한 정실 관계로 인하여 공존을 위해 상부상조하고 있다고 판단할 수 있다. 이러한 연고나 정실 관계에 얽매어 비판 부재의 학문의 장을 조장하는 것은 한국의 대학 발전에도 지극히 바람직하지 못한 일이라 할 수 있다.

둘째, 파벌주의의 악습을 낳고 있다. 혈연, 지연, 학연에 기반을 둔 파벌주의는 대학, 학과, 전공, 교수 사이의 학문적 정보나 지식을 교환하는 데 장애물이 되고 있다. 또한 파벌주의는 또 다른 파벌이나 당파를 조성하며, 개인이나 학과 및 학교 상호간에 이기적인 학문 독점 풍토를 낳고 있다. 실로 현재 실행되고 있는 '두뇌한국21(Brain Korea 21) 사업'은 또 다른 파벌주의를 조성하고 있다. 김세균(1999)이 주장하듯이, 이 사업은 일부 특정 대학, 분야, 교수를 중심으로 연구가 할당되고 연구비가 부여됨으로 인하여 극소수 대학들의 학문적 독과점이 이루어지게 되었고 학문 분야간, 학교간, 교수간 수직적인 서열화와 폐쇄적인 파벌화를 조장하고 있다. 이러한 서열화와 파벌화는 대학의 기회 균등과 학문의 상호 발전에 의한 고등교육의 질적 향상이라는 기본적인 명제에도 상충될 뿐만 아니라 대학의 자율성과 학문의 자유라는 구호에도 명백히 위배된다고 볼 수 있다. 파벌화는 학문의 자유와 자율성을 저해하며 또한 학문의 개방성을 가로막아 상호경쟁체제하에서 대학의 학문 발전을 방해한다. 실로 "두뇌 한국21 사업"을 거의 독점하고 있는 주요 3개 대학의 모교 출신 교수 비율은 학문의 독과점과 파벌주의 실태를 명확하게 나타내고 있다. 1999년 9월 21일자 동아일보에 의하면, 서울대학교 95.6%, 연세대학교 80.3%, 고려대학교 60.1%를 차지하고 있다. 이 사실은 학연으로 인한 '학문의 동종번식'을 조장함으로써 상호교류와 경쟁에 의한 학문의 발전이라는 대명제를 위배하고 있다. 또한 이러한 사실은 대학 교원 인사 제도가 연고나 정실에 의존하고 있다는 임용체계상의 관행의 실상을 보여주는 것이라 하겠다.

셋째, 학사 행정의 정실주의를 조장하고 있다. 동아일보(1999. 9. 21)의 보도에 의하면 대학 교수 선정과정에서의 불공정한 임용 유형과 그 비율은 다음과 같이 나타나고 있다. 총장이나 임원진의 일방적인 결정에 의한 비율이 24.3%, 현금이나 금품 수수가 15.2%, 영향력 있는 사람에게 청탁이 6.5%로 나타났다. 이렇듯 정실주의에 입각한 학사 행정의 결과는 서정화 외(2000)의 연구 논문의 분석 결과에서 지적한 것처럼, 학내에서의 파벌 조성은 물론 이로 인한 갈등은 예산 배분 문제, 학과내의 결원 보충에 관한 문제 등을 야기하는 원인이 되고 있다(p. 200). 이와 같이 한국 고등교육에서 정실주의는 폐쇄적이고 편파적인 행정 체제를 촉진함으로써 합리적인 대학 교원 인사 관리 체제를 확립시키지 못하게 하고 있으며 학사 행정의 공정성과 투명성을 방해하는 요인이 되고 있다. 특히 이러한 정실주의의 폐해는 전임교원 임용보다도 시간

강사 채용시에 더욱 심하게 나타나고 있다. 정지창(2000)에 의하면 1999
년도에 전국 대학의 전임교수는 39,195명인 반면 시간강사는 41,889명
으로 대학 강좌의 30-40%를 시간강사가 맡고 있다고 발표하고 있다.
대학교육의 인건비 절감을 위한 시간강사의 채용은 연고에 의한 채용
관행을 답습함으로써 정실행정을 더욱 부추길 뿐만 아니라 나아가 대학
의 질적 저하를 초래하고 학문후속세대의 양성과 지식기반사회의 흐름
에 편승한 교육개혁을 구호에 그치게 하고 있다.

　넷째, 이기적인 학문관에 근거한 학문의 종속주의 내지는 사대주의
를 낳고 있다. 이러한 문제는 출신 학교에 기반을 둔 학연을 더욱 강화
시킬 뿐 아니라 동질적인 학문 집단을 형성하고 학문의 종속주의를 초
래하게 된다. 더욱이 외국에서 박사 학위를 취득한 사람들 중에서 일부
대학 교원들은 외국 학문의 종속성에서 탈피하지 못할 뿐만 아니라 간
혹 외국 학자의 학설이나 견해를 여과시키지 않고 학술지에 소개하거나
도용하는 우를 범하기도 한다. 심지어 이러한 현상은 국내에서 박사 학
위를 취득한 사람들에게도 흔히 볼 수 있다. 더구나 외국 대학에서 학위
를 이수한 대다수의 교원들은 외국 학문과 정보에 높은 가치를 두는 경
향이 있는 반면, 국내 대학에서 학위를 이수한 교원들은 대체적으로 그
들의 스승의 이론과 기술을 비판 없이 수용하고 활용하는 경향이 있다.

　끝으로, 동질적인 폐쇄적 조직 문화는 한국 고등교육이 안고 있는
또 하나의 문제이다. 연고에 바탕을 둔 정실주의는 또 다른 파벌주의나
집산주의를 야기하고, 이는 곧 폐쇄적인 동질성 추구로 교육 행정이나
학문 활동에 있어서 자신들의 기득권을 유지하기 위하여 내·외부의 의
사소통망을 수용하는 개방적인 조직 체계를 무시하고 대학의 봉사적 기
능을 외면하고 있다. 이러한 조직문화는 상아탑의 수직적인 서열구조의
선을 넘어서 현재의 학벌·학력주의 사회를 더욱 심화시키고 '한국판

카스트제도'를 형성시키고 있다(한겨레신문사, 2000). 실로, 서울대학교를 정점으로 독과점적이고 폐쇄적인 학벌주의는 우리나라의 정치, 경제, 사회 전반에 걸쳐 일부 특정 집단에 특권과 이익을 허용하는 반면, 대다수의 집단에 상대적인 박탈감과 피해를 끼치고 있는 실정이다. 이로 인하여 우리나라가 소수 특정인, 즉 학벌 좋고 학력 높은 사람만이 살기 좋은 곳으로 전락되지 않을까 심히 우려되는 바이다.

V
결론 및 제언

　　정(情)에 가치 기준을 두고 있는 온정주의와 정실주의는 한국 고등
교육 조직문화에 심대한 영향을 끼쳐왔다. 본고에서는 이 두 개념이 지
닌 순기능과 역기능을 균형있게 논의하지 않고 역기능을 개선하고 혁신
시키기 위하여 편향적인 시각으로, 즉 긍정적인 면에서 보다는 부정적
인 면에 초점을 두고 고찰하였다. 이러한 역기능적 문화와 가치를 재정
립하기 위하여 몇 가지 의견을 다음과 같이 제시하고자 한다.

　　첫째, 비평 문화의 부재를 개선시키기 위하여 먼저 연고나 정실에
의한 교원 인사 제도를 쇄신하고 본교 출신 교원 임용을 최대한 억제하
여야 한다. 그리고 대학 자율에 의한 대학간 교원 상호 교환이나 교류를
추진하고 토론과 비판 문화의 활성화를 제안한다. 신임 교원 채용시 국
· 공 · 사립대학 공히 본교 출신(학사 · 박사)이 각 학과 혹은 학부 단위
로 20퍼센트를 넘지 않도록 각 해당 학교의 교칙에 명시하고 이를 법제
화한다. 그리고 재직 교원은 국립대학의 경우 서울과 지방의 구분을 두
지 않고 매년 연차적으로 총원의 20퍼센트에 해당하는 교원을 교환하도
록 하고, 사립대학은 10개 내지 15개 학교군으로 상호 동료그룹을 조성

하거나 컨소시움을 형성하여 특성과 대학 사명에 부합되는 학교간 교원을 상호 교류하도록 권고한다. 특히, 서울대학교는 교원을 각 지방국립대학에 균형있게 교환하도록 한다. 그리고 국립대학간 격차와 불균형을 해소하고 균형적인 발전을 이룩할 수 있도록 한 대학에서 교원의 재임 기간을 5년으로 한정하여 교원의 정례적인 교환이 이루어지도록 한다. 또한, 대학 교원 인사제도를 공정하고 합리적으로 운영할 수 있도록 신규 임용, 교수 평가, 재임용, 승진 및 보직 임용 등의 제도를 공정성과 투명성을 고려하여 합리적으로 개선하고, 이에 대한 법적 기준을 마련하여 법제화한다. 이러한 기저 하에서 각 개인이나 집단은 건실한 토론 문화나 비평 문화를 활성화시킬 수 있는 적극적인 환경을 조성하고 나아가 학문의 자유를 신장하고 향유할 수 있도록 새로운 대학 문화를 창조해 나가야 할 것이다.

둘째, 대학가의 파벌주의와 정실주의를 최소화 내지 불식시키기 위하여 혈연, 지연, 학연에 의한 정실 위주의 폐쇄적이고 독단적인 교육행정 체제를 지양하고, 비민주적이고 불공정한 일부 행정 체제를 민주적이며 공명정대하고 합리적인 대학 행정 조직 구조로 재편함으로써 열린 조직 체제를 정립해야 한다. 환언하자면, 교육행정가나 정책입안자는 인사 관리의 투명성과 공정성을 정립할 수 있도록 연고와 정실을 배제할 수 있는 구성원으로 인사관리위원회를 구성하고 새로운 행정 체제를 도입해야 하며, 또한 위원회의 투명성을 제도적으로 명시하고 구성원의 자율성과 민주성을 보장해야 한다. 특히, 인사관리체제의 민주화와 더불어, 시간 강사의 선발에 있어서도 연고와 정실 인사가 배제된 공정한 심사 과정을 거쳐 강사를 채용해야만 대학의 민주화와 질적 향상을 촉진할 수 있다.

셋째, 학문의 종속주의와 사대주의를 타파하기 위해서는 학문의 교류와 교원의 상호 교환을 촉진해야 한다. 외국 학설의 무분별한 인용이나 비판 없는 활용을 자제하고 학교간, 학과간, 교수간 상호 교류와 협력 체제를 구축하여 학문의 공유와 호환을 촉진시켜야 한다. 특히 국외 학위 소지자와 국내 학위 소지자간 파벌과 독단을 불식시키고 상호호혜적인 동료 관계를 정립하도록 해야 한다. 학문의 종속주의를 벗어나기 위해서는 대학 교원과 학문 연구에 종사하는 사람들 스스로가 외국 학문에 대하여 냉철하게 비판할 수 있는 지적 능력을 겸비하고 아울러 한국의 문화적 토양에 적합한 이론을 개발하여 '우리의 학문'을 정립하여야 한다. 나아가 정부의 고등교육 정책입안자와 대학 행정가들은 대학의 구성원에게 내외적으로 학문의 질적 향상과 과학의 발전에 매진할 수 있도록 지나친 간섭이나 통제를 자제하고 교원의 권익과 학문의 자유를 보장해야 한다. 왜냐하면 국가가 학술연구나 학술지원을 명분으로 대학에 재정 지원을 함으로써 정부 관료에 의하여 대학이 통제를 받게 되고 대학이 자율성을 침해당하게 되어 대학기관의 국가 종속을 야기해 궁극적으로는 학문의 정치 종속화를 초래할 수 있기 때문이다. 따라서 가까운 미래에 정부 관료에 의한 대학 행정 감독이나 간섭은 배제되거나 최소화되어야 한다.

넷째, 동질적인 폐쇄적 조직문화를 최소화하기 위하여 먼저 연고주의와 정실주의를 청산할 필요가 있다. 나아가 이로 인한 학벌과 학력 위주의 파벌주의와 계층주의를 무력화하기 위한 범국민운동 전개와 사회적 분위기를 조성하며 나아가 각 분야 기득권층의 양보와 솔선수범이 선행되어야 한다. 특히, 정(情)의 역기능적 폐해의 한 가지로 연고주의의 표본이라 볼 수 있는 학벌 문제를 해결하기 위한 대안으로, 먼저 현재의 서울대학교를 국가가 필요로 하는 기초 학문 중심의 대학원 중심 연구기관 내지는 전문대학원으로 전환시키고, 또한 현재의 지방 국립종합대학교를 서울대학교와 동일한 수준으로 격상시켜 국립제1대학, 국립제2대학, 국립제3대학 등으로 개칭한다. 이로써 국립종합대학교를 평준화시켜 서울대학교 중심의 파벌주의와 학벌중심주의를 타파한다. 그리고 사립대학은 각 대학의 건학 이념에 적합토록 자율성, 특수성, 다양성을 부여하되 학사 행정 및 관리의 합리화와 민주화를 도모하고 공공성과 책무성을 성실히 수행하도록 법제화하여 사립대학의 사유재산화 내지 사기업화를 차단해야 한다. 더욱이 대학의 조직 문화를 개방화, 민주화하여 혈연, 지연, 학연에 기반을 둔 연고주의의 타파와 더불어 정실주의나 파벌주의를 최소화하거나 불식시킬 때 비로소 학문의 선진화와 대학의 세계화를 추구할 수 있을 것이다.

참고문헌

〈국문〉

김세균(1999). 「두뇌한국21(Brain Korea 21) 사업의 문제점」. 사회비평, 99년 10월호.

동아일보(1999. 9. 21: A21). 「학연 지연」.

서정화 외(2000). 「대학교원 인사제도 발전 방안」. 교육행정학연구, 18(3), 173 - 207.

윤사순(1980). 「퇴계 철학의 연구」. 서울: 고려대학교 출판부.

이병도(1973). 「율곡의 생애와 사상」. 서울: 서문당.

이상은(1973). 「퇴계의 생애와 학문」. 서울: 서문당.

이 환(1999). 「근대성, 아시아적 가치, 세계화」. 서울: 문학과 지성사.

정지창(2000). 「시간강사를 위한 기도」. 학술진흥재단소식, 9(3), 28 - 29.

한겨레신문사(2000. 11. 9). 현대판 카스트, 학력차별 무덤까지 간다 당신의 학벌! 한겨레 21, 제332호. 14 - 24.

〈영문〉

Barley, S. R.(1984). *Technology as an Occasion for Structuration: Observations on CT Scanners and the Social Order of Radiology Departments* (Cambridge, Mass.: Sloan School of Management, Massachusetts Institute of Technology).

Becker, H.(1982). *Art World* (Berkeley: University of California Press).

Blackburn, S.(1994). *The Oxford Dictionary of Philosophy* (Oxford: Oxford University Press).

Borgatta, E. and Borgatta M.(1992). *Encyclopedia of Sociology.* Vol. 1 (New York, NY: Macmillan Publishing Company).

Chan, Wing - tsit, ed.(1986). *Chu Hsi and Neo - Confucianism* (Honolulu:

University of Hawaii Press).

Chu Tzu Chuan −shu, 45: 3a − 19b; 45: 4a.

Chu Tzu wen −chi, 67: 21a.

Chung, E. Y. J.(1995). *The Korean Neo −Confucianism of Yi Toegye and Yi Yulgok*. Albany, New York: State University of New York Press.

Clark, Burton R.(1970). The Organizational Saga in Higher Education, *Administrative Science Quarterly*, Vol. 17: 178 − 184.

Clark, Burton R.(1992). *The Distinctive College* (New Jersey: New Brunswick, Transaction Publishers).

de Bary, W. T.(1960). *Sources of Chinese Tradition*, Vol. 1 (NY.: Columbia University Press).

de Bary, W. T.(1981). *Neo −Confucian Orthodoxy and the Learning of the Mind −and −Heart* (NY.: Columbia University Press).

de Bary, W. T.(1989). *The Message of the Mind in Neo −Confucianism* (NY: Columbia University Press).

Deal, T. E. and Kennedy, A.(1982). *Corporate Culture: The Rites and Rituals of Corporate Life* (Reading, MA; Addison − Wesley).

Deuchler, M.(1992). *The Confucian Transformation of Korea: A Study of Society and Ideology.* Harvard − Yenching Institute Monograph Series 36 (Cambridge, Mass.: Harvard University Press).

Douglas, M.(1986). *How Institutions Think* (Syracuse, N.Y.: Syracuse University Press).

Gagliardi, P., ed.(1990). *Symbols and Artifacts: Views of the Corporate Landscape* (New York: de Gruyter).

Garfinkel, H.(1967). *Studies in Ethnomethodology* (Englewood Cliffs, NJ: Prentice − Hall).

Geertz, C.(1973). *The Interpretation of Cultures* (NY: Basic Books).

Gitlin, T.(1985). *Inside Prime Time* (New York: Pantheon).

Goffman, E.(1959). *The Presentation of Self in Everyday Life* (New York: Doubleday).

Graham, A. C.(1986). *Review of the World of Thought in Ancient China* by Benjamin I. Schwartz, Times Literary Supplement (London).

Griffiths, P. J., ed.(1990). *Christianity Through Non −Christian Eyes* (Maryknoll,

N. Y.: Orbis Books).

Gutek, G. L.(1972). *A History of the Western Educational Experience*. Prospect Height, Illinois: Waveland Press Inc.

Hall, D. L., and Ames, R.(1987). *Thinking Through Confucius* (Albany: SUNY Press).

Hannerz, U.(1969). *Soulside: Inquiries into Ghetto Culture and Community* (New York: Columbia University Press).

Hatton, R.(1982). Chi's Role within the Psychology of Chu Hsi, *Journal of Chinese Philosophy*, 9 (4), pp. 441 – 469.

Hofstede, G.(1980). *Cultures Consequences: International Differences in Work –Related Values* (Beverly Hills, CA: Sage Publications).

Homans, G.(1950). *The Human Group* (Orlando, Fla.: Harcourt Brace Jovanovich).

Hsun Tzu: *Basic Writings*, trans., Burton Waston(1964). (Columbia University Press).

Kalton, M. C. trans.(1988). *To Become a Sage: The Ten Diagramms on Sage Learning by Yi Toegye* (New York: Columbia University Press).

Katz, J.(1988). *Seductions of Crime: Moral and Sensual Attractions of Doing Evil* (New York: Basic Books).

Keesing, R. M.(1974). Theories of Culture, *Annual Review of Anthropology*, 3, pp. 73 – 97.

Kluckhohn, F. R. and Strodtbeck, F.(1961). *Variations in Value Orientations* (New York: Row, Peterson).

Knoblock, J.(1988). *Xunzi: A Translation and Study of the Complete Works*, Vol. 1., Books 1 – 6 (Stanford University Press).

Latour, B.(1987). *Science in Action: How to Follow Scientists and Engineers through Society* (Cambridge, Mass: Harvard University Press).

Lee, J. K.(1997). *A Study of the Development of Contemporary Korean Higher Education*, Unpublished Ph.D. dissertation (The University of Texas at Austin).

Lee, J. K.(2001). *Impact of Confucian Concepts of Feelings on Organizational Culture in Korean Higher Education, Radical Pedagogy*, 3 (1).

Liddell, H. and Scott, R.(1968). *A Greek –English Lexicon* (Oxford: The Clarendon Press).

Lincoln, J. and Kalleberg, A.(1990). *Culture, Control, and Commitment: A Study of Work Organization and Work Attitudes in the United States and Japan*.

Lunenburg, F. and Ornstein, A.(1991). *Educational Administration: Concepts and Practices* (Belmont, CA: Wadsworth Publishing Company).

Mencius, *The Works of Mencius*, ed. and trans., James Legge(1970). (New York: Dover).

Neitz, M.(1987). *Charisma and Community: A Study of Religious Commitment within the Charismatic Renewal* (NJ: New Brunswick).

Ouchi; W.(1981). *Theory Z Reading* (MA: Addison – Wesley).

Ozmon, H. and Craver, S.(1990). *Philosophical Foundations of Education* (New York, NY: Macmillan Publishing Company).

Pascale, R. T., and Athos, A. G.(1981). *The Art of Japanese Management* (New York: Simon & Schuster).

Ritti, R. R. and Funkhouser, G. R.(1982). *The Ropes to Skip and the Ropes to Know* (Columbus, Ohio: Grid).

Rokeach, M.(1973). *The Nature of Human Values* (New York; Free Press).

Sackman. S.(1991). *Cultural Knowledge in Organizations: Exploring the Collective Mind* (Newbury Park, CA: Sage).

Schein, E.(1968). Organizational Socialization and Profession of Management, *Industrial Management Review*, 9, pp. 1 – 15.

Schein, E.(1984). Coming to a New Awareness of Organizational Culture, *Sloan Management Review*, 23, pp. 55 – 68.

Schein, E.(1992). Organizational Culture and Leadership, 2nd edition (San Francisco: Jossey – Bass Publishers).

Schneider, B. (Ed.).(1990). *Organizational Climate and Culture* (San Francisco: Jossey – Bass).

Schultz, M.(1991). *Transition between Symbolic Domains in Organizations*, Copenhagen Business School Papers in Organization, No. 1 (Copenhagen, Denmark: Copenhagen Business School).

Schwartz, B. I.(1985). *The World of Thought in Ancient China* (Cambridge: Harvard University Press).

Smircich, L.(1983). Concepts of Culture and Organizational Analysis, *Administrative Science Quarterly*, 28, pp. 339 – 358.

Star, S.(1989). *Regions of the Mind: Brain Research and the Quest for Scientific Certainty* (Stanford, CA: Stanford University Press).

Swidler, A.(1986). Culture in Action: Symbols and Strategies, *American Sociological Review*, 51, pp. 273 – 286.

Tagiuri, R. and Litwin, G.(1968). *Organizational Climate* (Boston: Division of Research, Harvard Graduate School of Business).

Tongqi, L., Rosemont, H. Jr., and Ames, R. T.(1995). Chinese Philosophy: A Philosophical Essay on the "State – of – the Art," *The Journal of Asian Studies*, 54 (3), pp. 727 – 758.

Trice, H. and Beyer, J.(1993). *The Cultures of Work Organizations* (Prentice Hall). Valentine, C. A.(1968). *Culture and Poverty: Critique and Counter Proposals* (Chicago: University of Chicago Press).

Van Maanen, J.(1976). Breaking In: Socialization to Work, In R. Dubin (Ed.), *Handbook of Work, Organization and Society* (Skokie, Ill.: Rand McNally).

Van Maanen, J. and Schein, E.(1979). Toward a Theory of Organizational Socialization, *Research in Organizational Behavior*, 1, pp. 209 – 264.

Weber, M.(1968). *The Religion of China: Confucianism and Taoism,* trans. H. M. Gerth (New York: Free Press).

제8장

한국 고등교육의 지도력과 조직문화

−유교적 관점: 논어를 중심으로−

I
서 론

한국 역사에서 유교는 우리의 문화와 사회 전반에 크나큰 영향을 끼쳐왔다. 특히 조선시대(1392－1910년)에 유교는 정치, 경제, 사회, 문화, 교육 등에 걸쳐 지대한 영향을 미쳤다. 유교사상은 500년 이상 조선 사회의 황금률이었다고 해도 과언이 아니다. 현재까지도 유교는 개인의 도덕성 함양이나 조화로운 사회 구축에 있어 중요한 규범과 척도가 되고 있다. 자기수양과 더불어 사회·정치적 질서와 조화를 강조하는 유교 원리를 토대로, 한국인은 전통적으로 인간 본성의 완성 추구, 조화로운 사회 구축, 의례적 행사 수행 등을 추구해왔으나, 과학적 탐구, 실증적 방법, 그리고 실용적 가치 등은 일반적으로 경시해 왔다고 볼 수 있다. 조선초기부터 유교는 한편으로는 대중을 다스리고 선도할 관료 양성을 위한 수단으로써, 다른 한편으로는 윤리를 추종하고 순응할 수 있는 대중을 교화시키기 위한 도구였다. 조선왕조는 유교 중심의 교육기관과 과거제도를 통해 엄격한 권위주의 관료사회를 수립하였다.

특히 성균관은 조선왕조 수도에 설립된(1398년) 최고의 국립엘리트교육기관으로서 고구려의 태학, 신라의 국학, 고려의 국자감의 교육체제와 기능을 계승하였으므로, 명실공히 한국 유교의 정통적 계승자이자 유학 혹은 유교의 성소였다고 볼 수 있다. 성균관이 유교적 관료 양성기관의 요람이었다면, 과거제도는 조선시대의 유교교육의 꽃이었다고 볼 수 있다. 조선조 말기(19세기말엽)에 이르러 성균관은 피할 수 없는 외세의 흐름에 밀려 최고의 국립교육기관으로서의 전통과 권위를 유지할 수 없는 처지가 되었고 과거제도 또한 외세의 강압으로 인하여 강제 폐지되었다. 그럼에도 불구하고, 유학의 유무형적 전통과 과거제도는 오늘날 한국교육에 지대한 영향을 끼치고 있다.

현대 한국사회는 개인, 단체, 조직에 있어 새로운 사회적 가치와 조직문화가 형성되고 있다. 다양한 여러 나라의 이질적인 문화와 사상이 한국사회에 빠르게 유입되면서 정치적, 사회적, 경제적, 문화적으로도 크나큰 영향력을 발휘하고 있다. 이런 흐름과 함께, 전통사상과 서구사상에 토대를 둔 신구(新舊)의 가치관은 한편으로는 갈등, 다른 한편으로는 조화의 양상을 띠면서 현대 한국사회에 공존하고 있다. 더욱이, 교육열, 정실주의, 파벌주의 등과 같은 유교적 내지 반유교적 가치가 한국경제와 교육조직에 직접적 혹은 간접적으로 연결되어 많은 영향을 끼치고 있다.

몇몇 서구 학자들(de Bary, 1996; Hart, 1993; Hofstede, 1980; Hofstede & Bond, 1988; Psacharopoulos, 1984; Tu, 1996)의 주장대로, 유교사상은 한국의 경제발전뿐만 아니라 고등교육의 확대 측면에서 촉매제 역할을 하였다고 볼 수 있으나, 연고주의, 온정주의, 파벌주의, 서열주의와 같은 유교적 혹은 반유교적 가치는 한국사회와 교육에 긍정적인 면보다 부정적인 면에 더 큰 영향을 미쳤다고 볼 수 있다. 일부 학자들(이 환, 1999; 김경일, 1999)은 유교사상의 온정주의와 연고주의가 한국의 교육 조직문화뿐만 아니라 사회 조직문화 전반에 걸쳐 부정적인 영향을 미쳤다고 주장하고 있다.

위와 같은 상반된 주장에도 불구하고, 유교사상이 한국의 고등교육 조직문화와 리더십에 지대한 영향을 끼치고 있다는 가정을 설정하면서, 본 연구자는 조직문화의 지도력과 윤리적 측면에서 유교사상과 한국 고등교육과의 관계를 논리적으로 고찰하고자 한다. 따라서 이 연구의 목적은 우리나라의 대학행정에 있어서 지도력과 조직문화에 영향을 미친 유교사상을 탐구하고, 교육행정학적 관점에서 지도자 혹은 관리자의 리더십과 윤리적 가치를 논어(論語)에서 논술하고자 한다.

본 연구를 체계적으로 논의하기 위해서 문헌 중심의 기술적 내용 분석방법(Gay, 1992)을 이용한다. 이 연구의 내용과 범위는 다음과 같다. 첫째, 논어에 나타난 리더십(leadership)과 윤리적 가치를 조직문화와 결부시켜 논의할 것이다. 둘째, 조직문화의 리더십과 윤리적 가치에 초점을 맞추어, 현대 한국 고등교육에 있어서 유교적 가치를 논의할 것이다. 마지막으로 이 연구의 결론을 마무리할 것이다.

Ⅱ
논어에 나타난 리더십과 윤리적 가치:
조직문화론적 관점

서구에서 리더십에 대한 연구는 활발히 전개되어 그 정의만도 350 편 이상이나 산출되었다(Bennis & Nanus, 1985). 그 중 몇몇 대표적인 정의를 살펴보면: "리더십은 목표 성취에 대한 영향력 있는 그룹 활동의 진행 과정이다(Bass, 1985, p. 56)"; "리더십은 다른 사람의 사고와 행동에 영향력을 주기 위하여 불가피하게 요구되는 권력이다(Zaleznik, 1977, p. 67)" ; "리더십은 효과적인 영향력이다(Argyris, 1976, p. 227)" ; "리더십은 지도자와 종속자간의 상호작용이다(Graen, 1976, p. 116)"; "리더십은 문화적 표현으로서 몇몇 차원의 복잡한 상호작용으로부터 기인한다 (Sergiovanni, 1984, p. 70)"등이다.

이와 같은 정의를 종합하자면, 전반적으로 리더십의 정의는 크게 두 가지로 대별할 수 있다. 첫째, 리더십은 지도자와 종속자간에 달리 배분된 영향력과 권위 안에서 형성된 관계라는 개념이다. 둘째, 리더십은 조직 내에서 지도자에 의해서 창조된 문화의 일부라고 볼 수 있다. 이러한 관점에서 볼 때, 리더십과 조직문화는 상호 불가분의 관계에 있다 하겠다.

1. 리더십(leadership)

논어(論語)에서는 리더십(指導力)의 개념을 일반적으로 통치, 정부, 정치적 명령, 정책으로 해석되는 정(政)으로 설명하고 있다. 공자(孔子)는 제자들에게 다음과 같이 여러 가지 사회·정치적 소재와 함께 정(政)에 대해 묻고 답하고 있다.

> 공자께서 말씀하시길, '정(政)은 정(正)이다. 솔선하여 바르게 행한다면 누가 감히 바르게 행하지 아니하겠는가?'(논어 12:17)

> 항상 마음을 국정(國政)에 두어서 게으름이 없으며, 일단 시정을 함에 성실로써 다하라.(논어 12:14)

> 임금이 임금노릇을 하고, 신하가 신하노릇을 하고, 아비는 아비노릇을 하고, 자식은 자식노릇을 다하는 것만이 정치의 참 근본이다.(논어 12:11)

> 참으로 자기의 몸을 바르게 한다면 정치를 하는데 어려움은 없다. 자기의 몸을 바르게 못한다면 어찌 남을 바르게 다스릴 수가 있겠는가?(논어 13:13)

논어에서는 동음이의어의 어원을 고려하여, 정(政)은 정(正)과 연관되어 있고, "최선을 다하라, 의무를 다하라, 스스로 올바르게 행하라"와 같은 의미도 함축하고 있다. 한문에서 "정(正)"의 어원은 "고치다, 올바르다"의 의미를 나타내고 있다. 어원에서 보는 것처럼, "정"은 "개선"과 연관되어 있고, 리더의 역할을 의미하는 "의무를 다하라, 스스로 올바르게 행하라"와 같은 정치·사회적 개념도 포함하고 있다. 또한, 리더의 역할을 토대로, 공자는 사회정치적 질서 유지와 위민(爲民)의 개념으로 정치를 설명하고 있다.

> 자공이 정사(政事)에 대하여 묻자, 공자께서 대답하셨다.
> '식량을 충족시키고, 군비를 충분히 하고, 백성들을 믿게 하는 것이다.'(논어 12:7)

> 자로가 정치에 관하여 묻자, 공자께서 말씀하셨다.
> '솔선하여 백성들에 앞서서 일하고 인민(人民)의 수고를 위로하라'
> 자로가 좀 더 자세한 설명을 해 달라고 청하자, 공자께서
> '지치고 게을리 해서는 안 되느니라' 말씀하셨다.(논어 13:1)

> 엽공이 정치에 대해 묻자, 공자께서 말씀하였다.
> '가까운 자가 기뻐하고 먼데 있는 자가 찾아오는 것이다.'(논어 13:16)

그리고 공자는 리더십의 관점에서 군주의 필수 전제조건과 이상적 자세에 대하여 다음과 같이 강조하였다. 군주가 자기 스스로를 다스려야만 백성들에게 만족을 줄 수 있다(논어 14:42); 군주와 백성이 함께 기뻐해야 한다(논어 12:19); 위엄과 자비를 가지고 백성을 대하라(논어 2:20). 또한, 사회정치적 조화를 위해 공자는 먼저 개인 수양을 한 후에 사회정치적 참여를 할 것을 강조하였다. 공자의 이러한 주장은 Hall과 Ames(1987, p. 164)가 지적하였듯이, 개인적 수양과 사회정치적 조화는 상호불가분의 관계에 있음을 간파하고 있다. 왜냐하면, 전자는 사회적 혹은 정치적 참여하에서 이루어질 수 있는 것이고, 후자는 개인적 수양이 성취되었을 때 정당화될 수 있기 때문이다.

더욱이 공자는 지도자의 윤리 의식과 행동뿐만 아니라, 명분도 강

조하였다. 국가 행정에는 명분(正)이 첫째로 고려되어야 한다고 했다(논어 13:3). 또한 '덕으로써 정치를 함은 마치 북극성이 북극에 자리 잡고 있으되 한결같이 여러 별들이 사면으로 돌아 이를 보좌함과 같다'고 하였다(논어 2:1). 그러므로 이상 정치를 위해 예절(논어 14:41)과 미덕(논어 4:11)을 강조하였다. 특히, '권위는 도덕적 가치로서의 의미이다'(논어 6:29) 라고 하여 리더십은 권위가 있어야 함은 물론 도덕적이어야 함을 주장하였다. 이런 맥락에서 볼 때, 지도자에게는 사회 · 정치 질서 유지를 위한 권위뿐만 아니라 개인적 수양을 함양할 수 있는 덕성이 리더십의 필수적인 덕목이나 가치임을 알 수 있다.

게다가, 공자는 군주와 신하의 우호적인 관계를 강조하였다. 예를 들어, 군주는 신하를 부리되 예(禮)로써 부리고, 신하는 임금을 섬기되 충성을 다하여 섬겨야만 한다(논어 3:19). 또한 군주는 통치를 위해 윤리적 리더십을 습지해야 하고, 신하에게는 군주를 향한 충정심을 가질 수 있도록 가르쳐야 한다고 충고하였다.

이상에서 살펴본 바와 같이, 공자는 사회정치적 측면을 고려하면서, 군주가 되려고 하는 자는 도덕적 자세와 태도를 지닌 윤리적 지도자가 되어야 한다고 주장하고 있다. 또한 개인적 수양을 바탕으로 사회조직에서 조화로운 인간관계를 강조하고 있다.

위에서 언급된 공자의 지도력을 서구의 리더십 이론에 따라 논의해 본다면, 공자의 지도력 논리는 서구 리더십 논리의 네 가지 주요 접근 방법인 영향력, 특성, 행동, 가능성과 일치하지는 않는다. 하지만 지도자의 개인적 능력, 관리 동기 및 기술, 도덕적 가치 측면에 중점을 둔 "특성" 접근 방법을 고려해 보면, 논어에 제시된 2가지 유형의 리더십-권위적 리더십과 인화적 리더십-으로 요약될 수 있다. 전자는 전통적 리더십과 거의 일치한다. 공자가 제시한 리더십은 House와 Singh(1987)가 제시하고 있는 지도자가 갖추어야 할 요소인 고도의 존엄, 헌신 및 신의를 강조하고 있기 때문이다. 반면, 후자는 변형된 리더십과 가깝다고 볼 수 있다. 공자는 Burns(1978)가 주장한 것처럼 주종간에 도덕적 가치와 질서 유지의 고양을 중시하고 있기 때문이다.

2. 조직문화의 윤리적 가치

조직문화는 조직 구성원에 의해서 공유된 신념과 기대의 한 양상으로 정의되며(Schwartz & Davis, 1981), 조직의 리더나, 전례와 의식, 사회적 가치나 규범, 그리고 의사 교환 등이 조직문화 창조의 핵심적 요소로 간주되고 있다(Deal & Kennedy, 1982).

구체적 개념으로는 신봉된 가치(Deal & Kennedy, 1982), 문화, 전통, 의식과 같은 관찰 가능한 행동이나 규칙(Goffman, 1959; Trice & Beyer, 1993; Van Maanen, 1976), 철학(Ouchi, 1981; Pascal & Athos, 1981), 규범(Homans, 1950), 게임의 규칙(Ritti & Funkhouser, 1982; Schein, 1968; Van Maanen, 1976), 감정이나 풍토(Schneider, 1990; Tagiuri & Litwin, 1968), 사고의 습관과 언어적 패러다임(Douglas, 1986; Hofstede, 1980; Van Maanen & Schein, 1979), 공유된 의미(Barley, 1984; Geertz, 1973; Smircich, 1983), 근본적인 은유 혹은 통합적 상징(Gagliardi, 1990; Schultz, 1991), 공유된 가치와 기본 가설(Schein, 1992), 유·무형의 실체적 변형(이정규, 2001) 등 이다.

이처럼 조직문화의 개념은 리더십, 전례, 철학, 규범, 가치 등의 핵심적 용어로 표현되고 있다. 본장에서는 이들 개념 중 가장 핵심적인 개념이라 볼 수 있는 리더십과 연관된 윤리적 가치에 초점을 맞추어 조직

문화론적 관점에서 논의하고자 한다.

논어의 관점에서 리더십과 윤리적 가치 및 조직문화의 관계를 정리해 본다면, 공자는 조직문화 창조와 유지의 핵심 요인인 리더십을 사회적 도덕 가치와 개인적 도덕 가치의 두 가지 관점에서 설명하고 있다. 일반적으로 문화는 사회의 가치와 일상생활의 과정에서 산출된 유무형의 복합체이기 때문에 개인적 가치는 리더십과, 사회적 가치는 조직문화와 관련이 있다고 본다(Swidler, 1986). 공자에게 있어서도 이상적 리더십과 조화로운 사회 구축을 위한 필수 요소로서 윤리적 가치는 건전한 조직문화 창조에 필수불가결한 요인으로 인식되고 있다.

서구의 리더십 용어를 빌려 표현하자면, 공자는 논어에서 군주란 문화적 리더십(cultural leadership)을 지닌 도덕적 관리자(moral manager)가 되어야 한다고 주장하고 있다.

'자비로운 자는 자신이 이루고자 할 때, 남도 이루게 한다. 또한 가까운 자신을 가지고 남의 입장을 비켜가는 것이다.'(논어 6:30)

공자께서 말씀하셨다. '군자가 나아갈 도는 셋이 있는데 나는 하나도 능통함이 없다. 즉 인자(仁者)는 근심하지 않고, 지자(知者)는 미혹하지 않고, 용감한 자는 무서워하지 않는다.'(논어 14:28)

공자는 논어에서 군자를 인자(仁者), 지자(知者), 용기 있는 자(勇者)로 보고 있다. 또한 덕(논어 4:11)과 정의(논어 4:16)를 지니고 있는 자로 생각하고 있다. 관대함, 지혜, 용기, 미덕, 정의와 같은 윤리적 가치는 군주가 집단사회의 도덕적 관리자가 되기 위해 갖추어야만 하는 필수적 도구로 간주하고 있다. 이와 같은 윤리적 가치를 기초로, 공자는 군주의 행동 기준을 다음과 같이 제시하고 있다.

'군자가 생각하는 바에 아홉 가지가 있다. 눈으로는 청명하게 보고, 귀로는 정확하게 듣고, 안색은 온화하고자 생각하고, 용모는 공손하고자 생각하고, 말에는 신의가 있어야 함을 생각하고, 일을 함에 있어서는 정성스러워야 함을 생각하고, 의심스러울 때는 물어서 밝히고자 생각하고, 분이 날 때는 잘못하여 환난을 부모에게 끼치지 않을까 생각하고, 이득을 보면 의로운가를 생각한다'(논어 16:10).

조직문화론적 측면에서 윤리적 가치가 개인과 사회의 도덕적 행동 기준보다 선호된다고 가정했을 때, 논어에서의 행동 기준이란 군주의 행동과 특성뿐만 아니라 도덕적 관리자의 윤리적 가치체계를 일컫는다. 특히 공자는 도덕적 군주의 필수 요소로서 자애와 지혜를 손꼽았다. 그는 논어에서 자애란 '신하에 대한 사랑'을, 지혜란 '신하에 대한 앎'이라고 했다(논어 12:22). 따라서 전자는 군주와 신하 사이의 조화로운 관계를 유지하기 위한 주요 요소이고, 후자는 효율적인 리더십을 발휘하기 위한 필수 요소라 할 수 있다. 또한 공자는 사회 안녕을 위하여 몇 가지 중요한 윤리적 가치를 제시하였다: (1) 군주와 신하 사이의 상호 윤리 가치는 예절, 정의, 충성 및 신뢰이다; (2) 신하의 윤리 가치는 충성, 효성 및 존경이다; 그리고 (3) 군주의 윤리 가치는 용서, 자애, 지혜 및 개선이다.

이를 조직문화론적 관점에서 비추어 볼 때(Daft, 1992, pp. 326 - 328), 논어에서 나타난 윤리는 가치, 도덕적 발견, 윤리적 구조를 포함한 개인적 윤리 범주에서 중요한 역할을 한다고 볼 수 있다. 뿐만 아니라 예절, 의식, 상징을 포함하는 사회적 조직 범주에서도 중요한 역할을 차지하고 있다. 조직을 성공적으로 이끌기 위해서 지도자는 이상적 도덕성을 지닌 관리자로서 뿐만 아니라 문화적 윤리를 창조하는 문화적 지도자가 되어야 한다고 볼 수 있다.

이상에서 논의한 것을 종합해 볼 때, 논어에서 강조되고 있는 리더십과 윤리적 가치는 유교적 원리와 규범에 기초한 상호호혜적인 주종관계에 바탕을 두고 있다고 평가한다. 건전한 조직문화의 창조를 위해서는 도덕이 바탕이 된 개인적, 사회정치적 질서를 수립하여야 한다. 조직문화 창조의 핵심 요소로서의 개인적 질서는 도덕적인 지도자의 리더십과 밀접하게 연관되어 있어야 하며, 이상적인 사회 건설을 위한 사회정치적 질서는 문화적 리더십과 건전한 윤리적 특성을 내포한 조직문화와 밀접하게 연관되어 있어야 한다.

Ⅲ

현대 한국 고등교육의 리더십과 조직문화에
영향을 끼친 유교적 가치

유교사상은 한국의 엘리트 및 고등교육에 다음과 같은 영향을 미쳤다. 첫째, 학문을 숭상하는 유교적 가치는 높은 교육열을 중시하여 관료집단의 양성에 기여하였다. 이는 전통시대 선비관료의 역할을 이어받은 우수한 관료엘리트들이 한국의 경제 성장을 주도한 주요 요인임을 말한다. 둘째, 공동체주의에 따라 주종 간에 상호호혜적인 관계를 성립하였다. 셋째, 관리 선출을 위한 체계적인 시험제도(科擧制度 - 高等考試)를 정립하였다. 시험 종목, 횟수, 자격 등에 따른 체계정립에 유학이 그 이론적 토대가 되었다. 넷째, 국가 이념에 따른 민생 안정을 위해 단계적인 교육기관을 전국 각지에 설립하는데 영향을 미쳤다.

그러나 이러한 긍정적인 영향에도 불구하고, 부정적인 영향도 적지 않았다. 유교적인 개인적 윤리와 사회정치적 질서에 기초하고 있는 유교적 리더십은 권위적 리더십뿐만 아니라 인화적 리더십을 권유하고 있지만, 실상은 권위적 리더십이 강조되어 한국 고등교육의 리더십은 일반적으로 위계적이고 권위적인 양상을 띠게 되었다. 1948년 대한민국정부 수립이래, 교육부[현재 교육과학기술부]는 중앙집권체제로 모든 한국 고등교육기관을 지배하고 통제함으로써 대학은 자율성, 특수성, 다양성을 거의 상실하고 있다. 교육부와 마찬가지로, 대부분의 대학행정가들도 인화적 리더십보다는 권위적 리더십을 선호하면서 교직원과 학생들을 통제하는데 익숙해져 있다.

예를 들면, 첫째, 일상적으로 부하직원은 상사에게 순종하며 반대의견을 제시하지 않는다. 둘째, 공식 석상에서 자리배치는 지위, 나이, 성별에 의해 결정되고 있다. 셋째, 여성들은 행정·관리 분야에서 남성들에 의해 차별을 받거나 불이익을 당하고 있다. 2001년 현재 일반 4년제 대학의 경우, 여학생의 비율은 거의 40%에 이르고 있을 뿐 아니라, 전체 박사학위 소지자의 여성비가 23%에 이름에도 불구하고 여교수의 비율은 국·공립 대학의 경우 8.8%, 사립대학의 경우 15% 수준에 그치고 있다. 더욱이 여교수가 단 한명도 없는 4년제 및 전문대학이 9곳이나 된다. 넷째, 대부분의 대학행정가는 학교 행정과 의사결정과정에서 구성원들에게 참여 기회를 주지 않거나 그들의 의견을 잘 수렴하지 않는 경향이 있다. 마지막으로, 행정·관리자는 일반적으로 교직원들에겐 학교를 위해 헌신해 줄 것을 강요하며, 학생들에겐 교수들에게 순종할 것을 미덕으로 강조한다. 헌신과 순종의 강요는 한국 대학행정의 주요 특성으로 볼 수 있다(Lee, 1997; 1999a; 1999b).

교육행정학적 관점에서, 유교가 한국의 대학행정에 끼친 몇 가지 사항을 지적하자면 다음과 같다. 첫째, 유교적 권위주의에 바탕을 두고 있는 한국의 대학사회의 조직문화는 경직된 의사소통 패턴을 유지함으로 인하여 상당히 폐쇄적이다. 우리의 대학에서 많은 교육행정가들이 인화적 리더십 보다는 권위적 리더십을, 도덕적 관리자 보다는 독재적 관리자를 더 선호하는 경향이 있다. 그러므로 도덕적 가치와 상호호혜적 관계에 기초를 둔 변형된 리더십은 현재 한국 대학행정의 장(場)에선 아직 자리를 잡지 못하고 있는 실정이다.

한국의 대학행정에서 폐쇄적인 조직구조 또한 유교적인 위계적 조직체계에 기인함을 들 수 있다. 폐쇄적인 조직구조는 형식적 관리체제를 유지시켰을 뿐만 아니라, 경직된 의사소통 구조를 형성하였다고 볼 수 있다. 관리자와 부하직원 사이의 주종적인 위계관계는 한국 대학행정에도 지대한 영향을 끼치고 있다(Lee, 1997; 1998). 예를 들면, 교수회의에서 좌석 배치마저도 보편적으로 지위, 나이, 성별에 의해 결정되고 있다. 특히, 한국사회에서 연령과 경륜은 사회적 지위를 결정짓는 아주 중요한 기준이 되고 있다. 대학사회에서도 연령과 경륜은 보직과 승진에 많은 영향을 미치고 있는 것이 사실이다.

또한 교수와 학생의 관계도 유교적 가치체계와 원리를 따르고 있다. 일반적으로 학생은 군사부일체(君師父一體)라는 유교적 기본원리의 바탕에서 스승에게 복종과 존경을 강요당하는 반면, 교사는 부모·자식간의 관계와 유사하게 정당한 권위와 유교적 가치로 학생을 지도하려 한다(Janelli, 1993; Lee, 1997; 1998; 1999b). 이런 관점에서, Hofstede와 Bond(1988)가 지적한 것처럼 일본 기업문화를 이끌고 있는 유교적 가치체계와 원리에 기초한 리더십이 우리나라의 고등교육에도 적용되어 대학의 조직문화를 이끌고 있다고 볼 수 있다.

둘째, 유교적 가치는 한국 고등교육의 조직구조와 조직문화에 긍정적 영향과 부정적 영향을 미쳤다. 긍정적인 측면에서, 유교적 가치는 관리자와 직원간의 상호호혜적 관계를 정립하였다. 또한 한국 국민에게 교육열을 일깨웠으며, 도덕성 향상의 필요성을 강조하였다. 부정적인 측면에서, 유교사상은 남성과 여성을 차별하는 남존여비사상과 가부장적 문화 형성에 영향을 미쳤다. 그리고 타학교 출신을 배척하는 파벌적 연고주의를 형성하였으며, 하급자의 의견을 무시하는 폐쇄적 권위주의를 심었다. 또한 인맥간 정실주의, 학교간 학벌주의, 기관간 배타주의를 형성하는 계층간, 집단간 파벌주의를 형성하였다. 이러한 반유교적 분파주의 내지 정실주의로 인하여 현대 한국 고등교육에서 학문적 자유와 상호교류가 제대로 실행되지 않고 있다.

마지막으로 위에서 논의된 것을 종합해 볼 때, 한국 고등교육에서 조직문화의 주요 특징을 다음과 같이 정리할 수 있다. 경직된 의사소통 구조를 가진 폐쇄주의, 유교적 위계질서에 기초한 권위주의, 연고에 기초한 정실주의, 유교적 원리에 근거한 상호호혜적 온정주의, 남존여비 사상에 기초한 남성우월주의 지배문화, 그리고 붕당적 인맥주의에 근거한 학벌주의이다.

IV
결 론

　　본고는 논어에서 나타난 리더십과 윤리적 가치로부터 유교사상이 한국 고등교육의 조직문화에 끼친 영향력에 대하여 고찰하였다. 지금까지 유교는 고등교육행정의 리더십과 조직문화에 지대한 영향을 미치고 있다. 하지만 한국의 경제발전과 더불어 유교 사상은 점차 쇠퇴하고 있으며, 반유교적 가치와 서구 사상은 빠르게 확산되고 있다. 특히 상호호혜적인 온정주의보다는 연고와 인맥에 의한 정실주의가 대학사회에 팽배하고 있으며, 민주적 지도력보다 권위적 지도력이 선호되고 있고, 개방적이며 수평적인 조직구조보다는 폐쇄적이고 수직적인 조직구조를 고수하고 있다. 이로 인하여 대학사회는 권위주의와 연고주의 및 학벌주의가 편만하고 있다. 이러한 반유교적인 가치를 타파 내지 최소화하지 않는다면 앞으로 우리 대학의 교육행정은 학문의 자유를 옹호하고 향유할 수 있는 민주적이며 열린 조직문화가 꽃피지 못할는지도 모른다.

　* 이 논문은 영문으로 국제연합(The United Nations) 학술사이트에 소개된 것임을 밝힌다.

http://unpan1.un.org/intradoc/groups/public/documents/APCITY/unpan003631.pdf

참고문헌

〈국내〉

김경일(1999). 「공자가 죽어야 나라가 산다」. 서울: 바다출판사.

이정규(1998). "공자와 아리스토텔레스의 사상에 나타난 지도력과 조직 문화에 있어서 윤리적 가치에 대한 비교 연구: 교육행정학 관점 에서", 「교육행정학연구」, 16(2), 76 - 107.

이정규(2001). "유교의 정(情)의 개념이 한국 고등교육 조직문화에 끼친 부정적 영향", 「교육행정학연구」, 19(1), 195 - 208.

이 환(1999). 「근대성, 아시아적 가치, 세계화」. 서울: 문학과 지성사.

〈외국〉

Argyris, C.(1976). *Increasing Leadership Effectiveness*. New York: Wiley.

Barley, S. R.(1984). *Technology as an Occasion for Structuration: Observations on CT Scanners and the Social Order of Radiology Departments.* Cambridge, Mass.: Sloan School of Management, Massachusetts Institute of Technology.

de Bary, W. T.(1996). Confucian Education in Premodern East Asia, in Tu Wei - ming, ed., *Confucian Traditions in East Asian Modernity*. Cambridge, Mass.: Harvard University Press.

Bass, B. M.(1985). *Leadership and Performance beyond Expectations*. New York: Free Press.

Bennis, W. and Nanus, B.(1985). *Leaders: The Strategies for Taking Charge*. New York: Harper & Row.

Burns, J. M.(1978). *Leadership*. New York: Harper & Row.

Daft, R.(1992). *Organization Theory and Design*. St. Paul, MN: West Publishing

Company.

Deal, T. E. and Kennedy, A.(1982). *Corporate Culture: The Rites and Rituals of Corporate Life*. Reading, MA; Addison – Wesley.

Douglas, M.(1986). *How Institutions Think*. Syracuse, NY.: Syracuse University Press.

Gagliardi, P. (Ed.)(1990). *Symbols and Artifacts: Views of the Corporate Landscape*. New York: de Gruyter.

Gay, L. R.(1992). *Educational Research: Competencies for Analysis and Application* (4th ed.). New York: Macmillan Publishing Company.

Geertz, C.(1973). *The Interpretation of Cultures*. NY: Basic Books.

Goffman, E.(1959). *The Presentation of Self in Everyday Life*. New York: Doubleday.

Graen, G. B.(1976). Role – Making Processes within Complex Organizations, In M. D. Dunnette (ed.), Handbook of Industrial and Organizational Psychology. Chicago: Road McNally.

Hall, D. L. and Ames, R. T.(1987). *Thinking through Confucius*. Albany, New York: State University of New York Press.

Hart, D. M.(1993). Class Formation and Industrialization of Culture: The Case of South Korea's Emerging Middle Class. *Korea Journal*, 33 (2): 42 – 57.

Hofstede, G.(1980). *Culture's Consequences: International Differences in Work – Related Values*. Beverly Hills, CA: Sage Publications.

Hofstede, G. and Bond, M.(1988). The Confucius Connection: from Cultural Roots to Economic Growth. *Organizational Dynamics,* 16: 5 – 21.

Homans, G.(1950). *The Human Group*. Orlando, Fla.: Harcourt Brace Jovanovich.

House, R. J. and Singh, J. V.(1987). Organizational Behavior: Some New Directions for I/O Psychology. *Annual Reviews of Psychology*, 38: 669 – 718.

Janelli, R. L.(1993). Making Capitalism: The Social and Cultural Construction of a South Korean Conglomerate. Stanford, CA: Stanford University Press.

Lee, J. K.(1997). *A Study of the Development of Contemporary Korean Higher Education*. Unpublished Ph.D. Dissertation. The University of Texas at Austin.

Lee, J. K.(1999a). Organizational Structure and Culture in Korean Higher Education. *International Higher Education*, 16: 17.

Lee, J. K.(1999b). Historic Factors Affecting Educational Administration in Korean Higher Education. *Higher Education Review*, 32 (1): 7 – 23.

Lee, J. K.(2001).Confucian Thought Affecting Leadership and Organizational Culture of Korean Higher Education, *Radical Pedagogy*, 3 (3).

Ouchi, W. G.(1981). *Theory Z: How American Business Can Meet the Japanese Challenge*. Reading, Mass.: Addison – Wesley.

Pascale, R. T. and Athos, A. G.(1981). *The Art of Japanese Management: Application for American Executives*. New York: Simon and Schuster.

Psacharopoulos, G.(1984). *The Contribution of Education to Economic Growth: International Comparisons*, in Kendrick: 335 – 355.

Ritti, R. R. and Funkhouser, G. R.(1982). *The Ropes to Skip and the Ropes to Know*. Columbus, Ohio: Grid.

Schein, E.(1968). Organizational Socialization and Profession of Management. *Industrial Management Review*, 9, 1 – 15

Schein, E. H.(1992). *Organizational Culture and Leadership* (2nd ed.). San Francisco Calif.: Jossey – Bass Publishers.

Schneider, B. (Ed.).(1990). *Organizational Climate and Culture*. San Francisco: Jossey – Bass.

Schultz, M.(1991). Transition between Symbolic Domains in Organizations, Copenhagen Business School Papers in Organization, No. 1. Copenhagen, Denmark: Copenhagen Business School.

Schwartz, H. and Davis, S. M.(Summer 1981). Matching Corporate Culture and Business Strategy. *Organizational Dynamics*, 30 – 48.

Sergiovanni, T. J.(1984). Leadership as Cultural Expression. In T. J. Sergiovanni & J. E. Corbally (Eds.), *Leadership and Organizational Culture: New Perspectives on Administrative Theory and Practice*. Urbana and Chicago: University of Illinois Press.

Smircich, L.(1983). Concepts of Culture and Organizational Analysis.

Administrative Science Quarterly, 28, 339 – 358.

Swidler, A.(1986). Culture in Action: Symbols and Strategies. *American Sociological Review,* 51: 273 – 86.

Tagiuri, R. and Litwin, G.(1968). *Organizational Climate.* Boston: Division of Research, Harvard Graduate School of Business.

Trice, H. and Beyer, J.(1993). *The Cultures of Work Organizations.* Prentice Hall.

Tu, W. (Ed.)(1996). *Confucius Traditions in East Asian Modernity.* Cambridge, Massachusetts: Harvard University Press.

Van Maanen, J.(1976). Breaking In: Socialization to Work. In R. Dubin (Ed.), *Handbook of Work, Organization and Society.* Skokie, Ill.: Rand McNally.

Van Maanen, J. and Schein, E.(1979). Toward a Theory of Organizational Socialization. *Research in Organizational Behavior,* Vol. 1: 209 – 264.

Zaleznik, A.(1977). Managers and Leaders: Are They Different? *Harvard Business Review,* 55, 67.

제9장

교육열과 한국의 고등교육
-한국인의 교육열: 문화적 기반과 경제적 업적-

〈요약〉

    이 연구의 목적은 사회문화적 관점에서 한국의 급속한 경제발전과
고등교육 확대의 핵심 요소가 되었던 교육열을 고찰하는 데 있다. 이 논
문에서 제시된 연구 문제를 석명(釋明)하기 위해 먼저 한국의 문화사적
관점에서 교육열을 조명하고 유학과 교육열의 관계를 논술한다. 다음으
로 한국 고등교육에서의 인간자본론 관련 이론과 교육열의 연관성을 논
리적으로 검토하고, 끝으로 한국의 고등교육에 있어서 과도한 교육열로
인한 제반 문제점과 그 영향을 평가한다.

I
머리말

유교를 신봉하는 한국 사람들은 전통적으로 학문을 중시해왔다. 유교는 교양이 있고 예의 바르도록 훈육하고 교육을 통한 부단한 자기 수양을 위한 올바른 방법을 제시하였다. 이러한 유교적 영향은 산업조직을 현대화하고 과학적 탐구와 공리주의적 방법을 고양시키고자 하는 현대 교육제도 발전에 걸림돌이 되어 왔다.

그럼에도 불구하고, 한국은 지난 세기 중엽 이후에 국가경제개발계획을 실행하여 급속한 경제발전을 이루었다. 이러한 경제발전의 주요 동인으로 유교적 가치를 기초로 한 교육열을 들지 않을 수 없다. 일부 서구 학자들에게 유교는 동아시아 각국의 산업화의 장애물로 간주되었지만(Weber, 1962), 다른 한편으론 학습과 성실을 중시하는 유교의 가치는 한국의 경제와 고등교육 발전의 이면에서 강한 자극을 주는 영향력으로 간주되어 왔다(de Bary, 1996; Berger, 1998; Hart, 1993; Hofstede, 1980; Hofstede & Bond, 1988; Janelli, 1993; Psacharopoulos, 1984; Tu Wei-ming, 1996).

1960년대 초, 1차 국가경제개발계획 실행 이래로, 한국 정부는 국력 향상뿐만 아니라 국가 산업화를 위해 고등교육을 중요 수단으로 간주해 왔다. 또한 한국인들은 사회적 지위 향상과 경제적 이익 증진을 위한 유용한 방법으로 고등교육 기회를 접하고자 하였다. 1965년부터 1996년까지 30여 년 동안 매년 평균 GNI(총국가수입성장) 비율은 약 8%에 이르렀고, 1인당 국민소득은 105달러에서 11,380 달러로 획기적으로 증가하였다(통계청, 1999).

이러한 급속한 국가경제 발달에 힘입어, 고등교육의 중요성 또한 재인식 하게 되었다. 1940년대 후반 미군정 치하에 서구식 교육 제도가 본격적으로 시작된 후 대학의 규모, 구조, 그리고 기능 면에서 놀라운 변화가 있었다. 1945년부터 2000년 까지 반세기 동안, 한국 고등교육은 19개 학교, 1,490명의 교수, 그리고 7,819명의 학생에서 372개의 학교, 56,903명의 교수, 그리고 3,363,549명의 학생으로 증가하였다(교육인적자원부/한국교육개발원, 2000a, pp. 584 - 85). 입학적령인구의 고등교육 등록률은 2000년에 약 68%를 기록했다(교육인적자원부/한국교육개발원, 2000b, pp. 28 - 29). 교육현황(통계청, 1999)에서 보면 25 - 34세의 고등교육을 이수한 인구비율이 30.1%로 다른 나라들(p. 280)과 비교했을 때 가장 높았다.

1993년의 전국조사에 의하면, 대부분의 한국 부모들은 그들의 딸 (79.4%)과 아들(86.5%)이 대학교육(통계청, 1995)을 받길 기대하였다. 또한 대부분의 고등학교 졸업생(77%)들이 대학교육을 원했다(교육인적자원부/한국교육개발원, 1999a). 고등교육에 대한 열망은 지난 50년 동안 한국의 경이적인 경제성장을 이룬 주요 동인이었다. 이와 더불어, 1994년에 사교육비는 이미 공교육비를 훨씬 초과하였고, 부모들은 대학에 진학하고자 하는 아들과 딸을 위해 학원이나 개인지도 등 과외교습비 명목의 과도한 사교육비를 감당하였다. 이러한 교육열로 인해 고등교육기관에 등록한 학생은 300만명 이상으로 2000년도 한국 총인구수(약 4,700만)의 7.2%에 이르렀다.

한국인의 교육열에 대한 고찰은 동서양인 모두에게 중요한 시사점을 제공할 수 있으리라 본다. 필자는 한국 고등교육사에서 한국인의 교육적 열망을 석명하고, 이를 한국 문화사적 측면에서 경제적 영향에 대해 살펴보고자 한다. 몇몇 한국 연구자들이(Choi, 1994; Kim et al., 1993; Lee & Park, 1993) 한국의 교육적 팽창과 경제적 성취를 설명하는데 주요한 변인인 교육열을 고찰하면서도 교육열과 인간자본화 간의 관계뿐만 아니라 유교와 교육열 간의 관계도 명확하게 석명(釋明)하지 못하고 있다. 이러한 단점을 보완하기 위해, 본 연구에서 저자는 서술적 문헌 연구방법을 사용할 것이다. 먼저 한국의 문화사적 견지에서 교육열을 서술하고, 유교와 교육열과의 관계를 논의할 것이다. 다음으로, 한국의 고등교육에서 교육열과 인간자본론 관련 이론을 석명할 것이다. 마지막으로 한국 고등교육에 나타난 교육열의 문제점과 그 영향을 평가할 것이다.

Ⅱ

교육열 : 한국 문화사적 관점에서

한국인들의 교육열은 삼국시대(57 BC - AD 935) 중국으로부터 도입된 유교에 기인하고 있다고 볼 수 있다. 삼국시대부터 고려 왕조(AD 918 - 1392)까지, 당시 국가와 사회를 지지한 한국인의 정신적 내지 문화적 종교였던 불교가 전반적으로 사회와 문화를 조정한 반면, 유교는 특권 계급의 정치 내지는 사회윤리로서 교육적 역할을 수행했다. 환언하자면, 불교와 더불어 유교는 지배계급의 권력과 특권을 유지하기 위한 수단일 뿐만 아니라 국가의 기초적 규범을 확립하고 집산주의적 가족주의를 유지하기 위한 핵심적 이데올로기였다. 더욱이 1392년 조선왕조의 개국으로, 유교는 국가 이념과 종교로서 정치, 경제, 사회, 문화, 교육을 전반적으로 지배하였다.

조선왕조시대(AD 1392 - 1910) 동안, 통치자들이 이전의 유교 엘리트 교육기관(成均館)의 전통에서 유학 엘리트 교육을 확립한 반면 국가시험제도(科擧制度)를 통해 위계적 권위주의 관료정치를 공고히 하였다. 국립고등교육기관인 성균관은 엘리트교육의 참여 기회를 가진 양반계층에게 유교 경전뿐만 아니라 중국 고대 역사와 문학을 배울 수 있도록 하였다. 그러나 대부분의 유학 교육기관과 사당은 공자와 중국 및 한국의 걸출한 유학자들을 위한 참배를 거행했다. 과거제도는 거의 전반적으로 양반 자손을 위한 출세의 등용문이었다. 조선 시대 교육의 양대축은 유학 엘리트를 양성하는 교육기관인 성균관과 국가의 관료 선발 시험인 과거제도였다. 따라서 유학의 엘리트 교육과 과거제도는 불가분의 관계였다. 환언하면, 성균관은 유교의 기반이자 최고교육기관이었고, 과거제도는 유학 교육의 뼈대이자 꽃이었다.

조선왕조시대에 양반은 일반적으로 국(관)립 또는 사립 유학 교육 기관을 통해 사회정치적 위세와 경제적 실리를 추구하였을 뿐만 아니라 가문의 영달을 유지하였다. 이런 맥락에서 볼 때, 양반들은 유교 엘리트 교육을 독점하고 있었다. 그러므로 양반계층의 교육에 대한 강한 집착과 열망은 그들의 사회정치적 특권을 유지하고 가문의 영예를 위함에 기인한다고 볼 수 있다. 이러한 교육적 열망은 유교 엘리트 교육과 과거 제도를 통한 양반의 사회정치적 위세를 유지하기 위한 원천이자 수단이었다. 19세기 후반 외세로 인해 조선왕조의 힘이 쇠약해졌을 때 서양교육제도가 유입되면서 유교 엘리트 교육은 전통적 기능이 점차 상실되어 교육적 열망은 양반의 독점에서 대중적으로 흐름이 변하기 시작했다.

일본식민지시대 동안(1910－1945), 일본의 식민지 교육 정책은 황국신민화를 강조하였다. 이러한 교육 정책으로 인해 일부 일본인과 극소수의 한국인만이 일제의 고등교육에 접근할 수 있었다. 일제 고등교육에 참여할 수 있는 한국인들은 대부분 친일파 혹은 권세와 부(富)를 가진 구양반계층 이었다. 일반인들에게도 사회신분제도의 철폐로 고등교육에 접근할 수 있는 문은 열렸지만 농업에 종사하는 대부분의 한국인들이 고등교육 기회를 갖는 것이 어려웠다.

1945년 일본 식민 지배로부터 해방된 후, 미국 군사정부(미군정)에 의해 시작된 서구식 민주 교육은 대중에게 고등교육 기회를 부여하였다. 따라서 소수 특권층에게 기회가 주어졌던 한국의 고등교육은 일반 민중에게 참여의 문을 활짝 열었다. 고등교육 접근이 가능했던 소수 평민은 엘리트교육이 양반에게 특별한 사회정치적 특권을 부여하는 것을 목격했던 것뿐만 아니라, 상류 계층에게 사회경제적 이익을 제공하는 교육의 도구적 가치를 깨닫고 있었다. 왕조시대이래로 사노공상(士農工商)의 신분 및 직업차별로 구분된 엄격한 사회신분제도로 인해 일반 대중이 고등교육에 접근하는 것이 지극히 어려웠지만, 그들은 전통 엘리트 교육 또는 식민지 고등교육에 참여하기를 갈망하였다. 계층화 된 사회신분제도 아래에서는 고등교육을 받을 수 있는 지배 계층과 고등교육을 받을 수 없는 종속 계층으로 분리된다. 이런 분리된 제도 아래에서 교육열은 사회 지위에 따라 차이가 있었다. 그러나 정치, 경제, 사회의 급속한 발달로 인한 전통적 관료 정치의 유교 사회에서 현대 민주 산업 사회로의 전환은 고등교육 참여 기회를 높이고 인간 자본화의 필요성을 가져와 학력중심사회를 촉진하였다.

한국의 문화사적 관점으로부터, 현대 한국인의 교육열은 두 가지 중요한 요인으로 결정되고 있다. 즉 정치, 경제, 사회적 환경의 변화에 따라 고등교육의 접근성은 소수 특권층에서 모든 계층으로 확대 되었으며, 또한 교육의 잠재적 열망은 사회경제적 상황의 변화와 출세지향적 성향으로 인해 분출하게 되었다.

Ⅲ
유교와 교육열

유교가 언제 한국에 전래되었는가에 관한 고대 한국의 역사 기록은 없다. 삼국사기에 의하면, 한국의 최초의 엘리트 유학 교육기관은 AD 372년에 고구려 소수림왕 재위에 설립된 태학으로 알려져 있다 (Iryon, 1285; Kim, 1145). 삼국시대에 유교는 정치와 교육제도의 주요 기제였다. 고려왕조 동안, 유교는 정규 교육기관을 통해 특권 계층을 위한 사회적 정치적 원칙 설립에 기여하였다.

고려왕조 후기에 성리학이 중국으로부터 한국에 전래되었다. 사회정치적 원리와 윤리적 가치에 관한 도덕적 실행을 강조한 전통적 유교와 달리, 성리학은 이론적 측면을 강조한 불교의 철학과 도교의 형이상학의 근간에 전통적 유교 원리를 융합시킨 것이었다. 형식적 측면은 엄격한 형식주의와 예식을 중심으로 특유한 한국 유학을 발달시킨 반면, 이론적 측면은 교육에 통합되어 인문학을 존중하는 사상(崇文主義)으로 발전되었다.

조선왕조의 시초부터, 유교는 국교로서 백성을 선도하는 관료를 계발하는 이데올로기였을 뿐만 아니라 사회정치적 문제와 개인적 윤리와 가치를 판단하는 척도였다. 조선왕조 하에서 종교는 정치와 긴밀한 관계에 있었다. 서구 기독교 신학이 중세시대 사회윤리 규범으로서 뿐만 아니라 종교적 교리였던 것처럼, 유교는 조선시대에 종교와 사상으로서 정치 사회와 조화를 이루었다.

조선시대 동안 정치와 조화를 이룬 유교는 유학 중심의 학문적 관료제도와 엘리트주의를 촉진하였다. 또한 유학은 가족과 씨족을 강조하는 집산주의에 기초한 사회신분제도와 연결되어 있었다. 이러한 맥락에서 볼 때, 유교의 국립엘리트교육기관인 성균관은 국가 관료 양성소였고, 유교의 원리와 가치에 바탕을 둔 집산주의(集散主義)는 가문의 명성과 사회적 지위 유지 혹은 상승을 위한 가족 이기주의의 모체였다. 유교교육은 도덕적 특성을 계발하기 위한 교육적 수단으로써 뿐만 아니라 유교 엘리트 교육기관과 과거제도를 통해 입신양명을 위한 도구로써 간주되었다. 농업중심사회에서 산업중심사회로 변환함으로써, 유교 교육의 가치는 도덕적 특성 계발과 조화로운 사회에 초점을 맞춘 명분보다 소위 출세를 위한 실용성에 훨씬 더 중요함을 두게 되었다. 유교 엘리트교육을 통해, 엘리트주의와 출세지향적 교육적 가치는 정치, 경제, 사회 및 문화의 다층적 변화에 따라 학력/학벌중심주의 사회를 부추기고 한국인의 교육열을 가열하는 두 가지 중요한 요소가 되었다. 특히 전통적인 유교 엘리트주의는 현대 한국사회에서 학벌중심주의를 정형화 하는 교육열을 더욱 가열하였다. 유교 엘리트 교육의 전통은 현재 한국 사회와 고등교육에 만연한 이즘(ism) 혹은 기조(doctrine)의 뿌리이다. 즉, 유교의 엘리트주의에 기초한 학력/학벌주의, 입신양명을 추구하는 양반의 교육적 가치에 근거한 교육의 도구주의, 유교의 숭문주의에 기초한 직업차별주의, 중국 고전 중심 학습을 지향하는 학문의 사대주의에 근거한 서구 학문 편향주의, 혈연, 지연, 학연에 근거한 파벌주의, 교육을 통한 인간 자본화 이론 등 이다. 또한, 관료 선발을 위한 국가시험(科擧)은 현재 국가 공무원시험과 대학입학시험의 모체로 간주할 수 있다.

앞에서 논의한 것을 종합하여 간략히 기술하자면, 현재 한국 사회의 과도한 교육열은 전통적인 유교교육에 기초한 학력중심주의와 엘리트주의에서 그 주된 근원을 찾아 볼 수 있다.

IV
한국 고등교육과 인간자본론 관련 이론

한국 고등교육은 1960년대부터 1970년대까지 몇 차례 국가경제개발계획의 한 동인(動因)으로서 인적자원을 지원하기 위해 급속하게 확대되었다. 특히 경제개발에 필요한 직업 교육은 노동시장에서 숙련된 노동자들과 전문 인력을 육성토록 장려되었다. 더욱이 고급 기술 인력의 요구는 산업 구조의 다양성과 사회구조의 변화로 인해 증가되었다. 급속한 산업화와 더불어 고등교육의 참여는 노동 시장에서 숙련된 노동자들과 전문 인력의 필요성으로 인하여 점차 늘어나게 되었다. 1960년대 중반과 1970년대 후반 사이에, 한국의 경제 성장은 국가 경제개발계획을 통해 국가의 근대화 내지 산업화의 모델을 제안했던 정부의 경제개발주의자에 의해 주도되었다. 현재에 이르기까지, 한국 고등교육은 한국인의 교육열과 국가 경제개발계획의 수단 내지 도구로써 급속히 발전하였다.

앞에서 기술한 것처럼, 한국인의 교육열은 학문 숭상과 이를 통해 사회적 성공을 추구하는 전통적 유교 가치로 인해 가열되었다. 특권 계층의 사회경제적 지위 유지 혹은 향상을 위한 도구로써의 조선시대 교육 전통은 일제로부터 해방 후 현대 서구식 민주주의의 고등교육과 함께 우리 민족에게 잠재되었던 교육적 열망을 일깨웠다.

더욱이 1980년대에 왕조시대 유교 교육의 명목으로 간주되던 도덕적 수양과 입신양명의 가치는 서구의 자본주의적 물질만능주의 흐름과 함께 교육의 도구적 가치와 사회경제적 실리 추구의 수단으로써 강조되었다. 환언하면, 교육 투자의 관점은 산업화와 더불어 도덕적 사회적 측면보다 공리적 경제적 측면이 부각되었다.

사회문화적 변화에 더하여, 한국의 고등교육기관은 사회에서 필요한 인적자원을 육성함으로써 국가 경제 발달에 기여하였다. 또한 고등교육의 접근성을 용이하게 함으로써 교육열에 대한 요구에 충족하였다. 사회경제적 측면에서 볼 때, 1980년대 중반 이후에 계층간 지역간 경제적 불균형뿐만 아니라 급속한 국가 경제 성장과 고등교육의 확대와 함께 산업 구조와 직업 간에 인력수급의 불균형을 이루었다. 교육적 측면에서 볼 때, 고등교육의 확대는 대학 졸업자의 양산을 가져왔으나 학문의 질을 획기적으로 향상시키진 못하였다.

더욱이 1990년대 초부터, 한국 사회는 산업적 구조 변화뿐만 아니라 정보기술 발달과 지식기반경제사회의 도래로 인하여 고급 인력 자원의 필요성을 절실히 요구하였다. 이러한 관점에서, 산업 시장에 원활한 인력 공급뿐만 아니라 학문의 질을 제고하기 위해 고등교육의 질적 수월성이 요구되었다.

인간 자본론의 측면에서 비추어 볼 때, 교육 투자는 한국의 산업화 과정 동안 노동자의 높은 생산성을 가져 왔고 이는 곧 한국의 산업화 과정 동안 경제 발전에 따른 고소득을 가져 왔다. 그러나 개인적 관점에서, 교육 투자의 효과는 개인의 일탈로 인해 다른 양상이 눈에 띄었다. 고도의 숙련된 일을 요구하지 않는 직업에 고급 인력이 집중됨으로써 교육과잉 내지 고급인력을 낭비하는 결과가 되었다. 그러나 전반적으로 고등교육의 확대는 개인의 소득 증대와 국가의 경제 성장을 가져왔다. 그럼에도 불구하고, 인간 자본론만으로 설명할 수 없는 몇 가지 이유가 있다. 한국 사회의 학력중심주의는 선발 가설 또는 학력주의 가설을 뒷받침 한다. 인간 자본론자들의 주장과 달리 고소득은 노동자들의 높은 생산성에 기인된 것이 아닌 학력과 학벌같은 윗적 요소들과 관계가 있다. 현대 한국 사회에서, 학력과 학벌은 직업 선택이나 승진 시 일반적으로 개인적 능력 보다 더 중요한 결정요인이다. 또한 대학 졸업자는 보편적으로 능력에 상관없이 중등학교 졸업자 보다 높은 수입을 얻는다. 직업 경쟁 모델의 관점에서, 보편적으로 저학력자들은 특출한 능력을 가지고 있다 할지라도 일자리 갖기가 쉽지 않다. 그러므로 한국에서의 인력 수급은 고등교육 수요 확대와 더불어 과잉공급 됨으로써 대학 졸업생들이 노동시장에서 고급 인력으로서 대우받지 못할 뿐만 아니라 적절히 배당되지도 못하고 있다.

더구나 이원적 노동 시장 가설의 관점에서, 현대 한국 사회의 경향은 1997년의 경제 위기 후 노동시장 구조의 이분화를 나타내고 있다. 경제 위기의 경험, 사회경제적 계층간의 차이, 상위계층과 하위계층과의 양극화가 심화되었다. 전자는 일반적으로 안정적인 직업을 획득하거나 정규적인 고수익을 얻는 반면, 후자는 불안정한 임시직으로 저수익을 얻는다. 이러한 관점에서, 급진적 신-마르크스주의의 접근법은 현재 한국 노동 시장에 부합될지도 모른다. 급진적 신-마르크스주의자의 주장인 수입 불평등의 핵심적 설명 요인은 가족 배경 혹은 사회 계층이다. 그 이유는 상위 계층은 고학력을 통해 부(富)를 대물림하는 반면, 하위 계층은 고학력을 성취하지 못함으로써 가난을 대물림한다. 그러므로 교육은 상위 혹은 특권 계층의 부를 대물림하는 수단으로 간주된다.

요약하면, 국가경제개발계획 기간인 1960년대와 1970년대 사이에, 인력수급 정책을 위한 고리로써 근대화 기조와 인간자본론은 정부 정책 입안자에 의해 수용되었고 국가경제발전은 물론 개인의 소득 증대를 가져왔다. 1980년대 초부터 현재까지, 한국의 고등교육은 다양한 산업 및 사회 구조뿐만 아니라 한국인의 과도한 교육열로 인하여 인력 요구와 사회적 수요 측면에서 급격하게 양적으로 증대되었다. 놀랍게도 반세기 이내에 한국은 고등교육의 대중화를 성취했다. 이런 맥락에서, 필자는 현대 한국의 급속한 경제 성장과 고등교육의 발달은 대체적으로 인간자본론을 뒷받침하고 있다고 평가한다.

V

교육열과 현대 한국의 고등교육

    한국의 교육열은 고등교육의 제도, 행정, 그리고 조직문화에 큰 영향을 끼쳤다. 긍정적 측면에서 교육열은 고등교육의 급속한 팽창과 국가 경제 발달을 이끌었다. 부정적 측면에서 교육열은 다음과 같은 여러 가지 문제를 유발하였다. 즉, 학력중심사회, 학벌에 바탕을 둔 엘리트주의, 도구적 교육 가치 원리, 이기적 가족주의, 경쟁적 교육제도, 과도한 사교육 비용, 공교육의 부실화, 학교 외의 사교육 증가로 인한 사회 계층간 부조화 내지 양극화, 대졸 실업자 양산 등이다.

    현재 한국 사회는 공사립 조직에 취업이나 승진할 때 학력과 학벌을 따지는 경향이 짙다. 그리고 학력은 직업 선택뿐만 아니라 사회적 지위, 수입, 그리고 결혼을 결정하는 중요한 요소이다. 환언하면 학력과 학벌은 동시대 한국 사회에서 사회경제적 지위를 얻기 위한 필수적 수단이며 인간적인 대우를 받을 수 있는 척도이다. 직업에 따라 네 가지 계층으로 구별하던 전통적인 사회신분제도의 폐지에도 불구하고, 극소수 경우를 제외하면 보편적으로 저학력자가 아무리 탁월한 능력을 가지고 있을지라도 직업 선택에 한계의 벽을 넘기 힘들다. 또한 인간관계에서도 제한과 차별을 받는 경우가 허다하다. 학력 중심주의 폐해에 대한 조사 결과에 의하면, 저학력자의 41.7%가 "우리는 사회에서 부당한 대우를 받는다"(한국교육개발원, 1992)고 응답하였다. 이러한 연구 결과는 현대 한국 사회에서 학력주의에 심각한 폐해가 있음을 나타내고 있다.

더욱이 현대 한국 사회에서 학벌 중심의 엘리트주의는 학력과 학벌을 기본으로 한 인간관계를 만들고, 한 특정 학벌이 동시대 한국의 정치, 경제, 사회, 문화, 언론 및 교육을 거의 독점하는 결정적 변인이 되고 있다. 고등교육에 있어서 특히 학연 중심의 학벌주의는 대학교수의 채용, 임용, 승진을 위한 중요한 요소이다. 또한 학벌주의는 대학간 석차를 만들고, 사교육을 조장하고, 이기적 가족주의 내지 집산주의를 촉진하면서 과잉 경쟁을 유발하고 파벌을 조성한다. 유학관료주의를 근간으로 한 한국의 엘리트주의는 아직도 학연이 중심이 된 엘리트학벌주의와 고학력을 기본으로 한 직업의 차별주의를 배제하지 못하고 있다. 이런 맥락에서 볼 때, 학력주의와 엘리트학벌주의는 우리 사회의 교육적 도구주의와 인간 자본론을 뒷받침 하고 있다.

현재 한국에서 대학 진학은 사회 진출의 통로가 된 반면, 초등교육과 중고등교육은 암기학습을 강조하는 주입식 교육에 초점을 둔 대학진학을 위한 준비 과정이 되었다. 학교, 학부모, 학생들 사이에 철저한 경쟁을 유발하는 대학입학시험제도는 사교육을 부추기고 학교 교육의 정상화를 저해한다.

특히 여러 가지 문제들이 대학 입학시험 중심의 교육에서 비롯되고 있다. 첫째, 대학입학 위주의 학교 교육으로 인해 공교육이 피폐되었다. 둘째, 학생들 사이에 과도한 경쟁은 석차를 중시하는 학교 교육의 선별식 평가방법에 의해 심화되었다. 셋째, 획일화된 사고방식은 하나의 답안만을 강요하는 객관식 시험 방법으로 인해 주형 되었다. 넷째,

과도한 사교육으로 인해 계층간 사회 부조화와 갈등을 촉진하였다. 다섯째, 학생들의 창의력과 독특한 개성은 정형화 된 학교교육으로 인해 빛을 보지 못하고 있다. 끝으로, 대입 재수생이 청년 실업자와 더불어 해마다 거듭 양산되고 있다.

더욱이 교육열은 정부의 교육 정책과 제도, 특히 대학입학 정원 정책과 대학입학시험제도에 크게 영향을 주었다. 1945년 이래로 고등교육의 수요는 항상 공급을 초과하였다. 이런 현상을 통제하기 위해, 우리 정부는 대학입학 정원을 조절해왔고 대학입학 시험제도를 변경하며 지속적으로 개선책을 모색해 왔다. 이러한 노력에도 불구하고 정부의 고등교육관련 정책과 제도는 고등교육의 수요 공급을 적절하게 조절하지 못하였을 뿐만 아니라 사교육의 억제와 고등학교 졸업생들의 대학 진학을 감소시키지 못하였다. 이런 상황은 주로 유교 엘리트교육의 전통적인 숭문주의와 현대 사회의 여러 가지 사회경제적 환경과 요소에 의해 형성된 학력학벌주의, 직업차별주의 그리고 교육열에 기인하였다.

1960년대와 1970년대에 한국인의 교육열은 국가경제개발계획으로 인해 점차 과열되었고, 1980년대에 급속한 경제 성장으로 더욱 고조되었다. 과열된 교육열은 고등교육의 수요를 가속화시켰고, 1999년에 고등학교 졸업생의 대학진학율은 66.6%에 달하였다(교육인적자원부와 한국교육개발원, 1999). 이러한 비율은 프랑스, 영국 그리고 독일 보다 높았다(The World Bank, 2000). 오늘날에도 한국인은 사회 계층에 따라 다른 교육비용의 현격한 차이에도 불구하고 전반적으로 여전히 고등교육에 대한 과도한 교육열을 나타내고 있다.

고등교육의 과잉공급에도 불구하고 정부와 대학은 인력 수급의 불균형에 효과적으로 대처하지 못하고 있다. 또한 인적자원관리 면에서 질 높은 수준의 인력이 적절하게 제공되거나 관리되지 못하고 있다. 한국 고등교육은 이미 대중화 단계에 진입하였고, 대학졸업자의 졸업장은 더 이상 출세를 위한 홍패도 고수익을 보장해주는 신임장도 되지 못하고 있다. 그럼에도 불구하고 한국 고등교육의 수요는 계속 증가하고 있고, 교육에 대한 열망은 여전히 과열되어 있다. 어떻게 해야 할 것인가?

앞으로 점차 학령인구 감소로 2020년에 이르면 고등교육의 공급이 수요를 초과하게 되어 일부 대학은 존폐의 갈림길에 서게 되고 많은 대학이 위기에 직면하게 될 것으로 전망하고 있다. 이런 난제(難題)들은 현재와 미래에 우리 고등교육이 해결해야 할 숙제이다.

VI
결론

한국인의 교육열은 급속한 고등교육의 팽창뿐만 아니라 경이로운 국가경제발전을 이룩한 중요한 요소 중 하나이다. 1960년대와 1970년대의 경제성장은 고등교육 확대의 결과였다고 해도 지나친 말이 아니다. 이런 관점에서, 고등교육의 급속한 팽창과 동시대 한국 사회에 있어서 생산성의 증진과 고소득의 증가는 대체적으로 인간자본론에 부합된다고 본다.

그러나 교육열은 다음과 같은 사회적 및 교육적 문제를 유발하였다. 즉, 공교육의 부실화로 인한 사교육 팽창, 과도한 사교육 비용으로 인한 계층간 양극화 현상, 학력학벌주의 사회 촉진, 입시지옥, 대입 재수생 및 청년 실업자 양산 등 이다. 이런 부정적 측면에도 불구하고, 국가경제발전을 가져 온 급속한 고등교육의 성장은 선진국과 개발도상국에 경제와 교육의 성공 모델로서 간주되고 있다. 비록 국가의 경제개발 정책이 중요한 역할을 하였지만, 한국에서의 경제적 교육적 성공의 핵심 요인은 한국인의 교육열이었음을 부인할 수 없다.

본고에서 고찰하였듯이, 유교교육의 전통에 근원을 둔 한국인의 교육열은 현대 한국사회에 학력주의와 학벌주의를 유발하였다. 물론 이러한 특징은 유교를 신봉하는 동아시아의 여러 나라에서도 찾아 볼 수 있다. 그러나 과잉된 교육열을 유발한 한국의 독특한 역사 및 문화적 배경은 20세기 초까지 약 500년 이상 유교 국가로서 유교와 엘리트관료주의를 신봉함에 기인한다.

이 연구에서 논술한 것처럼 교육열의 올바른 이해 없이, 현대 한국의 경제발전과 고등교육의 팽창을 논의하는 것은 불합리한 일이다. 그러나 교육열의 부정적인 측면을 도외시할 수 없다. 마지막으로 미래 연구는 어떻게 하면 교육열로 인한 부정적인 문제를 최소화할 수 있는가에 초점을 두어야 할 것이다. 이 문제는 앞으로 세계화라는 문명사적 흐름 속에서 나타난 정보통신기술사회와 지식기반경제사회의 시대적 조류에 걸 맞는 고등교육의 질적 제고와 유형 전환 그리고 국가 경쟁력 신장을 위한 연구 주제와 병행되어야 할 것이다.

참고문헌

교육부(1996). 「교육통계연보」. 서울: 교육부.

교육부 & 한국교육개발원(1999). 「교육통계연보」. 서울: 교육부.

교육부 & 한국교육개발원(2000a). 「교육통계연보」. 서울: 교육부.

교육부 & 한국교육개발원(2000b). 「간추린 한국 교육 통계」. 서울: 교육부.

김부식(1145). 삼국사기. 이병도(역). 서울: 을유문화사.

김영화, 이인효, & 박효정(1993). 「한국인의 교육적 열망 연구」. 서울: 한국교육개발원.

이인효 & 박효정(1993, 여름). "교육적 열망 구조의 문화적 서술", 「교육진흥」, 64 - 79.

일 연(1285). 삼국유사. T .H. Ha & G. K. Mintz(역). 서울: 연세대학교.

최봉영(1994). 「유교문화권의 교육을 통한 인간의 자본화, 유교 문화의 보편성과 특수성」. 성남: 정신문화연구원.

통계청(1995). 「한국사회경제지표」, 대전: 통계청.

통계청(1999). 「한국사회경제지표」. 대전: 통계청.

한국교육개발원(1992). 「한국교육의 통합적인 이해와 미래 계획(Ⅲ)」. 서울: 한국교육개발원.

de Bary, W. T.(1996). Confucian Education in Premodern East Asia in Tu Wei - ming(Ed.), *Confucian Traditions in East Asian Modernity*. Cambridge, Mass.: Harvard University Press.

Cohn, E. and Geske, T. G.(1990). *The Economics of Education*, 3rd. Edition. Elmsford, New York: Pergamon Press, Inc.

Hart, D. M.(1993). Class Formation and Industrialization of Culture: The Case of South Korea's Emerging Middle Class. *Korea Journal, 33* (2), 42 - 57.

Hofstede, G.(1980). *Culture's Consequences: International Difference in Work — Related Values*. Beverly Hills, CA: Sage Publication.

Hofstede, G. & Bond, M.(1988). The Confucius Connection: from Cultural Roots to Economic Growth. *Organizational Dynamics, 16*, 5 — 21.

Janelli, R. L.(1993). *Making Capitalism: The Social and Cultural Construction of a South Korean Conglomerate*. Stanford, CA: Stanford University Press.

Lee, Jeong — Kyu(J. K.)(1997). *A Study of the Development of Contemporary Korean Higher Education*. The University of Texas at Austin.

Lee, J. K.(2001). Korean Experience and Achievement in Higher Education, *The SNU Journal of Educational Research*, 11. 1 — 23.

Lee, J. K.(2001). The Establishment of Modern Universities in Korea and Their Implications for Korean Education Policies, *Education Policy Analysis Archives, 9*(27). 1 — 15.

Lee, J. K.(2002). *The Korean Thirst for Higher Education: Cultural Sources and Economic Consequences*. A Presentation Paper in CHET Seminars at The University of British Columbia in Canada on February 7, 2002.

National Center for Education Statistics(1999). *The Condition of Education*. U.S. Department of Education, Office of Educational Research and Improvement.

Psacharopoulos, G.(1984). The Contribution of Education to Economic Growth: International Comparisons. In Kendrick, *Economic of Education*, 335 — 355.

The World Bank(2000). *Higher Education in Developing Countries: Peril and Promise*. Washington, D.C.: The Task Force on Higher Education and Society.

Tu, W.(Ed.).(1996). *Confucius Traditions in East Asian Modernity*. Cambridge, Mass.: Harvard University Press.

Weber, M.(1962). *The Religion of China: Confucianism and Taoism*. H. H. Gerth(Trans.). The Free Press of Glencoe.

제10장

세계화와 동아시아의 고등교육

─고등교육의 아시아적 패러다임─

* 본 페이퍼는 유네스코한국위원회(2002)에서 실행한 "아태지역 고등교육 학위인정협약 연구"의 일환으로 연구된 것임을 밝힌다.

〈요약〉

이 연구는 고등교육에 있어서 아시아적 가치와 패러다임을 탐색하는데 연구의 목적을 두고 있다. 이 연구를 체계적으로 고찰하기 위하여 다음과 같은 연구 문제를 제시하였다. 첫째, 세계화 시대에 있어서 아시아 고등교육의 현황은 어떠한가? 둘째, 아시아적 가치란 무엇이며, 그 가치의 순기능과 역기능은 어떠한가, 그리고 고등교육에 있어서 아시아적 가치는 어떻게 나타나고 있는가? 셋째, 고등교육에 있어서 아시아 문화의 특수성과 정체성은 어떠한가? 넷째, 아시아 고등교육에 있어서 새로운 패러다임은 무엇인가? 이러한 연구 문제를 논리적으로 석명(釋明)하기 위하여 문헌을 위주로 한 기술적 연구 방법을 사용하였다. 문제의 핵심을 깊이 있게 탐구하기 위하여 세계화의 본류 중에서 교육과 문화 영역에 초점을 맞추어 논술하였다. 그리고 아시아적 가치에 대한 논의는 유교문화권에 초점을 두고 주로 문화적 및 교육적 측면에서 논의하였다. 이 연구는 세계화 시대에 있어서 아시아 고등교육의 현황과 아시아의 문화적 가치를 논하고 있으며, 앞으로 아시아 고등교육에 있어서 새로운 패러다임 정립을 위한 이론적 기초를 제공하고 있다.

주요어: 고등교육, 아시아적 가치, 아시아 고등교육, 아시아 문화, 문화의 정체성, 아시아적 패러다임

새로운 세기의 화두(話頭)는 단연 세계화(globalization)이다. 물론 세계화에 대한 본격적인 담론(談論)과 기운은 지난 세기 말엽부터 구미(歐美) 선진 국가들을 중심으로 시작되었다고 볼 수 있으나 금세기 벽두에도 세계화에 대한 논의와 활동이 다방면으로 활발히 진행되고 있다. 더욱이 이러한 세계화의 움직임은 나라마다 다소 차이는 있지만 다양하면서도 폭 넓게 세계적으로 전개되고 있다. 국가마다 특이한 정치 · 경제적 상황과 여건, 역사 · 문화적 전통과 배경, 종교와 사상 등으로 인하여 서로의 견해와 이익에 차이를 유발하기도 하지만 세계화는 불가항력적인 피할 수 없는 시대적인 흐름이며 세계적인 현상이다. 이러한 불가피한 시대적 흐름 속에서 각 국가는 자국의 이해득실을 가늠하면서 현안 문제에 대하여 적극적 내지 소극적으로 도전하거나 실제적 혹은 피상적으로 대처하고 있다. 도전과 대처 혹은 응전의 과정에서 정치 · 경제적 요인이 세계화의 주축을 이루고 있지만, 교육은 지식기반사회를 선도하면서 세계화 촉진의 핵심 매체라고 볼 수 있는 정보 · 통신 · 기술[ICT]산업과 첨단 과학 산업을 획기적으로 발전시키는데 이바지 하고 있다. 세계화의 주요 요인으로는 국제정치경제 질서의 변화로 인한 다극화 추세 및 무역과 생산의 세계적 시장화를 들 수 있다. 이런 점에서 본다면 세계화를 활성화하고 있는 동력의 기반은 정치경제적 역동성과 추진력이 자명하지만, 그러나 세계화를 가속 · 확산시키는 것은 첨단 지식과 기술을 개발하고 과학적인 시스템을 구축하는 교육의 힘이라고 볼 수 있다.

특히, 지난 세기에 구미(歐美) 열강에 의하여 식민통치를 받거나 영토의 전부 혹은 일부를 외세에 의하여 강점당한 경험이 있는 아시아 국가들에 있어서 고등교육은 자국의 사회경제적 발전은 물론 세계화의 추세에 대처해 나가는 데 필수적인 도구이자 방편이 되고 있다. 세계화의 큰 흐름에서 정치와 경제 영역과 더불어 교육과 문화 영역 또한 본류(本

流)를 이루고 있다. 교육은 세계화의 본류의 하나로서 세계화에 필요한 기본 정보와 매체를 제공하는 중요한 역할을 수행하고 있으며, 고등교육은 이미 세계화의 흐름에서 하나의 지류(支流)를 이루고 있다. 그리고 문화 또한 세계화의 흐름에서 파생되고 있는 문화의 보편화 현상에서 각 민족국가의 정체성 유지와 특수성 확보를 추구하고자 하는 이중적 가치 양상을 나타내면서 또 다른 본류를 형성하고 있다. 금세기에 이르러 세계화의 조류는 경제적 흐름으로부터 문화적 흐름으로 전환되고 있는 듯한 국면을 드러내고 있다.

세계문화사의 관점에서, 비록 아시아 지역이 고대 문명의 발원지로서 유수한 문화를 지녀 왔으나 근세에 이르러 산업화에 앞선 서구 열강의 정치, 군사, 경제적 힘에 밀려 대부분의 아시아 국가들이 식민통치를 경험하였다. 이러한 식민지배의 역사적 유산으로 인하여 정치, 군사, 경제력이 약화되었음은 물론 교육과 문화의 영역마저도 직·간접적인 침해를 받거나 쇠락하게 되었다. 지난 세기 중엽에 이들 대부분의 국가와 민족들이 비로소 제국주의자의 식민지배에서 벗어나게 되어, 국가경제 발전을 위하여 고등교육기회를 확대하고 자신의 고유문화를 회복하고자 민족 문화의 중흥을 도모하였다. 이러한 국가경제발전 정책에 편승하여 고등교육이 급속하게 팽창되었으며 민족문화의 고유성과 독자성이 점차 제 모습을 찾게 되었다. 이와 같은 측면에서 볼 때, 한편으로는 세계화라는 시대적 흐름에 편승하면서 다른 한편으로는 국가발전이라는 국가적 사명을 원활히 수행할 수 있도록 고등교육을 발전시키고 문화를 창달하는 일은 지극히 중요하다고 볼 수 있다. 이러한 중요성에 비추어 아시아 지역의 발전과 공영을 위하여 아시아 고등교육의 질적 향상을 도모하고 아시아 문화의 정체성과 특수성을 정립하는 것은 세계화 시대를 맞아 더욱 필요한 일이 아닐 수 없다.

이러한 필요성에 의하여 본고에서는 고등교육에 있어서 아시아적 가치와 패러다임을 탐색하는데 연구의 목적을 둔다. 이 연구를 과학적 방법으로 고찰하기 위하여 다음과 같은 연구 문제를 제시한다.

첫째, 세계화 시대에 있어서 아시아 고등교육의 현황은 어떠한가?

둘째, 아시아적 가치란 무엇이며, 그 가치의 순기능과 역기능은 어떠한가, 그리고 고등교육에 있어서 아시아적 가치는 어떻게 나타나고 있는가?

셋째, 고등교육에 있어서 아시아 문화의 특수성과 정체성은 어떠한가?

넷째, 아시아 고등교육에 있어서 새로운 패러다임은 무엇인가?

이러한 연구 문제를 논리적으로 석명(釋明)하기 위하여 문헌을 위주로 한 기술적 연구 방법을 사용한다. 그리고 문제의 핵심을 깊이 있게 탐구하기 위하여 세계화의 본류 중에서 교육과 문화 영역에 초점을 맞추어 논술하기로 한다. 특히, 본고는 유네스코 한국위원회의 핵심 연구 사업의 하나로 진행되고 있는 "아태지역 고등교육 학위인정협약 연구 사업"의 일환으로 수행됨으로 인하여 연구의 범위와 한계를 아시아 태평양[아태]지역의 고등교육과 문화에 한정하기로 한다. 그리고 아시아적 가치에 대한 논의는 유교문화권71)에 초점을 두고 주로 문화적 및 교육적 측면에서 이루어질 것이다. 따라서 두 번째 연구 문제에 대하여 논술하고 있는 2장을 제외한 모든 장절(章節)에서는 아시아 태평양 지역이 논의의 대상이 될 것이다. 그러나 본고에서는 연구 제목과 장절에 일관성을 유지하기 위하여 '아태지역 고등교육'을 '아시아 고등교육'으로 통칭하기로 한다. 이 페이퍼는 정책 대안을 제시하기보다는 세계화 시대에 있어서 아시아 고등교육의 현황과 아시아의 문화적 가치를 논하

---

71) 본고에서 유교문화권이라 함은 유교의 발생국인 중국 본토와, 유교문명권인 한국, 타이완, 홍콩, 싱가포르, 동남아 각국에 거주하는 화교공동체 및 일본을 포함한다.

고, 앞으로 아시아 고등교육에 있어서 새로운 패러다임 정립을 위한 이
론적 기초를 제공하는 데 중점을 둔다.

I
세계화와 아시아의 고등교육

이 장에서는 세계화의 흐름에서 아시아 고등교육의 현황을 파악하기 위하여 먼저 세계화의 개념을 정의하고, 다음으로 세계화 시대에 있어서 고등교육의 현황에 대하여 논의하고자 한다.

1. 세계화의 개념

세계화(globalization)라는 개념은 일반적으로 국제화(internationalization), 서구화(Westernization), 미국화(Americanization), 보편화(universalization), 공간화(spatialization), 지구화(globalization) 등의 용어로 혼용되고 있으나 이 개념들 간에 정의나 차이점은 명확하지 않다. 이들 용어가 서구에서 발현된 탓에 구미(歐美) 학자들에 의해서 이들 용어에 대한 개념이 정의되고 나름대로의 주관적 해석과 토의가 진행되어 왔으나, 아직까지 일관된 이론이 설정되지 못하고 있다[72]. 필자도 명확한 개념을 정의할 수 없으나

---

72) Roland Robertson(1992: 8)에 의하면, '세계화(globalization)'란 1980년대 중반에 급격하게 논의되기 시작한 용어로서 세계 도처의 많은 분야에서 다양한 양상으로 논의되고 있다고 기술하고 있다.

주관적 관점에서 위의 용어에 대한 개괄적 의미를 정리하고자 한다. 필자는 국제화를 세계화의 초기 단계로 보고, 서구화와 보편화 및 공간화는 세계화의 특성이나 현상으로 간주하며, 지구화는 세계화의 발전 단계 중 하나의 과정으로 간주한다. 혹자의 주장에 의하면, '세계화(globalization)'의 발전 단계에 따라 초기 단계의 세계화는 경제 중심의 유기적 체제성을 나타내지만(Hirst & Thompson, 1996; Wallerstein, 1983; 1984), 다음 단계는 문화 중심의 동질화 현상 내지는 '제3의 문화(third cultures)'가 나타난다는 것이다(Featherstone, 1990, 1991; Hannerz, 1990; Harvey, 1989; Jameson, 1984, 1991; Mennel, 1990; King, 1991; Robertson, 1990, 1992a, 1992b; Turner, 1990; Waters, 1995). 서구 학자들의 이러한 세계화의 단계별 구분에도 불구하고 본고에서는 세계화와 지구화의 개념을 구별하지 않고 세계화로 통칭하는 대신, 국제화와 세계화에 대한 용어만을 구별하여 사용하기로 한다.

먼저, 국제화와 세계화에 대한 개념을 구별하기 위하여 두 용어에 대한 사전적 의미를 다음과 같이 살펴보았다. Webster's Third New International Dictionary(1986)에 의하면, '국제화(internationalization)'는 '국제화의 행위나 진행 상태(an act or process of internationalizing)'(p. 1181)를 의미하는 반면, '세계화(globalization)'는 '세계화의 행위(the act of globalizing)'나 '세계화되고 있는 상태(condition of being globalized)'(p. 965)를 나타내고 있다. 그리고 'international'의 개념은 형용사로서 '둘 혹은 그 이상의 국가와 국민 간에 존재하는' 혹은 '국가 관계에 연관된'(전게서, 1181쪽)이라는 의미를 나타내고 있으나, 'global'의 개념은 형용사로서 '전 세계를 포함하는' 혹은 '전 세계와 연관된'(p. 965)이라는 의미를 포함하고 있다. 사전적으로도 두 용어의 의미가 명백한 차별성을 나타내지 못하고 있지만, 'international'의 개념에서 국제화의 의미를 확대하여 추론해 볼 때, 국제화란 국가간 혹은 국민간의 교류나 관계 정립을 위한 행위나 진행 상태라고 정의할 수 있으며, 그리고 세계화란 'global'의 개념에서 추론해 볼 때, 전 세계를 포함하거나 전 세계에 연관된 행위 및 진행 상태라고 정의할 수 있다. 이러한 사전적 의미에서 볼 때, 세계화는 국제화보다 한층 더 확대된 포괄적 개념임을 알 수 있다.

다음은 이론적 관점에서 국제화와 세계화를 비교해 보고자 한다. 국제화(internationalization)란 용어는 국가와 민족간의 정치·군사적 관계에서 파생된 '국제적(international)'[73]이란 단어에서 시원(始原)하였다고 볼 수 있다. 주로 국제 정치적 역학관계를 논하는 국제관계론(international relations theory)[74]에 근거하여 본다면, 국제화란 정치학 내지 정치철학에 이론적 근거를 두고 있다고 볼 수 있다. 한편, 세계화(globalization)란 어떤 특정 용어에서 발원되었다기보다 Robertson(1992)의 주장대로 오랜 역사적 국면에서 생성된 개념으로 볼 수 있다. 세계화에 대한 논리는 구미(歐美)의 여러 학자들에 의하여 체계화되어 오고 있으나, 대표적인 이론으로 Wallerstein(1983; 1984)의 '세계체제론(world systems theory)'을 들 수 있다. 이 이론에 의하면, 세계체제라는 것은 개별 국가나 민족이라는 단위를 초월하여 자본주의 경제를 중심으로 한 세계적인 노동 분업의 통합적인 체제를 말한다. 이런 맥락에서 볼 때, 세계화의 주체는 세계자본주의 경제이며, 자본주의의 발원지인 서구가 세계화의 주역이 됨을 알 수 있다. 그러므로 세계화는 세계자본주의의 중심부인 구미의 선진 자본주의 국가가 주도적 역할을 하는 반면, 그 외 나머지 주변 국가들은 종속적 내지는 수동적 역할을 할 수 밖에 없는 구

---

73) Jeremy Bentham이 1798년에 국가간의 새로운 법체계 확립의 차원에서 'international'이란 표현을 구사하였다.
74) '국제관계론'은 Thomas Hobbes(1588-1679)에 의해 제안된 후, 1951년 Thucydides에 의하여 가설로 제시되었다.

조를 지니고 있다. 이러한 자본주의의 경제관계가 중심이 된 세계화 논리는 세계화가 진전 될수록 Bergesen(1990)의 주장대로 국가와 민족 단위를 초월하는 국제적 정치, 군사, 문화체제를 설명할 수 없는 한계점을 노출하게 되었다.

이러한 경제 중심의 세계화 논리에 반하여, 소위 '지구촌(the global village)'75) 논리에서 진전된 세계화의 후기 단계 논리인 '지구문화(global culture)'가 중심이 된 세계화 이론76)이 전개되었다. 이 이론에 의하면, 세계화 과정이 심화되면 정치, 경제, 문화, 환경이 모두 하나의 지구촌 내에서 통합되어 동질화 현상이 초래된다는 것이다. '지구문화론(global culture theory)'의 대표적인 이론가인 Robertson(1990)에 의하면 세계화는 역사적 과정에서 형성되고 진행된다고 주장하고 있다. 그는 세계화의 과정을 다음과 같이 다섯 단계로 설명하고 있다. 첫 단계는 15세기 초부터 18세기 말엽에 걸쳐 유럽에서 국가공동체의 발현과 함께 시작되었으며, 둘째 단계는 18세기 말엽부터 1870년대까지 유럽을 주축으로 하여 국제관계의 발달과 국가 통합이 이루어졌고, 셋째 단계는 1920년대 중엽까지로 국제 교류의 가속화와 국제적 경쟁(예를 들자면, 올림픽 게임)이 시작되었으며, 넷째 단계는 1920년대 중기부터 1960년대 말기까지로 2차 세계대전과 냉전(冷戰: the Cold War)으로 세계적인 갈등이 첨예화되었다. 그리고 마지막으로 다섯째 단계는 1960년대 말엽 이래 현재까지로 국제적 제도의 다양화 및 활성화로 인한 '세계적[지구적] 의식(global consciousness)'의 고조, 생태 환경 및 인본주의적 관심

---

75) Marchall McLuhan이 '지구촌(the global village)'이란 용어를 그의 저서인 *Explorations in Communication* (1960)에서 소개하였으며, 그의 아이디어는 이후 세계화 이론 전개에 많은 영향을 끼쳤다.

76) 경제 중심의 세계화에서 문화 중심의 세계화를 '지구화'라고 칭하기도 한다. 이런 맥락에서 보면 '지구문화(global culture)'는'세계문화'의 동질화 현상으로 볼 수 있다.

증대, 세계적 조직이나 운동의 활발함, 세계적 교류 증가와 언론 매체의 통합, 문화의 다양성, 성·인종·민족의 차별성 등에 의한 사회운동의 전개 등으로 기술하고 있다.

지금까지 논의된 이론을 종합하여 세계화의 개념을 정리하자면, 세계화란 초기 과정에서는 서구의 자본주의 국가가 경제를 주체로 하여 국제적인 경쟁과 협력이 동시에 이루어지면서 세계적인 유기적 체제를 형성하는 행위나 진행 상태를 말하나, 그 이후 과정에서는 국가와 민족의 단위를 초월하여 정치, 경제, 문화, 교육, 환경 등이 '지구촌'이라는 공간 속에서 '지구문화(global culture)'를 형성하는 현상을 말한다.

이상에서 고찰해 본 것처럼, 세계화라는 용어는 다분히 서구 중심의 사유에서 출현된 것이며, 이에 관한 논리 또한 서구 문화사를 배경으로 자본주의적 경제체제를 바탕으로 한 세계자본주의(world/global capitalism)와 신자유주의(neo-liberalism), 제국주의(imperialism)를 근간으로 한 후기제국주의(post-imperialism) 내지 후기식민주의(post-colonialism), 그리고 포스트모더니즘(post-modernism), 세계체제론(world systems theory) 및 지구문화론(global culture theory)이 중심이 되어 있다. 이로 인하여 세계화는 선진 자본주의 국가들이 중심이 된 주도집단과 개발도상국과 비자본주의 국가들이 중심이 된 추종집단 혹은 저항집단으로 이분화 된 가운데 이루어지고 있다. 그러므로 세계화는 표면적으로는 통합과 다원적인 차원에서의 공익을 내세우지만, 실제적으로는 경쟁에 의한 차별적인 정치·경제적 불평등의 심화뿐만 아니라, 추종집단의 사회·문화의 정체성과 특수성을 해체하거나 말살시킬 수도 있는 야누스적인 특성을 지니고 있다.

이런 측면에서 본다면, 세계화의 시대적 흐름에서 추종집단에 속하는 대부분의 아시아 국가들은 이 도도한 흐름에 순응하거나, 저항하거나, 경쟁하지 않으면 안 되는 숙명에 처해 있다고 볼 수 있다. 어떤 방식으로 대처하든지 간에 개별 국가 혹은 민족의 정치·경제적 힘과 고유한 문화적 가치와 전통은 주도집단의 강력한 힘에 의한 영향을 가시적 혹은 비가시적으로 받지 않을 수 없다. 이러한 영향력을 최소화 할 수 있는 최적의 방안이 교육임을 상기할 때, 아시아 국가들에 있어서 고등교육의 발전은 세계화 시대에 있어서 경쟁력을 강화함은 물론 생존경쟁의 차원에서 필수적인 전략이 아닐 수 없다. 이러한 맥락에서 다음 절에서는 세계화 시대에 있어서 아시아 고등교육의 현황에 대하여 논술하고자 한다.

2. 세계화 시대에 있어서 아시아의 고등교육

새로운 문명사를 주도하고 있는 세계화 흐름에서 아시아 고등교육의 현황을 논의하기에 앞서 고등교육의 관점에서 국제화와 세계화에 대한 개념을 설명하고자 한다. 국제화(internationalization)나 세계화(globalization)는 고등교육에 있어서도 중요한 조류임에 틀림없다. 고등교육에서도 두 용어의 개념과 정의에 있어서 일반적으로 뚜렷한 차별성을 두지 않고 사용되고 있다. 그러나 몇몇 서구의 비교/국제고등교육 학자들(Altbach, Spring 2002; de Wit, 1999; de Wit & Knight, 1997)은 국제화와 세계화를 구별하고 있다. Altbach(Spring 2002)에 의하면, 국제화(internationalization)란 국가가 주도하는 특정 정책들과 주도적인 사례들, 그리고 세계화 추세에 대처해 나가는 개별 대학 기관 및 시스템을 의미하는 반면, 세계화란 국가간의 상호 관계에서 이루어지는 경향 혹은 흐름으로서 대규모의 고등교육, 학생·교수·고학력자를 위한 세계 시장,

인터넷을 근간으로 한 기술이 닿는 세계적 지역 등을 포함한다(p. 6). 그리고 de Wit와 Knight(1997)는 *Internationalization of Higher Education in Asia Pacific Countries(아시아 태평양 국가에 있어서 고등교육의 국제화)*라는 저서에서 다음과 같이 두 용어를 구별하고 있다.

> 국제화가 진취적 방법에 의한 반응(response)인 반면 세계화는 촉매(catalyst)로 생각될 수 있다. 국제화란 용어에서 핵심 요소는 상호 국가들과 문화의 정체성간의 관념이다. 개별 국가의 특이한 역사, 고유문화, 재원, 우선권 등이 이러한 반응을 구체화하며 타국과의 관계를 설정한다. 그러므로 국가의 정체성과 문화는 국제화의 열쇠이다. 문화의 동질화는 간혹 세계화의 비판적 관심사나 효과의 하나로서 언급되고 있다. 그러므로 국제화는 지방과 지역 및 국가의 우선권이나 문화와 연관되거나 심지어 강화되기도 하는 매우 다른 개념처럼 보인다(p. 6).

위에서 살펴 본바와 같이 Altbach(Spring 2002)는 세계화를 국제화보다 포괄적인 개념으로 보고 있는 반면, de Wit와 Knight(1997)는 앞 절에서 기술된 세계화의 논리와 다소 차이를 보이고 있다. 환언하자면, Altbach(Spring 2002)의 견해가 앞에서 논의된 세계화의 논리에 준한다면, de Wit와 Knight(1997)의 견해는 국제화와 세계화의 두 용어에 대하여 명확한 구별을 하기보다는 과정과 수단의 차이로 보고 있다. De Wit(1999)는 국제화의 주론적(主論的) 경향이 정치, 문화, 교육적 요소에서 경제적인 요소로 전환되었다고 주장하고 있다. 이런 점에서 볼 때, de Wit(1999)의 국제화에 대한 주장은 앞에서 논의된 세계화 논리의 초기 단계에 해당된다고 볼 수 있다. 이렇듯 고등교육에 있어서도 두 용어에 대한 정의가 아직까지 명확하게 체계화되어 있지 않다. 그러나 de Wit와 Knight(1997)의 견해에 의하면, 고등교육에 있어서 국제화란 국제적 혹은 상호 문화적 차원의 것을 교육기관에서 교육이나 연구 활동 및 봉사의 기능으로 통합하는 과정으로 보고 있다(p. 8).

De Wit(2002)의 저서 -*Internationalization of Higher Education in the United States of America and Europe(미국과 유럽에서의 고등교육의 국제화)* -에 의하면, 고등교육에 있어서 국제화의 연원은 중세 대학에 두고 있으나, 국제화는 시간이 흐르면서 다양한 동기 부여를 받게 되었다고 주장한다. 즉 2차 세계대전 이후 냉전 하에서의 정치는 미국의 국제화 움직임을 자극하였으며, 또한 유럽의 국제화를 자극하여 유럽연합 (European Union)을 태동시켰고, 유럽 내 국가간의 자유로운 왕래뿐만 아니라 학생들 간에 유럽인이라는 의식을 심어줄 수 있는 고등교육시스템을 갖출 필요성을 인식하게 하였다는 것이다(de Wit, 2002).

De Wit(2002)가 미국과 유럽에 있어서 고등교육의 국제화를 논의하고 있는 반면, Peter Scott(1998)의 편저인 *The Globalization of Higher Education(고등교육의 세계화)*에서는 유럽뿐만 아니라 남아프리카에서 일고 있는 국제화 추세를 비교교육적인 관점에서 논의하고 있다. 위의 두 저자는 경제 시장의 피할 수 없는 요구가 현재 폭넓은 국제화 흐름을 주도하고 있다고 주장한다. 예를 들자면, 대학과 학문제도를 외국학생이 쉽게 유입될 수 있도록 고치는 것, 다른 외국대학과 연계성을 맺는 것, 모국어에 추가하여 영어로 가르치는 것, 고등교육 프로그램을 효과적으로 마케팅 할 수 있는 방법을 개발하는 것, 지적 자산을 하나의 상품으로 취급하는 것, 이윤을 추구하는 기업들의 전략을 채택하는 것 등의 형태이다(de Wit, 2002; Scott, 1998). Davis(2002)와 Hayward(2000) 그리고 영국의 국제교육협회(The Council for International Education, 2000). 발행의 저서나 연구보고서에 의하면, 유학생들의 전반적인 이동 추세는 대체로 개발도상국에서 선진 산업국가로 흐르고 있다. 특히, 50만 명 이상의 외국 학생들(이들 중에서 55%는 아시아, 15%는 유럽)이 미국의 대학에서 공부하고 있으며, 연간 110억 달러 이상의 유학비용을 대부분 자신이나 학부모들이 부담하고 있다(Altbach, Spring 2002; Davis, 2002). 미국이 국제적으로 많은 학생들을 받아들이고 있는 반면, 유럽은 미국과 달리 유럽연합을 중심으로 유럽 국가들 간의 일체감과 유대감을 확립하고, 교육과 노동 시장을 통하여 결속을 강화하며, 또한 유럽 학생들의 대학 간 이동을 보다 용이하게 할 수 있도록 학위 구성이나 프로그램이 상호 조화를 이룰 수 있도록 하고 있다(de Wit, 2002).

위에서 논의한 것처럼, 미국과 유럽에서의 고등교육의 세계화는 다소 다른 양상을 보이고 있음을 알 수 있다. 미국에선 고등교육의 세계화를 국가가 주도하기보다는 대학 스스로가 해외 학생들을 유인할 수 있는 국제화 프로그램과 유학 제도를 마련하는 반면, 유럽에서는 유럽연합(European Union: EU)을 중심으로 고등교육의 국제화를 정책 목표로 삼고 국제적인 학위 프로그램(예를 들면 ERASMUS나 SOCRATES)[77]을 제공하고 대학간 교류와 유대를 강화시키는 정책을 펴고 있다. 이러한 유럽연합의 고등교육의 국제화 정책은 아시아·태평양[아태] 지역의 고등교육의 발전에도 선례를 제공해 줄 뿐만 아니라 아태지역 고등교육협의체 구축을 위한 시사점을 던져 주고 있다. 물론, 아태지역은 유럽과 달리 보다 다양한 문화적, 인종적, 종교적 배경과 경제·과학적 격차로 인하여 연합체를 구축하여 공조와 조화를 이루기엔 부단한 협력과 협조가 필요하다. 그러나 인접국가 및 지역 간에 협력체를 구축하여 상호 발전과 공존을 도모하고 있는 작금의 세계적인 추세를 고려해 볼 때, 아태지역은 아시아·태평양 경제협력체(Asia-Pacific Economic Cooperation: APEC)를 중심으로 한 경제기구를 보다 발전시켜 교육의 영역까지 포함

---

77) 유럽연합이 주도하고 있는 유럽공동체 교육프로그램이다. 본고 제4장 "고등교육에 있어서 새로운 아시아적 패러다임"에서 이 프로그램의 목적과 특성이 기술되고 있다.

하여 유럽연합체의 고등교육 프로그램과 같은 국제적인 고등교육 프로그램을 개발할 필요가 있다. 이러한 관점에서, 유네스코에서 추진하고 있는 아태지역의 고등교육 학위인정제도 연구 사업은 아태지역 고등교육을 연합하여 국제적인 학위 프로그램을 구안할 수 있는 초석이 될 수 있다고 본다.

이상에서 고찰해 본 것처럼, 국제화나 세계화가 서구에서 발원된 만큼 지금까지 국제화나 세계화의 목소리와 움직임은 서양이 주도해 왔다. 이로 인하여 선진 서구의 산업 국가들이 그들의 경제력과 과학 문명을 앞세워 세계화를 이끌어 오면서 정치경제적인 힘과 이익을 배가하여 왔다고 볼 수 있다. 반면에, 세계화의 흐름에 뒤 늦게 편승하거나 이에 편승하지 못한 국가들은 상대적으로 국가경쟁력이 떨어지거나 여러 면에서 불이익을 받아 왔다고 볼 수 있다. 이러한 사실은 스위스의 세계경영발전연구소(International Institute for Management Development [IMD])에서 발간한 2001년도 세계경쟁력연감(The World Competitiveness Yearbook 2001)에서 입증되고 있다. 이 연감에서 나타난 것처럼, 세계화가 자국의 경제에 영향을 미치는 가에 대한 항목에서 큰 영향을 미치지 않는 다는 싱가포르(4위: 7.851)와 홍콩(7위: 7.556) 및 호주(23위: 5.814)를 제외하면, 대부분의 아태지역 국가들(조사 대상 49개국 가운데 30위 이하인 하위 수준)은 세계화로 인하여 자국의 경제에 위협을 느끼는 것으로 조사되고 있다. 그러나 세계화에 대한 태도(Attitudes toward Globalization)에 있어선, 싱가포르(2위: 7.851), 홍콩(3위: 7.667), 타이완(5위: 7.367), 일본(16위: 6.078), 한국(20위: 5.976), 인도네시아(22위: 5.933), 중국(23위: 5.889)이 상위 및 중간그룹에 포함되어 다수의 아시아 국가들이 세계화에 긍정적인 태도를 나타내고 있다. 세계화에 대한 태도가 부정적인 측면보다는 긍정적인 측면을 나타내고 있는 것은 아태지역이 서구 주도의 세계화 흐름에서 세계경쟁력을 확보하고자 하는 의지가 강하다는 것을 암시한다고 볼 수 있다.

아태지역에 있어서 세계화에 대한 이러한 태도는 이 지역의 고등교육의 확대와 무관하지 않음을 알 수 있다. 일본, 한국, 호주, 뉴질랜드, 필리핀은 국가 전체 인구수에 대한 고등교육의 성취도에 있어서 서구 선진국가들과 같이 상위 수준을 나타내고 있다[78]. 그러나 대학교육의 경제에 대한 경쟁력에 있어선 싱가포르와 호주 및 타이완을 제외하고는 중간이하 수준인 것으로 평가되었다[79]. 특히, 이미 선진 산업국에 속하는 일본은 차치하고, 산업화를 지향하고 있는 한국과 중국의 고등교육이 경쟁력 면에서 최하위 수준에 이르고 있는 것은 이들 두 국가의 고등교육의 양적 팽창이 이제는 질적으로 고양되어야 할 시점임을 제시해 주고 있다.

이상에서 살펴 본바와 같이, 스위스 세계경영발전연구소(IMD, 2001)의 연구 결과는 비록 경제적인 면에 치우쳐 있지만 세계화라는 문명사적 흐름에서 아태지역 국가들의 대처 현황과 입지를 잘 나타내고 있다고 볼 수 있다. 싱가포르와 홍콩처럼 세계화 흐름에 적극적으로 편승하여 국가경쟁력 강화는 물론 고등교육의 경쟁력을 고양시키는 국가가 있는 반면, 대부분의 아태지역 국가들은 서구 선진산업국가에 비하여 세계화 조류에서 뒤쳐져 있음을 알 수 있다. 특히, 미국과 더불어 세계경제를 선도하는 일본이 국제화로 인하여 자국의 경제에 위협을 느끼고

---

78) 인구수에 따른 고등교육의 성취도에 있어서 일본은 36개 조사 대상국가 중에서 1위인 캐나다(46.0%) 다음으로 45.0%로 2위, 한국은 34.0%로 5위를 나타내고 있으며, 호주는 28.0%로 12위, 뉴질랜드와 필리핀은 26.0%로 15위를 보이고 있다. 그리고 중국은 5.9%로 35위, 인도네시아는 3.0%로 36위를 나타내고 있다(IMD, 2001: 437).

79) 교육의 경제에 대한 경쟁력에 있어서 49개 조사 대상국 가운데 싱가포르는 4위, 호주 9위, 타이완 14위, 필리핀 20위, 인도 21위, 뉴질랜드 24위, 말레이시아 37위, 인도네시아 43위, 중국 44위, 태국 46위, 한국 47위, 그리고 일본은 49위로 평가되고 있다(IMD, 2001: 439).

있는 것으로 평가된 점과 경제적 요구에 고등교육이 적합한 경쟁력을 갖출 수 있도록 부응하지 못하는 점은 재고(再考)해 볼 일이 아닐 수 없다.

전반적으로 아태지역은 세계경영발전연구소(IMD, 2001)의 연구 결과에서 나타난 것처럼 세계화에 대한 태도에 있어서 자국(自國)에 긍정적이라고 볼 수 있다. 대부분의 아태지역 국가, 특히 중국, 인도, 한국, 인도네시아, 말레이시아, 태국, 필리핀과 같은 산업화진행국가 혹은 개발도상국가에 있어서는 많은 학생들이 구미(歐美) 선진 산업국(특히 미국)에서 학문과 기술을 배우고 있다. 비록 경제적인 측면에서는 세계화의 후발 국가인 이들 나라들이 서구 선진산업국들의 강력한 경제력과 과학 문명에 밀려 피지배적 혹은 종속적인 입장에 처하기도 하지만, 교육적인 측면에서는 선진 문물과 과학 기술을 받아들여 자국의 교육수준을 발전시킬 수 있는 기회를 가질 수도 있다. 물론 대내적으로는 외국의 학문에 지나치게 의존함으로써 학문의 종속성과 사대성(事大性)을 유발할 수도 있고, 대외적으로는 우수 인재의 두뇌유치 현상을 유발할 수도 있다.[80] 그러나 이러한 세계화의 긍·부정적인 측면이 교차되면서 물질과 문화적 경쟁에서 후발 국가들은 자체의 내부적인 갈등과 모순에 직면하지 않을 수 없게 된다. 고등교육에 있어서도 이러한 갈등과 모순 현상은 불가피한 일이다. 특히, 문화적, 사상적, 종교적 상이함에서 오는 가치관의 차이는 이질성과 동질성, 다양성과 정체성, 보편성과 특수성이라는 양극에서 갈등을 겪지 않을 수 없게 된다. 이러한 갈등과 모순 현상이 아시아 고등교육에서 어떻게 나타나고 있는 가를 다음 장에서 논의하고자 한다.

---

80) 스위스 IMD(2001)의 연구보고서에 의하면, 1994년과 1999년 사이에 미국은 124,000명의 인도인, 68,000명의 중국인, 57,000명의 필리핀인, 49,000명의 캐나다인, 42,000명의 영국인 고등교육 학위 소지자를 유치하였다(p. 24). 2000년에는 독일, 영국, 프랑스에서 온 20,000명에 달하는 학생들뿐만 아니라 75,000명에 이르는 중국인과 인도 학생들을 유치하였다(p. 24).

II

고등교육의 아시아적 가치

이 장에서는 유교문화권인 동아시아에 초점을 두고 아시아적 가치란 무엇이며, 그리고 그 순기능과 역기능은 어떠한 가를 석명(釋明)하고자 한다. 다음으로 아시아 고등교육에 있어서 아시아적 가치가 어떻게 나타나고 있는 가를 논술한다.

1. 아시아적 가치: 순기능과 역기능

아시아적 가치란 무엇인가? 아시아적 가치는 언제 어디서부터 논의되기 시작하였는가? 아시아적 가치, 동양적 관점과 서양적 관점의 차이는 무엇인가? 그리고 그 순기능과 역기능은 무엇인가? 이러한 문제를 석명하기 위하여 정치·경제학적 측면에서 보다는 문화적 및 교육적 측면에서 논술하고자 한다.

아시아적 가치의 개념

아시아적 가치를 논하기에 앞서 가치의 개념을 간략히 살펴보고자한다. 가치란 용어도 세계화처럼 개념에 대한 정의가 다양하다. 본고에서는 가치(value)라고 하는 개념이 다분히 서구적이고 학문적 연원이 서구에 두고 있기에 서구 학자들의 이론을 인용하여 가치의 개념을 파악해보고자 한다. Hofstede(1980)에 의하면, 가치란 어떤 일의 상태를 다른 것보다 선호하는 전반적인 경향 혹은 외연 내지 함축적인 개념으로 개인과 집단의 특성, 그리고 가능한 방법이나 행동의 목표나 수단을 선택하는 데 영향을 주는 바람직한 어떤 것으로 정의하고 있다. 즉 전자는 통계적이며 실용적인 것인 반면, 후자는 절대적이며 의무적인 규범을 지닌다고 보고 있다. Rokeach(1973)는 가치란 특정한 행위 양식 혹은 존재 상태가 개인적 내지 사회적으로 다른 행위 양식이나 존재 상태보다 선호되는 지속적인 신념이라고 판단하고 있다. 그리고 Borgatta와 Borgatta(1992)는 가치란 삶에서 어떠한 행위나 양식을 통하여 유사한 성과를 공유하는 사람들 사이의 공통적인 선호도를 나타낸다고 주장한다. 이러한 개념 정의를 토대로 하여, 필자는 가치의 개념을 개인이나 집단이 특정한 행위 양식이나 일의 목표 및 수단을 선택하는 데 영향을 주는 규범으로 역사적·문화적 요인에 의하여 개념화 혹은 구체화된 전반적인 경향이나 지속적인 신념으로 정의한다.

이렇듯 다양하게 정의되고 있는 가치의 개념은 앞에 붙는 단어에 따라 의미에 차이가 발생한다. 즉, 문화적 가치는 문화와 불가분의 관계를 지니는 상호 실제의 결합체로서(Swidler, 1986), 현실 자체를 유지하고 강화하려는 요구에 대하여 구성원이 상호 화합을 이루기 위한 기준이다(이정규, 2001; Parsons & Shils, 1951). 그리고 윤리적 가치는 행위나 의사 결정에 있어서 도덕적 원리와 규범으로서 무엇이 옳고 그런가에 대한 표준을 정하는 주관적 개념으로 해석할 수 있다(Shea, 1988; Trevino, 1986). 사회적 가치란 사회를 유지하고 강화하려는 사회적 욕구에 대하여 구성원이 상호 균형을 이루기 위해 필요한 수단이다(Parsons & Shils, 1951).

그러면, 아시아적 가치란 무엇인가? 이에 대한 개념 정의도 가치에 대한 정의만큼 다양하게 논의되고 있다. 국내외 혹은 동서양의 이론가들이 그들이 속한 문화적 영역에 따라 주관적 편의성 혹은 편견에 의하여 소위 '아시아적 가치'에 대한 개념을 정의하고 있다. 아시아적 가치에 대한 담론은 여러 가지 측면에서 논의되고 있으나 주로 경제적, 정치적, 문화적인 측면에서 이루어지고 있다. 그리고 학계에서 논의되고 있는 '아시아적 가치'는 일본, 한국, 중국이 위치한 동아시아 지역과 싱가포르, 홍콩, 타이완, 말레이시아 등이 속한 동남아시아 지역이 주 대상이 되고 있다. 즉 유교문화권이 중심이 되고 있다. 이들 국가들이 공통적으로 지니고 있는 문화적인 요소는 유교 혹은 유학이라고 하는 종교 내지는 정치윤리 사상이다.

이런 관점에서, 아시아적 가치란 유교문화권에서의 가치라고 볼 수 있다. 즉 아시아적 가치란 아시아 지역, 특히 유교문화권 혹은 이 지역 아시아인의 행위 양식이나 일의 목표 및 수단을 선택하는 데 영향을 주는 규범으로서 역사문화적 요인에 의하여 개념화 내지 구체화된 경향이나 신념으로 볼 수 있다[81].

---

81) 필자 역시 아시아인의 한 사람(한국인)으로서 또 하나의 편견을 진술하는 것이 될지 모르나, 서구 학자의 이론이 접목된 가치의 개념에 아시아라고 하는 단어를 결합시켜 아시아적 가치에 대한 개념을 위와 같이 정의한다. 한편, 이승환(2001)에 의하면, 아시아적 가치라는 개념을 "미국을 비롯한 서구가 자기이외 지역에 대한 정치·경제·문화적 지배를 합리화 하기 위해 동원하는 형이상학적 수사이며, 다른 한편으로는 개발독재국의 정치가들이 기득권을 고수하기 위해 동원하는 이데올로기적 장치"(327쪽)라고 주장한다. 그리고 신현종(1999)은

아시아적 가치의 출현

아시아적 가치는 언제 어디서부터 논의되기 시작하였는가? 정확한 근원은 알 수 없지만 유교적 가치로 그 논의의 범위를 좁힌다면, 오래 전에 주로 서양의 종교인이나 철학자 등을 통하여 서구에 소개되거나 논의되었으나[82], 20세기 후반에 이르러 서구의 경제 불황이 지속되면서 경제침체 현상이 일어나고 있던 것과는 달리, 일본의 경제대국으로서의 부상과 싱가포르, 홍콩, 타이완, 한국의 신흥공업국가를 중심으로 한 동(남)아시아 지역 국가들은 급속한 경제 발전을 이루고 있었다. 일련의 서구학자들은-특히 사회 · 경제학자-이러한 대조적인 현상에 관심을 갖게 되면서 소위 '아시아적 가치'가 본격적으로 논의되기 시작하였다고 볼 수 있다. 종래 서구의 종교인이나 철학자들이 아시아적 가치를 종교적 측면이나 정치윤리적 혹은 정치철학적 측면에서 석명하고자 한 반면에, 근래 서구의 사회 · 경제학자들과 아시아학 관련 학자들은 이를 주로 사회경제적 혹은 조직문화론적 관점에서 석명하고 있다. 본고에서는 후자에 초점을 맞추어 논의하고자 한다.

아시아적 가치에 대한 담론은 앞에서도 간단히 언급하였지만 서구의 학자들을 중심으로 서양적 관점에서 아시아 문화권이 지니고 있는

"아시아적 가치란 대체로 행인정사상(行仁政思想), 가족주의(가부장적 권위), 정실주의, 인치주의, 권위주의, 민족의식, 공동체의식, 교육열, 근면성, 근검절약 등 주로 유교사상에서 나온 동양의 특유한 가치"(2쪽)라고 주장한다.

82) 기독교사에서 볼 때, 서양에 유교가 소개된 것은 Matteo Ricci(1552 - 1610)와 같은 종교인이 중국에서 선교 활동을 하면서부터 이지만, 그 후 독일의 철학자 헤겔(Georg W. F. Hegel: 1770 - 1831)은 그의 저서, *The Philosophy of History(역사철학)*에서 중국의 사상적 근저의 하나로서 유교를 정치윤리적인 측면에서 논술하였다. 그는 유교를 종교라기보다는 정치윤리의 원리로 보았다. 근세에 이르러서는 독일의 사회학 및 정치경제학자인 베버(Max Weber: 1864 - 1920)가 *The Religion of China: Confucianism and Taoism(중국의 종교: 유교와 도교)*에서 정치, 사회, 경제학적 관점에서 유교적 가치와 기독교 정신(puritanism)을 비교분석하였다. 그의 주장에 의하면 유교적 가치가 중국의 경제발전에 지장을 초래하였다는 것이다.

문화체계와 가치를 논의하고 있다. 이승환(2000, pp. 12 - 14)에 의하면, 아시아적 가치에 대한 논의는 네 가지 유형으로 이루어지고 있다고 주장한다. 첫째, 일련의 서양 학자들(de Bary, 1981; Hofheinz & Calder, 1982; Kahn, 1979; Vogel, 1979)이 아시아적 경제현상과 사회현상을 설명하기 위한 변수로서 아시아적 가치를 거명하고 있다. 둘째, 일군의 동양 학자들(시마다 겐지)이 아시아적 경제현상과 사회현상을 설명하기 위한 변인으로서 이를 지목하고 있다. 셋째, 일부 아시아인들(주로 싱가포르, 말레이시아, 인도네시아 정치인들)이 탈식민지적 담론으로서 이를 언급하고 있다. 넷째, 서구 근대성의 폐해를 보완하기 위한 탈근대적 기획으로 이를 언급하고 있다(Tu, 1999; Hall & Ames, 1987).

이와 같은 주장에서 판단해 볼 때, 아시아적 가치에 대한 담론의 형태는 주로 사회경제적 내지는 정치적 범주에 머무르고 있다고 볼 수 있다. 아시아는 역사적·지리적으로 시간과 공간의 범위가 너무나 크고 다양한 인종, 언어, 문화, 종교, 사상 등으로 인하여 소위 아시아적 가치라는 획일적인 혹은 보편적인 가치를 부여하는 것은 무리가 아닐 수 없다. 더욱이 문화와 사상은 시대의 흐름에서 다양한 내외적 환경과 요인에 따라 변하는 유동적인 유추적·실체적 산물이다. 따라서 아시아적 가치에 대한 담론은 시대적 혹은 사상적 흐름에 따라 논리가 달라짐은 물론 지극히 주관적인 경향을 띄고 있다[83]. 일례로, 제국주의가 편만하던 시대에 서구 자본주의의 문화적 기원을 프로테스탄트의 윤리에서 해

---

[83] 아시아 국가들이 서구식 산업화에 뒤쳐져 있을 때에는 아시아적 가치가 방해물이었다고 주장하였지만(Max Weber같은 학자들), 1970 - 80년대 일본을 필두로 동아시아의 신흥공업국들(한국, 대만, 홍콩, 싱가포르)이 급속한 경제발전을 이룩하자, 아시아적 가치 덕택으로 치하하였다(de Bary, 1981; Huntington, 1996; Tu, 1999). 그 후 1990년대 말기에 한국과 말레이시아 등 동)아시아 국가들에 금융위기가 닥쳤을 때, 그리고 몇 년 뒤에 이 경제위기를 무난히 넘겼을 때도 아시아적 가치 혹은 아시아적 문화가 주요인이라고 하였다. 그러나 최근에 들어서 Dwight H. Perkins와 Lucian W. Pye와 같은 미국 학자를 중심으로 동아시아 국가의 경제발전에 대한 실적을 올바르게 평가하고자 하는 움직임이 일고 있다.

명한 베버(Max Weber)는 비록 중국에서 유교적 가치가 서구적 산업화에 지장을 초래하고 있지만, 역설적으로 유교적 가치관을 가지고 있는 중국인들은 기술적으로나 경제적으로 자본주의에 동화할 수 있는 잠재력이 있다고 보았다. 그의 이러한 주장은 중국이 산업화에 뒤쳐져 있던 1980년대 초까지만 하더라도 전자의 논리에 당위성이 맞추어졌으나, 그 이후 급격한 경제성장을 이루자 후자의 논리에 타당성이 부여되고 있다. 이러한 그의 양면적 논리는 아시아적 가치를 한편으로는 긍정적으로 다른 한편으로는 부정적으로 전개시키는데도 일조하였다고 볼 수 있다. 즉 아시아적 가치가 급속한 경제 발전에 원동력이었다는 순기능적 논리와, 산업화의 지체 및 경제위기 유발의 원인이었다는 역기능적 논리이다. 이러한 상반된 논리에 기초하여 아시아적 가치에 대한 담론은 서구지향적인 논리와 친아시아적인 논리로 대별되어 전개되고 있다.

아시아적 가치의 순기능과 역기능

이미 앞 장에서 기술하였듯이 아시아적 가치에 대한 논쟁의 시발은 서구에서 비롯되었다. 이로 인하여 논쟁의 기저는 서구적 관점에서 아시아적 가치(협의의 개념으로 동아시아적 가치)가 아시아의 정치, 경제, 사회, 문화 발전에 긍정적인 혹은 부정적인 기능을 하는가 이다. 일단 본고에서는 서구인이 주장하는 '아시아적 가치'가 존재한다는 가정 하에 서구인의 이분법적인 주장을 검토하고 이를 아시아인의 입장에서 비판하고자 한다. 만일 아시아적 가치가 긍정적인 기능을 지니고 있다면 그것은 무엇이며 어떻게 이행되고 있는가, 그리고 부정적인 기능을 가지고 있다면 역시 그것은 무엇이며 어떻게 수행되고 있는가를 정치문화적 및 사회경제적 측면에서 고찰하고자 한다. 문화적 측면은 다음 장에서 논의될 것이다. 이 절에서 논의하고자 하는 아시아적 가치는 유교문화권(동아시아)이 공유하고 있는 유교적 가치로 제한하고자 한다.

먼저 정치문화적 측면에서 아시아의 가치에 대한 정치적 기능[84]은 크게 정치경제적 접근법과 정치문화적 접근법으로 논의되고 있으나 본고에서는 정치문화적 접근법에 중점을 두고 논술하고자 한다. 정치문화적 접근 논리[85]에 의하면, 동아시아의 정치적 전통은 통치자의 권위에 대한 백성의 가부장주의적 복종을 특징으로 하고 있다고 본다. 또한 동아시아의 정치문화적 특징으로 지도자의 강력한 리더십과 높은 도덕성, 가부장적 권위주의, 반대에 대한 불관용, 충성심과 통일성, 제도화의 부족 등을 들고 있다. 이러한 정치문화적 전통이 동아시아 국가의 정치에 지대한 영향을 미치고 있다고 보고, 이런 요인으로 인하여 산업화에는 성공하더라도 서구적인 민주화는 이룰 수 없을 것이라는 주장을 하고 있다.

이러한 서구의 동아시아 문화론자의 주장은 현실적인 상황에서 나타난 외형적 모습을 그린 것이라고 볼 수 있으나 심층적인 내면을 투시하면서 묘사한 것으로는 보기 어렵다. 유교의 정치윤리와 체계에 있어서 핵심 요인인 권위와 복종에 의해 구축된 위계질서는 하나의 황금률로서 전통 사회의 모든 계층, 조직, 단위에 이르기까지 적용되었다. 서구의 정치문화론자의 주장대로 이러한 전통이 유교문화권에 오늘날까

---

84) 정치적 기능은 정치경제적 및 정치문화적 관점으로 접근할 수 있다. 김영명(2001)에 의하면, "정치경제적 접근법은 동아시아의 정치를 경제발전을 가능케 한 제도적 상부구조로 보거나 시장 메커니즘에 대한 대응 정도로 파악하여, 정치 구조나 과정 자체를 분석의 대상으로 삼고 있지는 않다"(164쪽). 그러나 "정치문화론은 동아시아의 정치를 전통적인 문화의 일부로 파악하고 정치과정을 보다 본격적으로 분석하고 있다"(상게서).

85) 정치문화적 접근 논리는 막스 베버(Max Weber)의 저서에서 나타나고 있으나, 최근에는 미국 MIT의 정치학 명예교수인 Lucian W. Pye가 이 논리의 대표적인 학자이다. 주 저서로서는 *Asian Power and Politics(아시아의 힘과 정치)*와 *The Spirit of Chinese Politics(중국 정치의 정신)*가 있다.

지 이어지고 있다. 그러나 유교의 정치윤리가 바탕이 된 동아시아의 정치문화는 순기능과 역기능적인 측면을 동시에 가지고 있다고 볼 수 있다. 서구적인 민주주의적 관점에서는 강력한 지도력, 가부장적인 권위주의, 반대에 대한 불관용, 제도의 미흡 등이 동아시아 국가의 민주주의 발전에 부정적인 요인으로 간주될 수 있으나, 이러한 요인들도 정치·사회체제가 미비하고 불안정한 국가에서는 부정적인 역할만을 하는 것이 아니라 긍정적인 역할도 할 수 있다.

예를 들자면, 정부와 지도자의 강력한 지도력은 식민지배 하에 와해되었던 정치 사회체제를 정비하거나 구축하는데 견인력이 될 수 있었다. 물론 이런 요인이 지나쳐 정치권력이 일극화(一極化) 되는 전체주의나 독재주의로 치달을 수 있는 가능성도 있다. 그리고 가부장적 권위주의는 여전히 동아시아 지역에서 지배자와 피지배자, 행정가와 피행정가, 상사와 부하, 교사와 학생, 부모와 자식 간에 권위와 복종의 수직적인 인간간계와 조직체계를 강조하고 있으나 다른 일면으로는 상호호혜적인 특성을 강조하고 있다. 이러한 상호호혜적 특성을 근본으로 하여 유교의 정치철학인 위민사상(爲民思想)과 민본사상(民本思想)이 강조되었다. 그러나 상호호혜성보다 권위와 복종이 강조될 때 정치인의 독재성과 전체성 및 도덕적 해이와 같은 역기능이 초래될 수 있다. 서구의 정치문화론자의 주장에는 이러한 역기능적인 면을 강조하고 있다고 볼 수 있다. 이런 관점에서 동아시아의 일부 정치인들(싱가포르, 말레이시아, 인도네시아의 정치가들)은 서구의 정치문화론자의 주장에 상반된 견해, 즉 앞에서 논의 된 유교적 정치윤리 및 원리에 기초한 요인으로 인하여 유교문화권 국가에서는 서구적인 민주주의가 뿌리를 내릴 수 없다는 주장을 펴고 있다.

다음으로, 사회경제적 측면에서의 아시아적 가치에 대하여 논술하고자 한다. 서구의 학자들은 일본의 경제대국으로서의 등장과 동아시아 국가들(한국, 타이완, 홍콩, 싱가포르)의 급속한 경제발전의 동인으로 유교문화의 긍정적 역할을 지적하고 있다. 이들의 주장에 의하면, 소위 '유교자본주의'라고 명명되는 동아시아 국가들의 사회경제체제의 핵은 유교문화에 바탕을 둔 가족중심주의와 공동체의식 그리고 유교의 원리에 기초한 사회기강 유지, 근면성, 교육열 이다. 이러한 요소를 동아시아 국가들과 같은 국가주도형 경제발전모델 형성의 핵심적 요인으로 보고 있다. 가족중심주의와 공동체의식은 강력한 권력을 행사할 수 있는 관료엘리트와 정부를 만들어 내는 원동력이 된 반면에, 기강과 근면성 및 교육열은 유교적 노동윤리로서 경제개발정책의 강력한 추진력이 되었다고 보고 있다.

반면에 역기능적 주장에 의하면, 가족중심주의와 공동체의식은 폐쇄적인 가족이기주의와 이기적 집단주의로 변하여 경제적인 측면에서는 정실자본주의(crony capitalism)[86]로, 사회문화적인 측면에서는 연고주의와 정실주의로 변질된다는 것이다. 1990년대 후반에 발생하였던 동아시아의 경제위기 도래의 주된 이유는 '정실자본주의' 경제체제로 인하여 경제적 기반이 약화되었기 때문인 것으로 보고 있다. 한편 이러한 주장과는 달리 아시아의 금융위기가 금융공황에서 발생되었다고 보는 학자들[87]도 있다.

이상에서 고찰한 것처럼, 아시아적 가치는 어느 한쪽의 긍정적인 측면이나 부정적인 측면만이 있는 것이 아니라 음양적인 면이 병존하고

---

86) 미국 MIT의 Paul Krugman 교수는 아시아의 정실자본주의가 아시아의 경제위기를 초래하였다고 주장하였다. 그에 의하면 정실자본주의란 아시아 특유의 자본주의로 정경유착, 족벌체제 기업운영, 관치금융, 평생고용체제 등을 요인으로 하고 있다고 말한다.

87) 하버드 대학의 Jeffrey Sachs 교수나 세계은행 수석 경제학자인 Joseph Stiglitz 박사의 주장이다.

있다고 볼 수 있다. 서구 학자들이 보는 아시아적 가치에 대한 견해는 유교의 정치윤리나 기본 원리에 근거한 논리라기보다는 유교 문화의 부정적인 특성이나 일부 유교사회에서 파생된 현상에 준하여 평가한 것으로 볼 수 있다. 일례로 유교의 경전이라고 간주할 수 있는 논어(論語)에서는 학문의 궁극적인 목적을 자신의 인격을 수양하여 군자가 되는 것에 두고 있으나, 역사적으로 볼 때 봉건시대나 심지어 현재에 이르기까지 학문은 입신양명의 도구로 화하여 관료 학자나 사회경제적 이익을 도모하는 수단이 되어오고 있다. 유교적 가치가 이러한 양면성을 나타내고 있음에도 불구하고 아시아적 가치를 논하는 대부분의 서구 학자들은 유교 사상의 본질을 투시하지 못하고 유교문화의 부면적 요인에 초점을 맞추고 있다고 평가할 수 있다. 다음 절에서는 이러한 아시아적 가치의 양면성이 아시아 고등교육에서 어떻게 나타나고 있는지를 논술하고자 한다.

2. 아시아 고등교육과 아시아적 가치

아시아적 가치에 대한 순기능과 역기능은 아시아의 고등교육에 있어서도 양면성을 나타내고 있다. 학문을 숭상하는 유교적 가치는 동아시아 국가들(특히 한국, 중국, 일본, 타이완, 홍콩, 싱가포르)에 있어서 교육열을 고취시켜 국가의 경제발전뿐만 아니라 급속한 고등교육의 팽창을 이루는 원동력이 되었으나, 지나친 교육열로 인하여 입시경쟁을 유발하고 사교육을 부추겼을 뿐만 아니라 사회적 불평등을 가속시키는 동인이 되었다. 전통적으로 유교문화권 국가들에 있어서 교육은 정치적 혹은 사회경제적 지위와 이권을 획득하기 위한 중요한 수단이었다. 물론, 교육을 통한 인격 수양이나 학문 함양이 강조되었지만 무엇보다도 교육의 중요한 기능은 관료 엘리트를 산출하는 것이었다. 일부 서구 학자들은 급속한 경제발전의 견인차로서 관료 엘리트의 역할을 논하고 있지만, 관료 집단의 극단적인 이기주의와 연고적 폐쇄주의 및 관존민비 사상과 사농공상의 수직적 봉건신분체계에 기인한 권위주의는 부면적인 기능으로 부상되어 서구인이 일컫는 정실자본주의의 요인이 되고 있다.

이러한 요인은 유교문화의 특성에 속하는 정실주의나 연고주의와 연계되어 대학행정이나 대학의 조직문화에서도 그 기능과 역할이 음양적으로 나타나고 있다. 긍정적 측면에서 볼 때, 정실주의는 온정주의로, 연고주의는 연대주의로 나타나고 있다. 온정주의는 동아시아의 유교문화권 대학사회에서 행정가와 교수간, 선후배 교수 및 학생 선후배 혹은 상호간의 인간관계를 정(情)으로써 친목과 화합을 강조하는 인정(人情)주의 문화를 심어 놓고 있으며, 그리고 연고를 기반으로 한 연대주의는 호의나 편애를 통하여 상호간 학문적 이득이나 사회경제적 이권을 추구하는 동질적인 집단의 연대와 결속을 촉진시키고 있다(이정규, 2001; Lee, 2001).

그러나 유교문화권 국가들의 고등교육에서 정실주의나 연고주의는 이기적 가족주의나 이기적 공동체주의와 연계되어 부정적인 면을 노출시키고 있다. 몇 가지 사례를 들자면, 대학행정에 있어서 정실주의로 인하여 폐쇄적이고 독단적인 행정 체제가 이루어질 뿐만 아니라 비민주적이며 불공정한 인사행정이 자행되는 경우가 허다하게 일어나고 있다. 그리고 대학 사회에서의 비판 문화의 부재를 들 수 있다. 한국 고등교육의 예를 들자면, 일반적으로 정실관계에 메여있는 교수 집단에서는 제자나 후배 교수가 스승이나 선배 교수의 학문적 견해나 주장을 진솔하게 비판하거나 토의할 수 있는 분위기가 조성되어 있지 않다(이정규,

2001). 스승이나 선배 교수가 그들과 연고가 있는 사람을 학문 활동뿐만 아니라 학사 행정에 있어서 온정적으로 우대하거나 선처를 베푸는 반면, 제자는 스승의 이론이나 주장에 대하여 비판을 삼가하거나 자제하면서 그들에게 순종하는 태도를 나타냄으로써 상호호혜적인 인간관계를 맺고 있다. 스승이나 선배 교수의 이론과 주장을 비판하는 것은 그들에 대한 예의가 아니라고 생각할 뿐만 아니라 장래를 위해서도 바람직하지 않다고 생각하는 경향이 있다. 이들은 상호간 연고나 정실 관계를 돈독히 함으로써 공생공영을 추구하고 있다. 이러한 경향은 유교문화권 국가의 고등교육에 있어서 보편적인 현상이다.

그리고 동아시아 국가의 대학사회에서는 대체적으로 권위주의적인 수직적 · 폐쇄적 조직문화를 나타내고 있다. 이로 인하여 의사소통체계가 민주적으로 열려있지 못하고 독선적인 권위주의가 대학행정에 편만해 있다. 이러한 독선적인 권위주의와 정실주의는 합리적이고 투명한 대학행정에 지장을 초래하고 있다. 특히, 한국의 고등교육에 있어서 대학행정의 정실주의의 편만함과 폐쇄적인 조직문화는 파벌주의 내지 학벌주의를 조성할 뿐만 아니라 교수 임용과정에서도 불공정한 사례[88]를 도출하면서 대학간, 학문간, 교수간 파벌을 낳고 있다(이정규, 2001).

이상에서 고찰해 본 것과 같이, 아시아적 가치는 동아시아의 고등교육에 있어서도 여러 가지 양상으로 나타나고 있다. 수직적 질서체계

---

88) 동아일보(1999. 9. 21)의 보도에 의하면, 한국의 대학 교수의 선정 과정에서, 총장이나 임원진의 일방적인 결정에 의한 비율이 24.3%, 현금이나 금품 수수가 15.2%, 영향력 있는 사람에게 청탁이 6.5%로 나타났으며, 학문의 독과점과 파벌주의를 나타내는 대학의 모교 출신 교수 비율은 서울대학교 95.6%, 연세대학교 80.3%, 고려대학교 60.1%를 차지하고 있다(이정규, 2001). 그리고 서울대학교를 정점으로 하고 있는 학벌주의는 다소 정도의 차이는 있지만 한국의 정치, 경제, 사회, 언론, 학문 등의 주요 분야에서 표출되고 있다. 몇 가지 지표를 들자면, 16대 국회의원 당선자(273명) 중에서 서울대 출신은 104명(38%), 1999년 1월 현재 행정부 3급 이상 고위공직자 561명 가운데 202명(36%), 2000년 7월 현재 검사 1,191명 중에서 689명(49%), 2000년 현재 4년제 대학교수 41,943명 중 15,251명(36%) 이다(이정규, 2002).

유지와 상호호혜적 인간관계의 양면성을 강조하는 유교문화의 특성으로 인하여 온정주의를 바탕으로 유대감과 친밀감이 돈독하여져 대학행정과 조직의 유연성과 동질성을 추구할 수 있는 반면에, 권위주의와 정실주의로 인하여 폐쇄성과 고립성을 지향할 수도 있음을 알 수 있다. 특히, 급속한 산업화와 학력사회화로 인하여 학력경쟁이 심화되고 고등교육의 팽창이 가속화됨으로써 유교문화의 역기능적 요인인 독단적 권위주의, 이기적 가족주의, 연고적 정실주의, 폐쇄적 파벌주의가 팽배하여 고등교육에 부정적인 영향을 미치고 있다. 이러한 부면적인 반유교적 가치는 세계화의 흐름에도 역행할 뿐만 아니라 시대적 조류에 부응할 수 있는 새로운 패러다임을 정립하는데도 지장이 되고 있다. 아시아 고등교육의 발전을 위해서는 아시아적 가치의 부정적 특성보다도 긍정적 특성을 부각시켜야 할 것이다. 이런 맥락에서 볼 때, 아시아 고등교육에서 이러한 문화적 요인이 어떻게 반영되어야 하는가를 살펴보는 것은 중요한 일이 아닐 수 없다. 다음 장에서는 아시아 문화의 특수성과 정체성이 아시아 고등교육에 어떻게 투입되고 반영되고 있는지를 논의하고자 한다.

Ⅲ

고등교육에 있어서 아시아 문화의 특수성과 정체성

아시아 문화의 특수성과 정체성이 아시아 고등교육에 어떻게 투영되고 있는가를 고찰하기 위하여 먼저, 문화의 개념을 서구의 학문적 관점에서 살펴보고, 다음에 아시아 문화의 특수성을 종교와 언어에 중점을 두어 논의하고, 끝으로 아시아 문화의 정체성을 고등교육과 연관하여 논술하고자 한다.

1. 고등교육과 아시아 문화의 특수성

문화라는 용어의 의미는 다양한 개념을 포함하고 있다. 고대 그리스어(헬라어) 사전(Liddell & Scott, 1968)에서는 일반적으로 파이데이아(*paideia*: 정신문화, 교육, 학습), 게오르기아(*georgia*: 경작, 농사, 수양), 필로테크니아(*philotechnia*: 예술이나 건축물에 대한 열정)의 세 단어가 문화의 개념을 나타내고 있다. 고대 라틴어에서는 쿨투라(*cultura*)로 철자가 변형되었으나 헬라어인 게오르기아의 의미를 함축하고 있다. 라틴어의 쿨투라(*cultura*)에서 유래된 영어의 'culture'(문화)와 독일어의 'Kultur'도

경작이나 교양의 의미를 나타내고 있다(Lee, 2001).[89]

이러한 사전적 의미를 가지고 있는 문화라는 용어는 그 개념의 정의에 있어서 다양한 논의가 이루어져 왔다.[90] 서구의 근대 학문에 있어서 '문화'라는 개념은 인류학의 선구자라고 일컬어지는 영국인 Edward B. Tylor(1871)에 의해서 본격적으로 거론되기 시작하였다. 그는 그의 저서 *Primitive Culture(원시문화)*에서 문화를 지식, 신앙, 예술, 법률, 도덕, 습관, 그리고 사회의 한 구성원으로서의 인간에 의하여 얻어진 다른 영역이나 습관들을 포함하는 복합총체로 정의하였다. 19세기말과 20세기 초에 대다수 문화인류학자들은 문화에 대한 개념에 대해서는 Tylor의 주장을 추종하였다(White, 1959). 그러다가 20세기 초(1920년대)부터 1950년대까지 Kroeber와 Kluckhone(1952) 및 Beals와 Hoijer(1953)와 같은 학자들에 의하여 "문화는 하나의 추상(abstraction)" 즉, "행위가 아니라 행위로부터 도출된 추상"으로 정의되었다. 그 이후 사회학과 인류학에 있어서 문화의 개념에 대한 논의[91]는 대부분 문화와 인간행위간의 차이에 초점

---

89) 동양에서는 기원전 3세기에 중국의 유학자인 순자(荀子)가 그의 저서에서 문화(文化)라는 용어를 참된 인간을 위한 수양의 과정이라는 뜻으로 기록하였다(이정규, 2001). 고대 동서양에서 문화의 의미가 유사함을 알 수 있다.

90) Samuel P. Huntington과 Lawrence E. Harrison(2000)의 공편저인 *Culture Matters* 서문에서 Huntington은 다음과 같이 서술하고 있다. 1940년대와 1950년대에 학계에서는 사회를 이해하고 각기 다른 사회간의 차이점을 분석하며 또한 사회의 정치 경제적 발달을 설명하는데 가장 중요한 요소로서 문화를 인식하게 되었다. 이러한 흐름을 주도한 서구 학자로는 Margaret Mead, Ruth Benedict, David McClleland, Edward Banfield, Alex Inkeles, Gabriel Almond, Sidney Verba, Lucian Pye, Seymour Martin Lipset 등을 들고 있다. 1960년대와 70년대에는 관심이 줄었다가, 1980년대에 이르러 관심을 다시 가지게 되었다. 그 후 오늘날까지 문화를 사회적, 정치적, 경제적 형태의 중요한 요인으로 보는 학자들과 다른 견해를 표명하는 인류학자, 사회학자, 경제학자, 정치학자들 간에 논쟁이 계속되고 있다.

91) Jenks(1993)는 문화의 개념에 대한 논의를 네 가지 유형으로 요약하고 있다. 첫째, 인식 범주로서의 문화: 정신의 일반적 상태로서 이해된다. 둘째, 구체적이고 집합적인 개념으로서의 문화: 사회의 지적ㆍ도덕적 발달 상태를 의미한다. 셋째, 기술적ㆍ구체적 범주로서의 문화: 어떤 사회의 예술적 및 지적 작업의 총체를 나타낸다. 넷째, 사회적 범주로서의 문화: 어떤 종족의 전체 생활 방식으로 간주된다.

을 두어 오고 있다(이문웅, 1993).

1950년대 후반에 이르러 문화는 자민족 중심주의 혹은 비교문화연구의 주제로서 서구 사회과학자들에 의하여 활발히 논의되었다(Garfinkel, 1967; Geertz, 1973; Hannerz, 1969; Keesing, 1974; Kluckhohn & Strodtbeck, 1961; Valentine, 1968). 1980년대에 와서는 문화는 정치, 경제, 예술 활동, 과학, 종교, 법률, 미디어와 대중문화, 조직문화, 가치, 스타일, 일상 행위의 관념적 형태 등을 설명하는데 다양하고 폭넓게 사용되었다(Becker, 1982; Deal & Kennedy, 1982; Geertz, 1973; Hofstede, 1980; Katz, 1988; Keesing, 1974; Latour, 1987; Lincoln & Kalleberg, 1990; Sackman, 1991; Swidler, 1986; Van Maanen, 1976). 이로 인하여 문화의 개념은 여러 분야, 민족, 집단, 조직 등에서 다양한 수단으로 사용되어 여러 가지 의미를 함축하게 되었다. 서구 학자들이 정의한 문화의 개념을 일부 소개하면 다음과 같다. 문화란 기술적 및 물질적 예술품 등을 포함한 인류의 총체적 삶의 방식(Geertz, 1973), 사람들이 경험하고 의미를 표현하는 과정을 통하여 형성되는 상징적 형태(Keesing, 1974), 집단의 속성(Hofstede, 1980), 우리사회에서의 가치와 실제의 결합체(Swidler, 1986), 구조적 및 자기발전적 요소의 구성체이며 감각 기제를 사용한 현실의 집합적 구성체(Sackman, 1991) 이다.

위에서 기술된 서구 학자들의 문화에 대한 개념 정의를 참조하여, 필자는 문화를 인간에 의해서 이루어진 유형·무형의 복합적 실체나 유추적인 것의 총체로 정의한다. 이러한 개념 정의를 토대로 하여 아시아 문화에 대한 개념 정의는 아시아인에 의하여 형성된 유·무형의 복합적 실체나 유추적인 것의 총체로 볼 수 있다. 그러나 다양한 인종, 종교, 풍습, 언어를 포괄하고 있는 아시아 지역에 아시아 문화라고 하는 총체적인 의미를 부여한다는 것은 간단한 일이 아니다. Huntington(1996)이 대별하고 있는 여덟 개의 주요 문명권92) 분류에 의하면, 아시아에는 중화, 일본, 힌두, 이슬람, 서구의 5개 문명권이 혼재하고 있다. 중화문명권에는 중국, 한국, 타이완, 싱가포르, 베트남을 비롯하여 동남아지역의 화교 공동체를 포함하고 있으며, 유교문화를 주축으로 하고 있다. 일본문명권은 중국문명의 영향을 받아 일본 열도에 형성된 불교와 유교 및 주로 일본의 원시종교에서 시원(始原)한 신도를 중심으로 하고 있다. 힌두문명권은 인도의 문화에서 형성되어 힌두교를 핵심 종교로 하고 있다. 그리고 이슬람문명권은 아시아에서는 아랍, 페르시아, 터키 등의 독자 문화권을 포함하여 중앙아시아지역 국가들, 말레이시아, 인도네시아 등 이슬람교를 신봉하는 지역이다. 마지막으로 서구문명권은 크리스트교 (Roman Catholic)가 문화의 핵심 요인이 되어 있는 필리핀을 포함할 수 있다. 비록 이들 문명권에는 속하지 않지만 불교를 중심으로 형성된 문화권역이 있다. 소승불교에 바탕을 둔 스리랑카, 미얀마, 태국, 라오스, 캄보디아가 있으며, 대승불교가 변형된 라마불교를 중심으로 한 티베트, 몽고, 부탄이 있다.

그러나 아시아 국가들에 있어서 이러한 문명 혹은 문화권역을 명확하게 구분한다는 것은 타당한 일도 아닐 뿐만 아니라 쉬운 일도 아니다. 유교가 주축을 이루고 있는 중화문명권에서도 중국은 도교와 불교가 혼재해 있고, 한국은 불교, 도교, 크리스트교가 공존하고 있으며, 베트남은 불교와 크리스트교가 상생하고 있다. 힌두교를 핵심 문화로 하고 있는 힌두문명권인 인도에서도 이슬람교가 공생하고 있으며, 이슬람교를 신봉하고 있는 이슬람문명권에서도 말레이시아는 화교공동체를

---

92) Huntington(1996)은 그의 저서 *The Clash of Civilization(문명의 충돌)*에서 현재 세계에 있는 문명을 8개 권역으로 구분하고 있다. 즉 중화, 일본, 힌두, 이슬람, 정교, 서구, 라틴아메리카, 그리고 아프리카 이다. 본고에서는 문명(civilization)과 문화(culture)를 구분하지 않고 두 용어의 개념을 Geertz(1973)가 정의한 인류의 총체적 삶의 방식으로 간주한다.

중심으로 유교가 혼재하며, 인도네시아에서는 일부분이지만 크리스트교가 실재한다. 서구문명권인 필리핀은 크리스트교와 이슬람교가 함께하고 있다. 그리고 태평양지역 국가인 호주와 뉴질랜드는 서구문명권으로 영어를 국어로 사용하고 있으며 크리스트교를 주축으로 하고 있다. 이렇듯 아태지역은 문화의 특성이 다양하고 이질적이다.

더욱이 종교와 더불어 문명과 문화를 이루는 핵심 요소인 언어의 측면에서 본다면, 다양성은 더욱 명확하게 드러난다. 아시아에서 사용되고 있는 주요 언어만 하더라도 북경어, 광동어, 상해어, 아랍어, 벵골어, 힌두어, 영어, 일본어, 한국어, 말레이ㆍ인도네시아어, 타이어 등이다. 그러나 대부분의 아시아 국가들이 실제로는 각 국가의 고유 언어를 사용하고 있음에도 불구하고 국제공용어인 영어교육을 강조하거나, 일부 국가에서는 영어 사용이 보편화되어 있다. 이러한 현상은 종교에서도 찾아 볼 수 있다. 크리스트교는 대부분의 동아시아 국가에 전파되어 필리핀과 한국을 제외한 나머지 국가에서는 세력을 크게 넓히지 못하였으나 서양 문화를 전달하는 매체 역할을 하였다.

아시아 국가들은 한편으로 산업화를 위하여 정부 주도의 국립대학을 설립하고, 다른 한편으로 민족 문화 창달을 위하여 각국의 핵심 종교를 근간으로 하여 각 종파나 종단에서 고등교육기관을 설립하였다. 사회주의 체제하에서 모든 대학이 정부 지원을 받는 중국을 제외하고, 자본주의 체제를 갖춘 한국, 일본, 타이완, 필리핀은 크게 국가에서 설립하여 운영하는 국립대학과 사학재단에서 설립 운영하는 사립대학으로 구분할 수 있으나 일부 사립대학은 각종 종교 단체에서 운영하고 있다.93) 이들 국가(필리핀 제외)에서는 일반적으로 자국어로 대학 강의를

---

93) 한국의 경우, 1999년도 「교육통계연보」에 의하면, 354개 고등교육기관 중에서 292개교가 사립이며 그 중에서 85개교가 종교 단체에서 설립ㆍ운영하는 학교이다. 85개교 가운데

하고 있으나 외국어로서는 주로 영어로 된 대학 교재를 사용하기도 하며, 일부 분야에서는 영어로 강의가 이루어지고 있다. 그러나 필리핀의 대학에서는 필리핀어와 영어를 같이 사용하고 있다. 그리고 말레이시아와 인도네시아 같은 이슬람교 국가에서도 국 · 공립 대학 외에 이슬람대학을 세워 그들의 고유 언어로 가르치고 있으며, 태국, 미얀마, 라오스, 캄보디아와 같은 불교 국가 또한 현대 서구식 대학 외에 불교대학을 설립하여 그들의 언어로 교육하고 있다.94)

비록 아시아 국가들이 부분적으로나마 서구의 종교를 받아들이고, 일부 국가에서는 영어로 강의를 하고 있지만 대부분의 국가들은 그들의 고유한 문화적 전통을 유지 · 발전시키기 위하여 국립대학을 설립하거나 종교재단의 사립학교를 설립 · 운영하고 있다. 특히, 동아시아 국가들은 산업화를 위하여 서구식 고등교육제도를 도입하여 서구식으로 교육시키고 있지만, 그들만이 지니고 있는 문화의 특수성을 계승 · 발전시키기 위하여 무조건적이며 무비판적인 서구 문화의 수입과 모방보다는 고유문화의 정체성을 고수하고자 노력하고 있다. 말레이시아와 인도네시아의 이슬람대학과 태국의 불교대학이 대표적인 경우에 해당된다.

몇몇 동아시아 국가들의 이러한 고유문화에 대한 유지 정책에도 불구하고 지난 세기말엽이래로 서구로부터 밀려오는 노도와 같은 세계화의 파고에 서구 문화의 수용이 불가피하지 않을 수 없었다. 영어권 국가들인 싱가포르, 필리핀, 말레이시아를 제외한 한국, 일본, 중국과 같은

85%에 달하는 64개교가 기독교, 12개교가 천주교(가톨릭), 불교계통이 7개교, 나머지는 기타 종교에 속하고 있다. UNESCO(1996) 발행의 *World Guide to Higher Education*에 의하면, 일본의 경우엔 489개 대학의 70%, 520개 단기대학의 85%가 사립대학이며, 필리핀은 998개 고등교육기관 중 71%인 707개 학교가 사립대학이다. 이들 사립대학 가운데 25%가 종교단체에서 운영하는 학교이다.

94) 말레이시아는 바하사말레이시아어와 영어, 인도네시아는 바하사인도네시아어(영어가 장려되고 있음), 태국은 타이어, 미얀마는 버마어(대학원에서는 영어 공용), 라오스는 라오어, 캄보디아는 크메르어와 프랑스어가 대학 강의에 사용되는 주 언어이다.

유교문화권 국가들과 태국, 캄보디아, 라오스와 같은 불교권 국가들은 영어 열풍에 휩싸이고 있다. 동아시아에서 크리스트교의 전파가 과거 제국주의의 질풍이었다면, 영어 바람은 금세기 세계화의 질풍에 비유해도 무리가 아니다. 이러한 질풍노도의 시기에 자국 문화의 정체성을 유지하면서도 이질적인 문화와 크게 충돌하지 않고 상생할 수 있는 방법은 없을까? 만일 이러한 이질적인 문화들이 상생할 수 있는 최선의 방법 중의 하나가 교육이라면, 대학은 어떤 역할을 수행해야 할 것인가? 다음 장에서는 이런 문제에 대하여 논술해보고자 한다.

2. 고등교육과 아시아 문화의 정체성

아시아 문화의 정체성을 논술하기에 앞서 '정체성'에 대한 개념을 간단히 기술하고자 한다. '정체성'의 사전적 의미는 "상이한 사례에 있어서 필수적 내지 포괄적인 특성에 대한 동질성"(Webster's Third New International Dictionary, 1986, p. 1123)으로 기술되고 있다. '정체성'에 대한 개념은 1950년대와 1960년대 이래로 사회학과 심리학 분야를 중심으로 하여 광범위하게 논의되었으나,[95] 1980년대와 1990년대 서구 학자들[96]을 중심으로 세계화의 흐름 속에서 이에 대한 관심은 괄목할 만큼 증가하여, 근래에는 사회과학이나 인문 분야에서 가장 널리 사용되는

---

95) Goffman(1963)은 그의 저서의 제목에서 'spoiled identity'(상하게 된 정체성)란 용어를 사용하였으며, Erikson(1968)은 'identity crisis'(정체성 위기)라는 개념을 논술함으로써 유명하게 되었다.

96) 대표적인 학자들은 Gitlin(1995), Griffiths(1995), Baumeister(1996), Elliot(1996), Lash(1996), Touraine(1997), Woodward(1997), Kayatekin & Ruccio(1998), Lemert(1999), McDonald(1999)를 들 수 있다. 이들은 대부분 전통성의 상실과 세계화로 인하여 정체성 문제가 증가하거나 제기된다고 주장하고 있다.

개념이 되고 있다(Wrong, 2000). 근래에 논의되고 있는 정체성의 형태는 개인뿐만 아니라 집단을 포함하고 있다. 모든 사람은 누구나 그 사람만이 지니고 있는 특성과 그 누구에게도 양도할 수 없는 특질을 소유하고 있기에 다른 사람과의 차별성을 나타낼 수 있다. 이런 관점에서, 개인은 타인이 지닐 수 없는 정체성을 지닌 소우주적인 존재라고 볼 수 있다. 개인과 마찬가지로 어떤 집단이나 국가도 다른 집단이나 국가가 가질 수 없는 독특성이나 정체성을 지니고 있다. 이런 특성이 문화적인 요소를 지닌다면, 그것은 주관적인 입장에서는 문화의 정체성이지만 객관적인 입장에서는 문화의 이질성이라고 볼 수 있다.

이를 단위 개체라는 측면에서 볼 때, 어떤 개인이나 집단 혹은 국가가 독특한 특성이나 차이를 나타내는 정체성 내지 이질성을 지니고 있는 반면, 집합적 측면에서는 개인이나 집단이나 국가는 다른 개체와 더불어 공통성 혹은 동질성을 지니고 있다. 개인으로서의 인간은 다른 사람이 소유하지 못한 독특성을 지닌 소우주임에 틀림없지만, 사회적 공동체로서의 인간은 사회적 존재로서의 한 개체에 불과하다. 이를 국가라는 측면에서 보면 개인과 사회도 한 단위 혹은 유기체에 불과하다. 문화라는 개념을 국가나 민족의 차원에서 본다면, 한 국가 혹은 민족의 차별성과 독특성은 다른 국가나 민족간의 문화적 차이에서 만들어진다고 볼 수 있다. 어느 국가나 민족이 계승·발전시켜 오고 있는 전통 문화는 한편으로는 나름대로의 독특성과 정체성을 지니기도 하지만, 다른 한편으로는 다양한 외부문화의 유입과 교류로 인하여 문화의 다원화와 더불어 다른 문화와의 동질화 현상을 나타내기도 한다.

세계문화사의 흐름에서 볼 때, 현재까지는 정치·군사·경제적 힘에 의하여 문화의 우열이 가려져 왔다. 산업혁명이래로 서구에 비하여 상대적으로 정치·군사·경제적 힘이 약했던 아시아는 문화적으로도 열등하게 인식되어 왔다. 일본의 선진산업국가로서의 진입과 동아시아 국가들의 괄목할 만한 경제발전으로 인하여 아시아적 가치가 주목을 받게 되었고 이로 인하여 아시아의 문화도 재평가되게 되었다. 서구 학자들에 의하여 거론되고 있는 소위 '동아시아발전모델'[97]은 아이러니하게도 일부 동아시아 국가들의 정치가나 학자들에 의하여 동아시아 문화의 정체성을 주창하는 동인이 되었다. 문화의 정체성은 국가주의를 바탕으로 하여 서구 문화의 식민지성 혹은 종속성에서 탈피하여 자국 문화를 고수하고자 하는 '민족주의의 문화화'라고 볼 수 있다.

동아시아 국가들에 있어서 문화의 정체성을 확립하고자 하는 노력은 그 나라의 국민의 인종적 내지 종교적인 특성에 따라 다소 차이가 있다. 싱가포르의 경우, 국민의 76%는 중국계로서 유교문화에 젖어 있으며, 15%는 말레이계로서 이슬람교도이며, 6%는 인도계의 힌두교도와 시아파이다(Huntington, 1996). 싱가포르는 이렇듯 다양한 인종과 종교로 구성된 다문화 국가이지만, 싱가포르 정부는 다수 중국계의 유교적 가치를 강조하면서도 한편으로는 서구 제국주의의 산물인 영어를 공용어(公用語)로 사용하고 있다. 즉 싱가포르는 유교문화의 전통을 답습하면서도 국가의 경제발전을 위해서 서구 제국주의의 유산을 이어받아 서구식 생활양식과 언어를 차용하고 있다. 특히, 싱가포르는 놀라운 경제발전에도 불구하고 서구 문화의 영향력으로 인하여 전통적인 가치관이 퇴조되는 반면, 서구적 가치관이 싱가포르 사회에 만연하게 되었다. 이러한 고유문화의 퇴조 현상을 우려한 싱가포르 정부는 1991년도 정부백서에서 미래에 희망이 있는 국가와 국민이 되기 위해서는 싱가포르 국민으로서의 문화적 정체성을 지녀야 한다고 다음과 같이 명시하였다.

---

97) '동아시아모델론'은 동아시아의 급속한 경제발전과 이 지역 사회의 문화적 특성을 연결시키는 Peter L. Berger의 논리이다.

비록 우리가 영어로 말하고 서구식 의복을 입는다 하더라도 싱가포르 국민은 미국인도 아니며 앵글로색슨인도 아니다. 장기적으로 우리가 미국인, 영국인, 혹은 호주인과 구별되지 않거나 더욱 더 그들을 모방하는 열등생이 된다면 우리가 지금까지 쌓아왔던 국제적 지위를 상실하게 될 것이다 (Government of Singapore, Cmd. No. 1 of January 2, 1991).

이와 같이 싱가포르 정부의 문화적 정체성 정립을 위한 노력은 다른 문화와의 차별성 부각에 초점을 두고 있지만, 다른 한편으로는 외래문화의 파급으로 인하여 전통적인 가치관이 침윤(浸潤)되지 않도록 문화의 독특성을 유지 · 계승시키고자 하는데 궁극적인 목적을 두고 있다고 볼 수 있다.

싱가포르의 사례에서 시사점을 찾는다면, 국가 혹은 민족간에 서로 이질적인 다양한 인종적 · 종교적인 배경을 지니고 있더라도 상호 공유할 수 있는 동질적인 보편적 문화를 정립할 수 있다는 것이다. 문화의 정체성이 국가나 민족의 차원에서 추구되는 것이라면, 문화의 동질성 혹은 보편성은 역사적 내지는 시대적 흐름에서 이루어지는 것이라고 볼 수 있다. 이런 맥락에서 볼 때, 문화의 정체성과 문화의 보편성은 불가분의 관계에 있다고 볼 수 있다.

이러한 불가분의 관계는 동아시아의 고등교육에서 여실히 실증되고 있다. 1965년 싱가포르가 말레이시아로부터 분리 독립 당시에 중국어로 교육받은 학생들을 위한 난양대학교(Nanyang University)와 영어로 교육받은 학생들을 위한 싱가포르대학교(Singapore University)가 있었으나, 1980년에 두 대학을 합병하여 국립싱가포르대학교(The National University of Singapore)를 설립하였다(Lim, 1995). 이는 싱가포르 정부백서에서 제시한 문화의 정체성 일변도 정책과는 상이한 양면 정책 즉, 문화의 정체성과 보편성을 동시에 추구한 것으로 볼 수 있다. 이러한 현상은 다른 동아시아 국가들-세계 최대의 이슬람교도 국가인 인도네시아, 불교 국가인 태국, 크리스트교 국가인 필리핀, 다종교 국가인 베트남과 한국-에서도 찾아 볼 수 있다. 인도네시아에서는 비종교적 일반대학 외에 이슬람대학(Institute Agama Islam Negeri or State Institute of Islamic Religion)을 세워 종교교육과 자국문화를 가르치고 있고(Ranuwihardjo, 1995), 태국에서는 일반인의 고등교육을 위한 서구식 일반대학 외에 불교 승려를 육성하기 위한 불교대학이 있으며(Chutintaranond & Cooparat, 1995),[98] 필리핀의 경우에는 고등교육기관 중에서 25%가 종립 사립대학에 속하며 대부분이 가톨릭 교단에 소속되어 있거나 교단의 후원을 받고 있다 (Cooney & Paqueo-Arreza, 1995). 그리고 베트남의 경우에도 일반대학 외에 가톨릭대학과 불교대학을 세워 종교의 다양성을 추구하였다(Do, 1995).[99] 한국 또한 산업화에 편승한 급격한 대학팽창과 더불어 각 종교 단체에서 대학을 설립하여 종교 세력의 확장을 꾀하고 있다(Lee, 2002).[100]

동아시아 국가들은 문화의 정체성 정립을 위한 노력에도 불구하고, 이러한 노력 저변에는 산업화 내지 국가경제발전이라는 명분하에 서구화를 위한 문화 유입을 도모하지 않을 수 없었다. 서구식 고등교육제도

---

98) 19세기말에 타이왕국에서는 2개의 불교대학(Maha Chulalongkorn College와 Maha Mongkut College)이 세워졌다. 이들 대학이 불교 승려를 교육시키기 위하여 설립된 반면, 1933년에 일반인을 위하여 "The Moral and Political Science University"(오늘날의 Thammasat University)가 설립되었다.

99) 1958년에 달랏가톨릭대학교(The Catholic University of Dalat)가 개설되었고, 1964년엔 사이공에 반한불교대학교(The Buddhist Van Hanh University)가 설립되었다(Do, 1995). 역사적으로 볼 때, 베트남은 중국의 문명권에 속하여 유교문화를 계승하여 왔으나, 1860년대에 프랑스가 베트남을 점령한 이후 1907년에 인도차이나대학교(The University of Indochina)를 설립하였다. 1954년에 제네바협정(Geneva Agreements)으로 인하여 이념적 차이에 따라 남과 북이 분단되었다. 이에 따라 북(北)은 러시아 고등교육제도를 도입하게 되었고, 남(南)은 구미(歐美) 고등교육제도를 도입하게 되었다. 사회주의 국가로 통합된 이후에 1975년에 고등교육체제가 전면적으로 개편되었다.

100) "한국의 종교 현황"(문화관광부, 1999)에 의하면, 1999년 현재 85개 종교 재단 고등교육 기관 중에서 기독교 64개교, 천주교 12개교, 불교 3개교, 원불교 2개교, 그리고 기타 종교 2개교이다.

의 도입뿐만 아니라 서구의 지식과 기술을 익히기 위하여 언어를 도입하지 않을 수 없었다. 대부분의 동아시아 국가들은 오랜 동안의 식민지배로 인하여 고유문화가 침윤당하고 전통적인 가치관이 변하게 되었다. 한국, 필리핀, 베트남은 외래 종교가 유입되어 다양한 종교가 혼재하며, 싱가포르와 필리핀은 식민주의의 영향으로 외래어가 공용어가 되기도 하였다. 그리고 또 베트남, 한국, 중국은 이념 대립으로 인하여 가치관과 정치체제가 양극화되기도 하였다. 서구 제국주의의 거센 파고 속에서도 태국과 일본은 자국의 고유문화를 고수할 수 있었다.

고등교육의 측면에서 본다면, 동아시아 국가들의 공통점은 전통적인 고등교육기관들이 문을 닫거나 서구식 고등교육기관으로 전환되었으며, 대부분의 대학에서 모국어로 된 교재와 더불어 외래어(주로 영어) 교재가 사용되고 있다. 또한, 대학가뿐만 아니라 교육 전반에 걸쳐서 영어 교육 바람이 거세게 불고 있다는 것이다. 현재 아시아 고등교육은 문화의 정체성과 보편성을 함께 추구하면서 서로 다른 문화 간 갈등과 충돌을 최소화하여 공생공영(共生共榮)할 수 있는 새로운 패러다임(paradigm)[101] 정립이 필요하다. 다음 장에서는 아시아 고등교육에 있어서 새로운 아시아적 패러다임 모색을 위한 방안을 모색해보고자 한다.

---

101) Thomas Kuhn이 1962년도에 발간한 저서 "The Structure of Scientific Revolutions" (과학 혁명의 구조)에서, 패러다임(paradigm)이란 하나의 수용된 모형 또는 유형이라고 주장하고 있다. 본고에서는 '패러다임'을 수용하고자 하는 유형의 의미로 간주한다.

IV

고등교육에 있어서 새로운 아시아적 패러다임

시대적 흐름인 세계화는 정치·경제에서 문화와 교육으로 그 지류를 넓혀가고 있다. 세계화의 진원지라 볼 수 있는 미국과 유럽은 이미 고등교육 분야의 세계화가 활발히 진행되고 있다. 20세기 중엽이래로 미국은 자국의 학문적·과학적 수준을 소위 '세계수준'(world-class)으로 유지하기 위하여 지역별로 고등교육의 균형적 발전을 도모하여 오고 있으며, 유럽 또한 미국에 뒤떨어지지 않도록 유럽 공동의 교육프로그램을 설치하여 유럽 국가간 고등교육의 질적 향상을 꾀하고 있다[102].

특히, 1987년에 'ERASMUS'라고 지칭된 "대학생의 이동을 위한 유럽의 실행계획"이 실행되면서 유럽연합(European Union)뿐만 아니라 스칸디나비아 국가들을 포함한 여러 나라에서 1996년 현재 20만 명의 대학생과 15,000명의 교수 요원의 교류가 이루어졌으며[103], 그리고 "대학

---

102) 마스트리히트 조약(Maastricht Treaty: 1992년)은 교육 문제에 있어서 유럽연합 (European Union)에게 직접적인 역할을 부여하였다. 이러한 전권 부여에 따라 1995년 3월에 유럽의회는 SOCRATES라고 명명한 새로운 교육실행프로그램을 승인하였다. 이 프로그램은 1996-1997학년도에 시작될 예정이었으나 한해 뒤인 1997-1998학년도부터 실행되었다.

103) 유럽연합은 1993년 11월 1일에 발효된 마스트리히트 조약에 따라 유럽 12개국이 참가하여 출범한 연합기구로서 2002년 10월 현재 회원국 수는 15개국으로 늘어났다. 현재 회원국은 프랑스, 영국, 독일, 이탈리아, 스페인, 오스트리아, 그리스, 포르투갈, 아일랜드, 벨기에,

간 협동 프로그램"(ICP: Interuniversity Cooperation Programs)에 의하여 1,500개 이상의 대학에서 2,500개의 ICP프로그램을 열었다(de Wit, Spring, 1996). ERASMUS 프로그램의 근본 취지는 다분히 정치경제적인 면이 주된 목적으로 교육을 통하여 유럽인의 정체성과 국제적인 경쟁력을 고양시키는데 있었다. 학생들은 ERASMUS 프로그램을 통하여 다른 유럽 국가에서 한 학기 혹은 일 년 동안 공부할 수 있게 되었다. 이 프로그램의 활성화를 위하여 "유럽 학점 전이 제도"(ECTS: European Credit Transfer Systems)를 도입하여 외국에서의 학문적 경험이 모국에서도 그대로 반영될 수 있도록 하였다. 그리고 무엇보다도 중요한 것은 상호 교류에 있어서 국가간 대학간 공평한 교류와 배분을 유지하였다. 이러한 평등한 교류 원칙은 유럽연합은 물론 학문적 토양이 다소 다른 북유럽국가들에도 마찬가지로 적용되었다. ERASMUS가 기폭제가 되어 1995년에는 유럽의회에서 'SOCRATES'로 명명되는 새로운 교육프로그램이 고안되었으며, 중부 유럽과 동부 유럽이 협력하여 TEMPUS 프로그램을 구안하였고, 지중해 연안 국가들은 MEDCAMPUS를, 남아메리카는 ALFA를, 미국과 캐나다는 몇몇 작은 프로그램을 만들었다.

ERASMUS 프로그램은 유럽 고등교육의 국제화를 촉진한 추진력이었다. 이 프로그램의 성공에 힘입어 유럽연합은 1997 – 1998학년도부터 SOCRATES 프로그램을 추진하였다. SOCRATES의 목적은 교육을 통하여 유럽의 입지를 넓히며, 유럽연합과 관련된 문제의 일반적인 이해에 대하여 양적 내지 질적인 향상을 촉진하고, 회원국의 모든 교육수준을 포괄하는 교육기관끼리 광범위하고 긴밀한 협력을 도모하고, 교사와 학생의 교류를 진작시키며, 졸업장이나 수업시기 및 학점과 기타 자격

네덜란드, 룩셈부르크, 덴마크, 스웨덴, 핀란드이다.

을 상호 인정하도록 추진하며, 개방 및 통신교육을 장려하며, 그리고 교육제도와 정책에 대한 정보를 상호 교환하도록 하는데 두고 있다(de Wit, Spring 1996; Rudder, Spring 2000). SOCRATES와 ERASMUS 정책의 차이는 전자가 모든 교육수준을 포괄하는 반면, 후자는 고등교육에 중점을 두고 있는 점이다.104)

ERASMUS와 SOCRATES같은 유럽의 공동 교육프로그램은 아태지역 국가들의 고등교육 공동프로그램 창안에 많은 시사점을 제시하고 있다. 유럽연합의 회원국들은 국가간의 문화적 차이나, 역사적 흐름에서 파생된 깊은 갈등과 적대감에도 불구하고 불투명한 장래에 대비하여 확실한 정치경제적 경쟁력을 갖출 수 있도록 상호 공생공영할 수 있는 길을 모색하고 있다. 유럽연합은 앞으로도 주변 국가들을 규합하여 더욱 세력을 확대시켜 나갈 것이고 공조 또한 더욱 견고해 질 것이다. 이들은 비록 회원국들간 언어와 인종에서 다소의 문화적 차이는 있을지라도 크리스트교라는 종교적 공통성, 유럽이라는 지역적 공유성, 세계 정치경제 질서에서의 경쟁력 강화, 서구 문화의 정체성 유지라는 공통적인 목표가 있다. 이러한 공통적인 목표 달성을 위하여 그들은 상호간 일체감과 유대감을 확립하고, 노동과 교육시장의 결속을 강화하며, 교류와 협력을 통하여 경쟁력을 높이고 있다.

비록 아태지역도 역사적 흐름에서 발생한 갈등과 적대감 및 문화적 차이는 있지만 미래의 공생공영을 위해 공동체 구축이 절실히 필요하다. 현재 아태지역은 APEC과 ASEAN같은 정치경제협의체는 있으나 유럽의 ERASMUS나 SOCRATES와 같은 아시아의 공동 교육프로그램은 구축되어 있지 않다. 아태지역을 종교에 따라 문화권역을 나누어 볼

---

104) SOCRATES에서 초 · 중등교육을 위한 프로그램을 COMENIUS라고 칭하고 있다.

때, 크게 4개 권역인 유교권, 불교권, 이슬람교권, 기독교권으로 대별할 수 있다. 그리고 정치경제체제 상으로는 민주주의와 공산주의 혹은 자본주의와 사회주의로 대별할 수 있으며, 산업화 정도에 따라서는 선진공업국, 신흥공업국, 개발도상국으로 구분할 수 있다. 역사적으로도 지배와 피지배의 관계에 있었던 국가들과 인종적 언어적으로도 다양한 문화적 요소를 지닌 국가들이 상존하고 있다. 이러한 다양하고 복합적인 역사문화적 요인이 혼재하고 있는 아태지역에서 정치경제적 유대도 중요하지만 교육을 통하여 교류와 협력을 진작시키고 상호 유대감을 정립하여 공동 번영을 도모하는 일 또한 중요한 일이 아닐 수 없다.

세계화 시대에 있어서 교육은 21세기 지식기반사회를 이끌어 가는 중심축의 하나로서 인식되고 있으며, 대학은 지식경제사회를 구축하는 데 필요한 인적자원을 제공하는 핵심 공급처이자 지식기반사회를 선도하는 공헌자로서 인식되고 있다. 특히, 고등교육은 경제적인 경쟁력을 높이고 첨단과학기술을 고양시키는 원동력으로서 국가 발전의 중추적 역할을 맡고 있다. 이러한 역할을 효과적으로 충실히 수행하기 위해서는 몇 가지 선결조건이 구비되어야 한다. Altbach(Spring 2000)가 지적하였듯이 학문과 과학적인 능력을 신장시킬 수 있는 규모, 경쟁력, 사적(私的) 분야의 활성화, 학문의 자유, 활력이 넘치는 도시 환경이 마련되어야 한다.

바야흐로 아시아 고등교육은 새로운 패러다임이 필요한 시점이다. 세계화를 주도하고 있는 서구는 지난 세기말엽에 이미 시대의 조류에 적합한 패러다임을 설정하였다. 이 패러다임이 교육의 장에서는 ERASMUS와 SOCRATES라는 형태로 출현하였다. 아태지역 국가들도 세계화의 거센 파고를 무난히 헤쳐 나가기 위해서는 이러한 지역공동체 교육프로그램이 절실히 필요하다. 아태지역도 ERASMUS와 SOCRATES같은 공동 교육프로그램을 창설하여 이들 프로그램의 목적에서 제시되고 있는 것처럼, 공동체를 구축하여 모든 교육수준을 포괄하는 교육기관끼리 긴밀한 협력을 도모함은 물론, 교원과 학생의 교류를 진작시키며, 교육과정이나 수업시기, 학점이나 학위인정, 기타 졸업자격을 상호 인정하도록 추진하고, 방송통신 및 인터넷을 이용한 원거리교육을 장려하며, 그리고 교육제도와 정책에 대한 정보를 상호 교환하여야 한다.

세계화와 더불어 교육시장도 개방화를 치닫고 있다. 1995년 1월 세계무역기구(The World Trade Organization: WTO)의 출범과 더불어 발효된 "서비스 무역에 관한 일반 협정"(The General Agreement on Trades in Service: GATS)으로 인하여 교육시장도 자유화되게 되었다. 교육서비스는 GATS가 관장하고 있는 12가지 무역자유화 업무 중의 하나이다. 교육서비스 교류의 자유화는 앞으로 더욱 더 고등교육에 직접적인 파급 효과를 미치게 될 것이다. Jane Knight(Summer 2002)가 지적하듯이 GATS로 인하여 교육의 개방화가 촉진되어 더 많은 교육 교류를 할 수 있는 기회가 주어짐은 물론, 이로 말미암아 그 혜택을 극대화시킬 수 있다는 긍정적인 견해와, 이에 반하여 개방화로 인하여 교육을 공공의 선(善)으로 간주해 온 전통적 관념에 반(反)하는 교육의 상업화를 초래하고, 교육의 고비용화로 인하여 빈부에 따른 계층화된 교육시스템을 유발하며, 그리고 교육을 통한 문화의 정체성 말살 내지는 문화의 동질화를 불러올 것이라는 부정적인 견해가 있다. 아직까지는 본격적인 고등교육시장의 개방화가 이루어지지 않고 있지만 가까운 미래에 이런 긍·부정적인 양상들이 동시에 나타나게 될 것이다.

앞으로 아태지역 국가들은 이러한 무역자유화 흐름에 대처할 수 있는 고등교육의 새로운 패러다임 정립이 절실히 요구된다. 이를 위해서는 앞에서 기술한 것처럼, 먼저 지역 공동체 교육프로그램을 구안하는 일이 시급하다. 그리고 교육서비스 개방화에 부응할 수 있는 자유로운 교육접근 기회를 조성하고, 이에 따른 재정 확보와 교육제도의 개선이 요망된다. 특히, 교육제도의 개선은 아태지역 국가들이 공히 인정할수 있는 고등교육의 질적 수준과 자격을 높이는데 주안점을 두어야 할 것이다. 유네스코(UNESCO)에서 논의하고 있는 학점인정과 자질인정 문제가 이에 대한 하나의 유형이라 볼 수 있으며, 그리고 현재 유네스코 한국위원회가 추진하고 있는 '아태지역 고등교육 학위인정제도 연구사업'도 이와 연관된 유형이라 볼 수 있다. 아태지역 고등교육기관 상호간 학위인정을 위해서는 단기적으로는 무엇보다도 아태지역 국가에서 정한 학점인정 및 졸업자격인증이 해당 지역 내에서 인정받을 수 있도록 하고, 장기적으로는 세계적으로도 공인받을 수 있도록 방안을 모색할 필요가 있다.

끝으로, 아태지역 고등교육의 새로운 패러다임은 무엇보다도 학문교류의 원칙에 있어서 지배나 종속이 아닌 상호호혜에 바탕을 두어야하며, 이런 바탕위에 문화의 독특성과 다양성, 정체성과 보편성 혹은 동질성이 조화롭게 상생할 수 있도록 유형화되어야 한다.

참고문헌

〈국문〉

교육부 · 한국교육개발원(1999). 「교육통계연보」. 서울: 한국교육개발원.
김영명(2001). "동아시아의 문화와 정치", 이승환 외,「아시아적 가치」.
    163 - 179. 서울: 전통과 현대.
동아일보(1999. 9. 21: A21). "학연 지연".
문화관광부(1999). 「한국의 종교 현황」. 서울: 문화관광부.
신현종(1999). "아시아적 가치와 아시아 금융위기", 「산경연구」 제7집,
    1 - 18.
이문웅(1993). 「문화의 개념」. 서울: 일지사.
이승환(2000). "'아시아적 가치' 논쟁과 유교문화의 미래", 제11회 한국학
    학술회의 새천년 한국인의 정체성: 유교적 정체성과 글로발 이슈,
    성남: 한국정신문화연구원. 12 - 27.
이승환 외(2001). 「아시아적 가치」. 고양: 도서출판 전통과 현대.
이정규(2001). "유교의 정(情)의 개념이 한국 고등교육 조직 문화에 끼
    친 부정적 영향", 교육행정학연구, 19(1), 195 - 213.
이정규(2002). "머리말: 학력 · 학벌주의 극복을 위한 정책협의회에 붙여",
    연구자료 RM 2002 - 11, 서울: 한국교육개발원.

〈영문〉

Altbach, P.(Spring 2000). Asia's Academic Aspirations: Some Problems,
    International Higher Education, 19.
Altbach, P.(Spring 2002). Perspectives on Internationalizing Higher Education,
    International Higher Education, 27, 6 - 8.
Baumeister, R.(1996). Identity as Adaptation to Social, Cultural and Historical

Context, *Journal of Adolescence, 19*(5), 405 – 517.

Beals, R. L. & Hoijer, H.(1953). *An Introduction to Anthropology.* New York: The Macmillan Co.

Becker, H.(1982). *Art World.* Berkeley: University of California Press.

Bergesen, A.(1990). *Global Culture: Nationalism. Globalization and Modernity, Featherstone,* M. (ed.), Turning World – System Theory on Its Head. Newbury Park, CA: Sage.

Borgatta, E. & Borgatta, M.(1992). *Encyclopedia of Sociology 1.* New York, NY: Macmillan Publishing Company.

Chutintaranond, S. & Cooparat, P.(1995). *Comparative Higher Education: Burma and Thailand,* Yee, A. H. (ed.), East Asian Higher Education: Traditions and Transformations. International Association of Universities and Elswevier Science LTD.

Cooney, R. P. & Paqueo – Arreza, E.(1995). *Higher Education Regulation in the Philippines: Issues of Control, Quality Assurance, and Accreditation,* Yee, A. H. (ed.), East Asian Higher Education: Traditions and Transformations. International Association of Universities and Elsevier Science LTD.

Davis, T. M.(2002). *Open Doors, International Educational Exchange 2001.* New York: International Education.

de Bary, W. T.(1981). *Neo – Confucian Orthodoxy and the Learn ing of the Mind – and – Heart.* NY: Columbia University Press.

de Wit, H.(Spring 1996). European Internationalization Programs, *International Higher Education.* 4.

de Wit, H.(1999). Changing Rationales for the Internationalization of Higher Education, *International Higher Education.* 15.

de Wit, H.(2002). *Internationalization of Higher Education in the United States of America and Europe: A Historical, Comparative and Conceptual Analysis.* Westport: Greenwood Publishers.

de Wit, H. & Knight, J.(1997). *Internationalisation of Higher Education in Asia Pacific Countries.* Luna Negra, Amsterdam: EAIP.

Deal, T. E. & Kennedy, A. A.(1982). *Corporate Cultures: The Rites and*

Rituals of Corporate Life. Reading, MA: Addison – Wesley.

Do, K. B.(1995). *The Difficult Path toward an Integrated University and Community College System in Vietnam,* Yee, A. H. (ed.), East Asian Higher Education: Traditions and Transformations. International Association of Universities and Elsevier Science LTD.

Elliot, A.(1996). *Subject to Ourselves.* Cambridge: Polity Press.

Erickson, E.(1968). *Identity: Youth and Crisis.* New York: Norton.

Featherstone, M.(1990). 'Global Culture: An Introduction', Theory, *Culture & Society,* 7, 2 – 3.

Featherstone, M.(1991). *Consumer Culture and Postmodernism.* London: Sage.

Garfinkel, H.(1967). *Studies in Ethnomethodology.* Englewood Cliffs, NJ: Prentice – Hall.

Geertz, C.(1973). *The Interpretation of Cultures.* NY: Basic Books.

Gitlin, T.(1995). *The Twilight of Common Dreams.* New York: Henry Holt.

Goffman, E.(1963). *Stigma: Notes on the Management of Spoiled Identity.* Ringwood: Penguin.

Goudsblom, J.(1980), *Nihilism and Culture.* England: Oxford.

Government of Singapore(January 2, 1991). *Shared Values.* Singapore: Cmd. No. 1 of 1991. 2 – 10.

Griffiths, M.(1995). *Feminism and the Self: The Web of Identity.* London: Routledge.

Hall, D. L. & Ames, R. T.(1987). *Thinking Through Confucius.* Albany, NY: State University of New York.

Hannerz, U.(1969). *Soulside: Inquiries into Ghetto Culture and Community.* New York: Columbia University Press.

Hannerz, U.(1990). *Cosmopolitans and Locals in World Culture,* Featherstone, M. (ed.), Global Culture: Nationalism, Globalization and Modernity. London: Sage.

Harvey, D.(1989). *The Condition of Postmodernity.* Oxford: Basil Blackwell.

Hayward, F. M.(2000). *Preliminary Status Report 2000: Internationalization of U.S. igher Education.* Washington D.C.: American Council on

Education.

Hegel, G. W. F.(1956). *The Philosophy of History*. Sibree, J. (trans.), New York: Dover Publications.

Hirst, P. & Thompson, G.(1996). *Globalization in Question*. Cambridge: Polity Press.

Hofheinz, R. J. & Calder, K. E.(1982). *The East Asia Edge*. New York: Basic Books.

Hofstede, G.(1980). *Cultures Consequences: International Differences in Work – related Values*. Beverly Hills, CA: Sage Publications.

Huntington, S. P.(1996). *The Clash of Civilizations and The Remaking of World Order*. New York, NY: Simon & Schuster.

Huntington, S. P. & Harrison, L. E.(2000). *Culture Matters*. 이종인 역, 서울 : 김영사.

International Institute for Management Development [IMD](2001). *The World Competitiveness Yearbook 2001*. Lausanne, Switzerland: IMD.

Jameson, F.(1984). Postmodernism, or The Cultural Logic of Late Capitalism, *New Left Review*, 146, 53 – 92.

Jameson, F.(1991). *Postmodernism: or the Cultural Logic of Late Capitalism*. Durham: Duke University Press.

Jenks, C.(1993). *Culture*. London : Routledge.

Kahn, H.(1979). *World Economic Development: 1979 and Beyond*. London: Croom Helm.

Katz, J.(1988). *Seductions of Crime: Moral and Sensual Attractions of Doing Evil*. New York: Basic Books.

Kayatekin, A. & Ruccio, D.(1998). Global Fragments: Subjectivity and Class Politics in Discourses of Globalization, *Economy and Society*, 27(1), 74 – 96.

Keesing, R. M.(1974). Theories of Culture, *Annual Review of Anthropology*, 3, 73 – 97.

King, A. D.(1991). *Introduction: Spaces of Culture, Spaces of Knowledge*, King, A. D., (ed.). Culture, Globalization and the World – System: Contemporary

Conditions for the Representation of Identity. Binghamton: State University of New York; London: Macmillan.

Kluckhohn, F. R. & Strodtbeck, F.(1961) *Variations in Value Orientations.* New York: Row, Peterson.

Knight, J.(Summer 2002). Trade Creep: Implications of GATS for Higher Education Policy, *International Higher Education,* 28: 5 − 7.

Kroeber, A. L. & Kluckhone, C.(1952). *Culture: a Critical Review of Concepts and Definitions,* Paper of the Peabody Museum of American Archaeology and Ethnology, Harvard, Vol. 47.

Lash, S.(1999). *Another Modernity, A Different Rationality.* Oxford: Blackwell.

Latour, B.(1987). *Science in Action: How to Follow Scientists and Engineers though Society.* Cambridge, Mass: Harvard University Press.

Lee, Jeong − Kyu(J. K.)(2001). Impact of Confucian Concepts of Feelings on Organizational ulture in Korean Higher Education, *Radical Pedagogy,* 3(1).

Lee, J. K.(2002). The Role of Religion in Korean Higher Education, *Religion & Education,* 29(1). 49 − 65.

Lemert, C. (ed.)(1999). *Social Theory: The Multicultural and Classic Readings,* 2nd. ed., Melbourne: Macmillan.

Liddell, H. & Scott, R.(1968). *A Greek − English Lexicon.* Oxford: The Clarendon Press.

Lim, T. G.(1995). *Malaysian and Singaporean Higher Education: Common Roots but Differing Directions,* Yee, A. H. (ed.), East Asian Higher Education: Traditions and Transformations. International Association of Universities and Elsevier Science LTD.

Lincoln, J. & Kalleberg, A.(1990). *Culture, Control, and Commitment: A Study of Work Organization and Work Attitudes in the United States and Japan.* New ork: Cambridge University Press.

Mcdonald, K.(1999). *Struggles for Subjectivity.* Cambridge: Cambridge University Press.

Mcluhan, M.(1960). *Explorations in Communication, in Carpenter,* E. S.,

Boston: Beacon Press.

Mennel, S.(1990). *The Globalization of Human Society as a Very Long — Term Social Process: Elian's Theory,* Featherstone, M. (ed.), Global Culture: Nationalism. Globalization and Modernity. London: Sage.

Parsons, T. & Shils, E.(1951). *Values, Motives, and Systems of Action: In toward a General Theory of Action.* New York: Harper and Row.

Ranuwihardjo, S.(1995). *Higher Education in Indonesia: Its Development, Problems and Prospects,* Yee, A. H. (ed.), East Asian Higher Education: Traditions and Transformations. International Association of Universities and Elsevier Science LTD.

Robertson, R.(1990). *The Globalization Paradigm: Thinking Globally,* Bromley (ed.), Religion and the Social Order: New Directions in Theory and Research. Greenwich, CT: Jai Press.

Robertson, R.(1992). *Globalization: Social Theory and Global Culture.* New Delhi: SAGE Publication Ltd.

Robertson, R.(1992a). Globality, Global Culture and Images of World Order, *Social Compass, 39*(1).

Robertson, R.(1992b). The Economization of Religion? The Promise and Limitations of the Economic Approach, *Social Compass, 39*(1).

Rokeach, M.(1973). *The Nature of Human Values.* New York: Free Press.

Rudder, H.(Spring 2000). On the Europeanization of Higher Education in Europe, *International Higher Education, 19.*

Sackman, S.(1991). *Cultural Knowledge in Organizations: Exploring the Collective Mind.* Newbury Park, CA: Sage.

Scott, P. (ed.).(1998). *The Globalization of Higher Education.* Buckingham, UK: Open University Press and the Society for Research into Higher Education.

Shea, G. F.(1988). *Practical Ethics.* New York: American Management Association.

Swidler, A.(1986). Culture in Action: Symbols and Strategies, *American Sociological Review, 51,* 273 — 286.

The Council for International Education(2000). *Student Mobility on the*

Map: *Tertiary Education Interchange in the Commonwealth on the Threshold of the 21st Century.* London: UKCOSA.

Touraine, A.(1997). *What is Democracy?* Boulder: Westview Press.

Trevino, L. K.(1986). Ethical Decision Making in Organizations: A Person—Situation Interactionist Model, *Academy of Management Review,* 11, 601 – 17.

Tu, W. M. (ed.).(1999). *Confucius Traditions in East Asian Modernity.* Cambridge, MA: Harvard University Press.

Turner. B. S.(1990). *The Two Faces of Sociology: Global or National?* Featherstone, M. (ed.), Global Culture: Nationalism, Globalization and Modernity. London: Sage.

Tylor, E. B.(1871). *Primitive Culture,* Oxford: Basil Blackwell.

UNESCO.(1996). *World Guide to Higher Education.* Paris: UNESCO Publishing.

Valentine, C. A.(1968). *Culture and Poverty: Critique and Counter Proposals.* Chicago: University of Chicago Press.

Van Maanen, J.(1976). *Breaking in: Socialization to Work.* Dubin, R. (ed.), Handbook of Work, Organization and Society. Skokie, Ill: Rand McNally.

Vogel, E.(1979). *Japan as Number One.* Cambridge, Mass: Harvard University Press. allerstein, I.(1983). *Crisis: The World — Economy, the Movements, and the Ideologies,* Bergesen, A. (ed.), Crises in the World — System. Beverly Hills: Sage.

Wallerstein, I.(1984). *The Politics of the World — Economy.* Cambridge: Cambridge University Press.

Waters, M.(1995). *Globalization.* London: Routledge.

Weber, M.(1951). *The Religion of China: Confucianism and Taoism.* Gerth, H. H. (trans.), New York: Macmillan Publishing Co., Inc.

Webster's Third New International Dictionary(1986). Chicago: Encyclopedia Britannica, Inc., p. 1123.

White, L. A.(1959). The Concept of Culture, *American Anthropologist,* 61, 227 – 251.

Woodward, K. (ed.)(1997). *Identity and Difference.* London: Sage.

Wrong, D.(2000). Adversarial Identities and Multiculturalism, *Society*, 37(2), 10 – 18.

⟨Abstract⟩

Asiatic Paradigms in Higher Education

Jeong – Kyu Lee, Ph.D.

The purpose of this paper is to explore Asiatic paradigms in higher education. In order to review the paper systematically, the following research questions are addressed:

First, what are the conditions of Asian higher education in the era of globalization?

Second, what are Asiatic values? What are the positive and negative functions of the values? And how do the values reveal themselves in higher education?

Third, what are the speciality and identity of Asian culture in higher education?

Finally, what are new Asiatic paradigms in higher education?

To logically investigate the research questions, the author uses a descriptive analysis method. In addition, in order to inquire the key problems of this study, the author focuses on education and culture as two tributaries of the main current of globalization. In particular, the study is limited to the areas of higher education and culture in the Asia − Pacific region because it is part of a research project, "A Study of the Recognition of Studies, Diplomas, and Degrees in Higher Education in Asia and the Pacific", having been executed by Korean National Commission for the United Nations Educational Scientific and Cultural Organization(UNESCO).

The statement of Asiatic values centers on Confucian culture and higher education in the East Asia region. Rather than suggests policy alternatives, this paper discusses not only the conditions of East Asian higher education but also the cultural values of East Asian countries. In addition, the paper will offer theoretical basics so as to establish the new paradigms of higher education in the Asia − Pacific region.

Globalization is a major trend in higher education. The flows of foreign students move generally from the developing nations to the industrialized countries. Altbach (Spring 2002) points out that as of spring 2002 more than 1.6 million students study outside of their home countries, with more than 547,000 foreign students, who spend more than $11 billion tuition and living expenses. More than two third of foreign students receive most of the funding for their education from personal and family resources.

According to the World Competitiveness Yearbook 2001 published by International Institute for Management Development in Switzerland, globalization is threatening to Asian countries' economy except Singapore and Hongkong. In the aspect of attitudes toward globalization, most Asian nations show positive attitudes. The positive attitudes toward globalization are strongly related to the achievement of higher education, but not largely concerned to the competitiveness of nations.

What are Asiatic/Asian values? The concepts or definitions of Asiatic values are various. Asian values which have been used subjectively by some Western scholars generally mean Confucian norms and life – styles existing in the region of Confucian culture. In practice, Asian values are bilateral; that is, a positive and a negative aspects or a bright and a dark sides. The views of Western scholars regarding Asian values are largely related to the negative characteristics of Confucian culture or the derivative phenomena of Confucian society rather than to orthodox theories based on the politico – ethical principles of Confucianism. In the Analects(論語), the ultimate purpose of learning is to cultivate oneself and to become a virtuous or righteous gentleman. In light of Confucian cultural history, however, learning or education has been a tool or means either to seek one's fortune or to become a Confucian bureaucrat being able to obtain socio – political power and position. In spite of bilateral aspects, a number of Western scholars who discuss Asian values have focused on a negative side or a derivative phenomenon of Confucian culture.

In terms of Asian higher education, Asian values appear in various ways. Confucianism generally emphasizes both hierarchical authoritative order and reciprocal humane relationship. The former leads to authoritarianism that causes a homogeneously closed organizational system in higher education administration, while the latter leads to paternalism or favoritism that causes homogeneous collectivism and factionalism based on blood, region, and school ties which ignore an open organizational system that embraces internal or external communication network in tertiary institutions.

Current Asian higher education needs new paradigms to minimize trouble and collision between or among different nations and cultures, and to pursue cultural identity and catholicity being able to prosper together. The ERASMUS and SOCRATES programs of the European Union are good exemplars in the Asia-Pacific region. In particular, the objectives of SOCRATES provide Asia-Pacific higher education with desirable directions how to forwards. The SOCRATES' objectives are the following:

to develop the European dimension in education; to promote a quantitative and qualitative improvement of general understanding of issues relating to the European Union; to promote wide-ranging and intensive cooperation among institutions in the member states at all levels of education; to encourage the mobility of teachers and students; to encourage the mutual recognition of diplomas, periods of study, and other qualifications; to encourage open and distance education; and to foster exchanges of information on education systems and policy(de Wit, Spring 1996: 4/3).

The above objectives suggest several examples for the settlement of new paradigms in Asia and the Pacific. The opening of "the Mutual Recognition

Systems of Higher Education Degrees" will offer the Asia-Pacific region one of new paradigms. For the bright future of higher education in Asia and the Pacific, the principles of new paradigms in the Asia-Pacific region have to emphasize equal distribution of the program among the countries of the Asia-Pacific region, to stimulate each nation's cultural identity and the region's cultural universality, and to develop world competitiveness through higher education.

Key Words: *Higher education, Asian values, Asian higher education, Asian culture, ultural identity, Asiatic paradigms*

제11장

대학교육이 행복한 생활을 위한
황금 열쇠인가?

〈요약〉

　본 연구의 목적은 대학교육의 궁극적 목표가 무엇이며, 과연 대학교육이 행복을 위한 최적의 열쇠 인가를 논리적으로 규명하는 데 있다. 이 연구를 위해 첫째, 무엇을 위해 젊은이들은 대학에서 공부하는가? 둘째, 대학, 행복을 위한 황금 열쇠인가? 라는 두 가지 연구문제를 설정하고 문헌위주의 내용분석방법과 상호문화적 접근법을 통한 기술방법을 이용하여 석명하였다. 저자는 교육을 인간의 물질적 만족을 충족시킬 수 있는 실용적 도구이자 물질적 욕망을 억제시킬 수 있는 도덕적 매체라고 주장하고, 우리의 젊은이들은 대학에서 실용성을 추구하고 교양을 갖추며 행복한 삶을 영위하기 위하여 공부한다고 판단하였다. 그리고 대학교육은 개인에게는 실용 추구와 교양인으로서 덕성 함양을 위한 기회와 혜택을 부여해주며, 사회와 국가에겐 문화 창달과 경제 발전 및 국력 신장을 가져다주는 주요 결정 요인으로 평가하였다. 대학교육의 궁정적 역할에 초점을 맞춘다면, 대학은 개인의 행복과 사회의 복지 그리고 국가의 번영이라는 삼중 문을 열 수 있는 황금 열쇠라고 평가하였다.

I

서 론

사람은 누구나 행복한 삶을 원한다. 이를 위한 추구가 돈, 권력, 명예, 명상, 종교 등의 도구나 수단에 의해서든, 그리고 이를 위한 삶의 양식이 물질주의, 금전만능주의, 쾌락주의(hedonism, Epicureanism)에 바탕을 둔 물욕, 소비, 성욕 등으로 표출되든, 이와 대조적으로, 정신주의(spiritualism), 금욕주의(asceticism, Stoicism), 신비주의 (mysticism) 에 기초한 신앙, 이념, 수행 등으로 나타나든, 삶의 공통적인 목표는 개인의 행복과 사회의 복지라고 말 할 수 있다. 일상생활에서 행복한 삶을 영위하기 위해 건강과 재화가 필수적인 요소이며, 종교, 예술, 운동, 음악, 오락 등은 이러한 삶을 풍요롭게 하는 촉진제라고 볼 수 있다.

그러나 행복의 정도와 느낌은 사람마다 다르며, 행복한 삶의 기준과 추구 또한 개인마다 다르다. 이는 행복이 무엇이며, 행복을 어디에서 찾을 수 있으며, 어떻게 추구할 수 있는가? 라는 질문에 사람마다 다양한 답변을 할 수 있기 때문일 것이다. 특히. 행복에 대한 질과 양은 개인뿐만 아니라 인종, 국가, 종교, 문화, 역사적 배경에 따라 다르며, 성별과 나이에 따라 다르다. 행복은 가까이에도 멀리에도 있을 수 있고, 느낄 수도 느끼지 못할 수도 있고, 내재적일 수도 외재적일 수도 있고, 볼 수도 보지 못할 수도 있고, 만질 수도 만지지 못 할 수도 있고, 측정할 수도 있고 못할 수도 있고, 현실적일 수도 이상적일 수도 있고, 소유할 수도 못할 수도 있고, 실제적일 수도 추상적일 수도 있고, 유물론적일 수도 신비적일 수도 있기 때문이다.

아리스토텔레스의 주장처럼, 행복이 삶의 궁극적인 목적이라고 가정할 때, 행복은 인간이 추구하는 지고의 선이요 최고의 가치라고 볼 수 있다. 환언하자면, 행복은 인간의 삶에 있어서 가장 중요한 목적이며 추구해야 할 최고의 가치라고 말 할 수 있다.

현재 일부 국가들이 국가경쟁력 강화와 더불어, 한편으로 국가의 복리증진을 위해 복지 연구기관을 중심으로 "행복"을 연구하고 있으며 (EFA Global Monitoring Report: UNESCO, EuroQOL Survey: http://www. euroqol.org/, Gross National Happiness, Happy Planet Index: NEF, Planning Commission of Bhutan, Quality of Life Index: http://www.isoqol.org/, Quality of Living Survey: Mercer Human Resource Consulting, The World Factbook: CIA, The Oxford Happiness Inventory, UN Human Development Index, Vanderford – Riley Well – Being Schedule, and World Database of Happiness), 다른 한편으로 대학교육의 복지화 추구 정책에 증진하고 있다. 또한, 철학, 종교학, 사회학, 사회심리학, 사회복지학 및 경제학 분야의 서구학자들을 중심으로 "행복"에 대한 연구가 활발히 진행되고 있다 (Annas, 1995; Bruelde, 2006; Bruni & Porta, 2007; Diener, 1984, 2000; Easterlin, 1995; Frey & Stutzer, 2002; Gilbert, 2006; Griffin, 2006; Hecht, 2007; Holowchak, 2004; Klein, 2006; Layard, 2005; McMahon, 2005; Myers, 1992; Oswald, 1997; Ott, 2005; Schoch, 2006; Seligman, 2002; Tkach & Lyubomirsky, 2006; Veenhoven, 1993, 2007; White, 2006). 최근에

이르러서는 몇몇 서구학자를 중심으로 교육학적 관점에서도 연구가 이루어지고 있다(Barrow, 1980; Frey & Stutzer, 2002; Halpin, 2003; Hodgkinson, 1982; Krueger & Lindahl, 1999; Michalos, 2007; Noddings, 2003; Smith, 2005; Stefano, 2006). 그러나 대학교육과 관련된 연구는 소수에 불과하다(Frey & Stutzer, 2000; Hartog & Oosterbeek, 1998; Keller & Mangold, 2002; Miller & Tcha, 2005).

오늘날 대부분의 세계 여러 나라들은 세계화 흐름에 편승하여 국가경쟁력 강화를 위해 교육을 경제논리에 따라 인간자본론의 기치 하에 인적자원 육성에 박차를 가하고 있다. 특히 한국의 대학교육은 국가 정책에 편승하여 전문 인력 양성을 위한 세계화 및 전문화에 치중하고 있다. 현재 한국의 대학교육은 국가적 차원에서 개인의 행복과 사회의 복지 추구라는 궁극적인 목표를 도외시한 채 국가경쟁력 강화에만 몰두하고 있는 실정이다. 이에 저자는 이 연구에서 앞으로 대학교육이 추구해야 할 올바른 방향을 위한 이론적 기초를 제시하고자 한다.

따라서, 본 연구의 목적은 대학교육의 궁극적 목표가 무엇이며, 과연 대학교육이 행복을 위한 최적의 열쇠 인가를 논리적으로 규명하는 데 있다. 행복을 추구하는 데 여러 필요조건 내지 요소가 있지만, 본 연구에서는 지식과 교육에 한정하고, 고등교육 특히, 한국 대학교육에 초점을 맞추어 논의하고자 한다. 이 연구를 위해 다음과 같은 두 가지 연구문제를 설정한다.

첫째, 무엇을 위해 젊은이들이 대학에서 공부하는가?
둘째, 대학, 행복을 위한 황금 열쇠인가?

이 연구문제를 논리적으로 분석하고 체계적으로 석명하기 위해 문헌위주의 내용분석방법과 상호문화적 접근법을 통한 추론적 기술방법을 이용하여 논의할 것이다.

II

대학교육과 행복

대학교육과 행복과의 관계를 규명하기 위해, 저자는 먼저 지식과 교육의 개념을 기술하고, 다음으로 대학의 기능을 살펴본 후, 끝으로 행복이 무엇이며 어디에 있는가를 교육적 관점에서 논의한다.

1. 지식과 교육

지식은 어떻게 얻을 수 있는가? 지식은 교육을 통해서만 획득되는 것은 아니다. 동서양의 어원에서 미루어 볼 때, 지식은 교육뿐만 아니라 물질적 및 정신적 세계로부터의 경험, 분별, 지각, 관찰, 숙고로 이루어진다고 볼 수 있다. 고대 그리스에서 지식과 지혜를 구별하지 않고 사용된 몇 가지 용어에서도 그러하다. 플라톤과 아리스토텔레스의 저서에서 예를 들자면, 인간의 정의, 미, 그리고 선에 관련된 실제적인 지식 혹은 지혜를 함의하고 있는 프로네시스(*phronesis*), 철학적 지혜를 뜻하는 소피아(*sophia*), 물질이나 기술 및 경험과 연관된 이론적 지식을 표방하는 에피스테메(*episteme*), 사회와 국가적 공동체 내에서 효율적인 인간관계를 도모하는 정치적 지혜를 나타내는 폴리티케(*politike*), 예술이나 기술 및 기능적 지식을 지칭하는 테크네(*techne*) 이다(Barker, 1946; Jowett, 1991; Ross, 1988).

이와 같이 다양한 대상과 과정을 통하여 이루어진 지혜의 개념을 함의하고 있는 지식은 로마시대에 이르러선 더욱 다양하게 표현되어 지식과 기술을 지칭하는 시엔티아(scientia), 지력, 지각, 이념의 뜻을 포괄하는 인텔레겐티아(intellegentia), 실제적인 지식을 뜻하는 독트리나(doctrina), 경험적 지식을 나타내는 엑스페리엔티아 (experientia), 인지(認知)를 뜻하는 코그니토(cognito), 지혜와 분별을 나타내는 사피엔티아(sapientia), 판단적 자각을 뜻하는 프루덴티아(prudentia), 사유적 숙고력을 포함하는 콘실리움(consilium) 등으로 표현된다. 특히 시엔티아(scientia)는 다분히 기독교적 사유와 결합되어 여러 가지로 분류되어진다. 천부적인 지식(scientia infusa), 습득된 지식(scientia acquisita), 경험적 지식(scientia experimentalis), 직관적 지식(scientia visionis), 단순 지성의 지식(simplicis intelligentiae), 필연적 지식(scientia necessaria), 본성적 지식(scientia naturalis), 자유로운 지식(scientia libera) 등 이다. 헬라 시대에 지식의 개념이 정신과 물질적 세계에 머물렀다면, 로마시대에 지식의 개념은 신적 및 인간적 세계를 포괄하고 있었다고 볼 수 있다.

서양과 마찬가지로 동양의 유교문화권에서도 지식은 교육뿐만 아니라 물질적 및 정신적 세계로부터의 경험, 분별, 지각, 숙고 등의 방법을 통해서 획득될 수 있다고 보고 있다. 그러나 지식은 앎을 통해서 얻을 수 있는 지(知)와 천부적인 슬기 혹은 지혜를 나타내는 지(智)로 구분되어, 전자는 앎과 가르침(敎) 혹은 배움(學)을 통해서 획득될 수 있는 학문적 덕목으로 본 반면, 후자는 인(仁), 의(義)와 함께 실행적 덕목으로 보았다. "대학(大學)"에서 나타난 명명덕(明明德)의 격물치지(格物致

知)는 학문적 덕목인 지(知)를 통하여 도덕적 경지인 수기(修己)에 이를 수 있음을 나타내고 있다(Legge, 1971).

이러한 지(知)는 배움(學)과 가르침(敎)을 통하여 얻을 수 있는 것으로 보았다. "논어(論語)"에서 나타난 부단히 배우고(學) 익히는(習) 것은 교육을 뜻하고 있다고 볼 수 있다. 중국의 고전에서 가르침(敎)은 여러 가지 한자어와 결합되어 교육의 중요성을 나타내고 있다. 예로, 교육의 근본(敎本), 가르쳐 줌(敎授), 가르쳐 익히게 함(敎習), 가르쳐 지덕을 이룸(敎育), 가르쳐 깨우침(敎諭), 가르쳐 배우게 함(敎學), 가르쳐 타이름(敎誨), 가르쳐 착한 사람이 되게 함(敎化), 가르쳐 다스림(敎治) 등이다.

교학(敎學)에 근원을 두고 있는 동양과 마찬가지로 서양에서 교육의 의미를 담고 있는 고대 희랍어의 파이데이아(paideia)란 용어도 교학, 훈련, 문화의 개념을 포괄하고 있다. 이러한 교육의 의미는 라틴어에서는 강의와 배움을 통하여 인간의 가능성을 이끌어 내는 에루디티오(eruditio), 강의와 배움을 통하여 지식을 익히는 과정을 나타내는 독트리나(doctrina), 관습, 교육, 합의의 개념을 지닌 인스티튜티오(institutio)란 단어로 나타나고 있다. 이러한 교육의 뜻을 나타내는 용어는 교육적 절차와 과정 외에 윤리적, 사회적, 정치적인 제 현상을 포괄하고 있다.

위에서 기술한 것처럼, 동서양의 고전과 용어에서 함의하고 있는 개념을 종합하자면, 교육은 지식을 획득하기 위한 통로이며 지식에 대한 부분집합이라고 말할 수 있다. 따라서 우리가 일생 동안 필요로 하는 지식은 교육적, 윤리적, 사회적, 정치적, 문화적, 예술적인 총체적 현상을 학습, 경험, 분별, 지각, 관찰, 숙고의 과정과 절차를 통해서 획득할 수 있다. 교육이 인간의 잠재된 가능성을 배움(學)을 통하여 끌어내는 행위라고 가정한다면, 지식은 일생 동안 다양한 절차와 과정을 통하여 얻게 되는 소우주적인 인간이 필요로 하는 '물질적 · 정신적 세계의 총합체'이다.

2. 대학의 기능

Cardinal Newman(1959)에 의하면, 대학은 지식의 보고로서 보편적인 지식을 가르치는 곳으로 정의하고 있다. 어원적으로 영어에서 "대학"이라는 용어는 협동이나 조합의 뜻을 담은 라틴어인 "universitas"에 그 기원을 두고 있다(Wieruszowski, 1966; Malden, 1835). "universitas" 라는 용어는 보편적(universale)이며 일반적 (generale)인 의미 외에 조직체나 공동체의 의미를 지닌 "communica"의 개념을 가지고 있다(Laurie, 1912). Eric Ashby(1904 - 1992)의 주장에 의하면, 중세 유럽에서 대학이 발원한 후 수 세기 동안 대학은 네 가지 주요 기능을 수행하였다: 전문가 육성, 지도자 양성소, 학문 연구, 전문 기술사 양성 기능이다(Yanase, 1989, p. 138). 수 세기 동안 서구에서 대학교육의 목적은 주로 지식의 보존, 전달 및 진보에 두고 있었다(Millet, 1962, p. 54).

그러나 오늘날 "university"라는 용어는 중세 당시 학위를 부여하는 권력을 가진 조합체의 개념인 "universitas doctorum et scholarium"과 "universitas magistrorum et scholarium"을 탈피하여 다양화 내지 다변화를 추구하는 multiuniversity, 국제화 내지 세계화를 추구하는 global university, 지식정보화 시대를 맞아 virtual university, mega - university, on - line university, e - multicampus, satellite university, 학문의 실용화, 대학의 기업화 및 자본주의화를 주창하는 business university, entrepreneurial university를 지향하고 있다. 따라서 대학의 주요 기능은

가르침, 연구, 사회봉사로 전환되었으며, 대학의 목적도 지식의 보존, 전달, 진보뿐만 아니라 개인의 삶의 질 향상과 복지사회/국가 건설을 위한 개인과 사회 및 국가가 바라는 전문지식과 과학기술을 갖춘 인재 양성으로 다양화 되었다.

가까운 장래에 대학은 2008년 UN 미래 포럼에서 예측한 것처럼 기존의 정규적인 고등교육 형태와 달리 대학의 울타리가 없어진 사이버강좌나 온라인강좌가 주축을 이루는 사이버대학으로 변환하게 되고, 2025년 이후엔 윌리스 하만(Willis W. Harman)(1979; 2002)이 "미래의 불완전한 안내"(An Incomplete Guide to the Future)와 "대학의 미래: 하만 팬 시나리오 접근법 일례"(The Future of Universities: An Example of the Harman Fan Scenario Approach)에서 주장한 것처럼 사이버대학(Satellite University 혹은 Distance Learning University)은 직업의 전문화를 위한 평생교육 대학(Continuous Education University), 입학시험이 없는 외국 대학과의 교환대학(Exchange University), 책이 없는 대학(Bookless University), 학사 일정이 없는 대학(No Calendar University), 다중매체 지식에 근거한 대학(Multi - Mode University) 등을 거쳐 지역, 국경을 초월한 모든 인류가 접근 가능한 개방대학(All Have Access University)으로 변하게 될 가능성이 높다. 이 때 미래 대학은 유토피아 아카데미아(Utopia Academia)로서 현재의 대학 기능보다 더욱 광범위하고 궁극적인 사명이나 목적을 위해 달라질 것이다.

3. 행복은 무엇이며 어디에 있는가?: 교육적 관점에서

인간은 진리를 추구하는 존재이고 삶의 궁극적인 목적이 행복이라고 가정할 때, 인간은 경험적 실제와 논리적 사유를 통해 미처 알지 못하는 어떤 것을 알고자 하거나 불명확한 사실에 대해 보다 명확하게 이해하고자 지적인 활동을 도모하는 존재라고 귀결시킬 수 있다. 또한 이러한 진리 추구의 본성에 따라 사람은 지식을 배우고 익히며, 교육을 통하여 인간의 숭고하고 존엄한 지고의 가치인 행복을 추구하고 느낄 수 있거나 소유할 수 있다고 말할 수 있다.

그러면 행복이 무엇이며 어디에 있는 것일까? 동서고금을 통하여 수 많은 현자들과 학자들이 이에 대해 탐구하고 나름대로의 생각을 주장해왔지만 아직도 아무도 행복이 무엇이며 어디에 있는지, 어떻게 찾고 소유할 수 있는가에 대한 명쾌한 원리나 이론을 밝혀 하나의 진리를 찾아내지 못하고 있다. 행복에 대한 정의와 실재조차 인종, 종교, 문화, 학문적 배경에 따라 각자 다르게 논의되고 있을 뿐만 아니라 시대 흐름과 역사적 배경 내지 사회적 상황에 따라 다양하게 표현되고 있다. 이는 행복에 대한 본질과 특성이 논리적 사유나 과학적 탐구로 규명될 수 없는 형이상학적 내지 초월적인 면이 내재된 데 기인한 것인지도 모른다.

그럼에도 불구하고 행복은 인간이 추구하는 최고의 가치로서 어딘가에 실재하며, 인류의 문화사에서 고금을 통하여 현실적으로나 묵시적으로 모든 사람이 추구하는 궁극적 목표임은 부인할 여지가 없다. 어쩌면 인생에서 경험과 교육을 통하여 지혜와 지식을 터득하고 익히는 것 또한 삶의 질을 고양하기 위한 최적의 한 수단이며 행복을 얻기 위한 과정이자 방편일지 모른다. 특히, 대학교육을 통하여 전문 지식과 기술을 익히는 것은 자아 개발과 더불어 사회적 성공과 보다 나은 삶을 추구하고 획득하여 정신적으로나 물질적으로 자아실현을 이룸이 주된 목적일 것이다. 이런 맥락에서 볼 때, 지식과 교육은 행복을 추구하고 소유하기 위한 필요조건이자 결정 요인이라 추론할 수 있다.

Ⅲ

무엇을 위해 젊은이들은 대학에서 공부하는가?

우리의 젊은이들은 무엇을 위해 대학에서 공부하는가? 이러한 질문이 필요한 이유는 학교교육의 목적이 삶의 목적과 불가분의 관계에 있기 때문이다. 이 질문은 외관상으론 목적론적 색채를 나타내고 있지만 내면적으론 존재론적인 철학적 함의와 실용적인 형이하적 실제성을 포함하고 있다.

먼저 목적론적이라 함은 이 질문이 '무엇을 위해'라는 목적을 묻고 있기 때문이다. 삶과 학문에 대한 목적이 사람에 따라 각자 다른 색조를 띄고 있겠지만 누구나 공통적으로 바라는 바는 '행복 추구'라고 해도 과언이 아닐 것이다. 고대 희랍의 위대한 철학자 아리스토텔레스도 모든 사람의 궁극적인 목적은 행복이라고 믿었다. 인간은 행복을 갈망하고, 행복은 유덕한 생활을 신봉함으로써 이루어질 수 있으며, 고매한 덕성은 지혜와 지식을 통하여 가꾸어질 수 있다고 주장하였다. 그의 저서인 "니코마케안 윤리학"(Nicomachean Ethics)에서, 아리스토텔레스는 행복을 '완전하면서도 자족한 것' 내지 '축복받은 것'으로서 '지고(至高)의 선(善)'이라 간주하였다. 전자를 인간이 획득할 수 있는 '최고의 행복'

즉 유다이모니아(*eudaimonia*)라고 말하고 후자를 절대자를 통해서 얻을 수 있는 '최상의 축복으로서의 행복'인 마카리오스(*makarios*)로 표현하였다.

이처럼 행복이 '최상의 것'이고, 인간은 '최상의 것'을 바란다면, 행복은 곧 인간이 바라는 '최상의 것'이라는 논법이 성립될 수 있다. 그러므로 사람이 무엇을 위해 살고 무엇을 위해 공부해야 하는가에 대한 정답은 '행복'을 위해서라고 말할 수 있다.

다음으로 존재론적이라 함은 무엇을 행하는 나(自我)라는 인격체는 어떤 모습으로 존재해야 하는가 라는 물음을 내포하기 때문이다. 아리스토텔레스가 "니코마케안 윤리학"(Nicomachean Ethics)에서 행복을 '완전한 덕(德)을 준봉함으로써 이루어지는 영적 활동'으로 정의하였듯이(Ross(역), 1988), 배우는 사람은 학문을 통하여 자신을 고매한 덕성을 지닌 인격자로 체화시킬 수 있어야만 '지고의 것'을 내 것으로 만들 수 있다. 고대 중국의 철학자인 순자(荀子)도 자아수양을 겸한 예(禮)를 익힘으로써 인간의 미숙하고 사악한 본성을 변화시킬 수 있다고 하면서, 특히 현자(賢者)의 가르침을 학습할 것을 강조하였다(Cheng (역), 1991). 배움을 통하여 덕성이 고매한 사람으로 거듭나는 것이 대학에서 공부하는 또 다른 중요한 목적이 될 수 있을 것이다.

마지막으로 실용적인 형이하적 실제성이라 함은 배움을 통하여 행복과 덕을 추구하기 위함뿐만 아니라, 이를 실현하기 위한 수단이자 과정으로서 의식주의 해결은 물론 돈과 권력, 명예와 지위를 차지하고 나아가 인간으로서 존엄과 향락을 누릴 수 있는 실제적 내지 실용적인 것을 얻고 누리기 위해서 라는 의미를 담고 있기 때문이다. 순자(荀子)에 의하면 사람은 욕망과 함께 태어난다고 한다. 욕망은 물질적인 소유물과 긴밀히 연계되어 있으며, 욕망은 물질적 만족을 성취하기 위한 원천적인 근원으로 간주되고 있다. 이러한 욕망은 교육과 훈련을 통해 제어될 수 있다고 본다. 이런 맥락에서 볼 때, 교육은 인간의 물질적 만족을 충족시킬 수 있는 실용적 도구이자 물질적 욕망을 억제시킬 수 있는 도덕적 매체라고 말할 수 있다.

평범한 말 같지만 우리의 젊은이들은 대학에서 실용성을 추구하고 교양을 갖추며 행복한 삶을 영위하기 위하여 공부한다고 볼 수 있지 않을까?

IV

대학, 행복을 위한 황금 열쇠인가?

대학은 과연 행복의 문을 열기 위한 황금 열쇠인가? 이 연구 문제를 석명하기 위해 대학교육의 긍정적 역할에 초점을 맞추어 개인적, 사회적, 그리고 국가적 관점에서 논의하고자 한다.

먼저 개인적 관점에서, 대학은 개인에게 실용성 추구에 적합한 지식과 기술을 학습할 수 있는 기회와 삶의 질을 고양시킬 수 있는 여러 가지 실용적인 보상과 혜택을 부여할 뿐만 아니라 개인의 덕성을 함양하여 교양인이 될 수 있는 기회를 부여한다.

서구 학자들과 연구기관의 몇몇 경험적 연구 결과에 의하면(Becker, 1994; Cohn & Geske, 1986; Krueger & Lindahl, 1999; Leslie & Brinkman, 1993; Schultz, 1971; Useem & Karabel, 1986; Institute for Higher Education Policy: Davis & McSwain, 2007; Carnegie Foundation: Colby et al., 2003; U.S. Census Bureau, 2007), 대학교육을 이수한 사람이 대학교육을 이수하지 못한 사람보다 소득이나 지위, 삶의 질과 태도에 있어서 훨씬 양호하고 긍정적으로 나타나고 있을 뿐만 아니라, 자신의 건강, 삶의 질, 그리고 자녀의 삶의 질과 교육의 성과에 있어서도 훨씬 높게 나타나고 있

다. 이러한 실용성 추구와 실질적인 혜택 외에도, 대학교육은 개인에게 교양과 덕성 함양을 통하여 교양인이 될 수 있는 기회를 제공한다.

"논어"에서 공자는 '배움'(學)을 개인의 덕성과 인성의 균형적 발전을 위한 필연적인 도구로써 간주하고 있으며 '앎'(知)을 수기(修己)를 위한 중요한 요소이자 도덕적 이상인(理想人)인 '성인 군자'(聖人 君子)가 되기 위한 필수 덕목 중 하나로 보고 있다. 고대 그리스의 철학자 아리스토텔레스 또한 "정치학"(The Politics)에서 '파이데이아(*paideia*)'를 덕성의 실행을 위한 도구로 보면서, 교육이 선(善)과 미덕의 발전을 도모해 줄 수 있는 세 가지 요소 ─ 천성(*thusis*), 습관(*ethos*), 이성(*logos*) ─ 와 밀접한 관련을 맺고 상호 조화를 이룰 때 '고매한 인물'(*kaloskagathos*), 즉 '신사'(紳士)가 될 수 있다고 주장한다.

동서양의 두 위대한 철학가들이 교육을 교양인이 되기 위한 중요한 도구로 간주한 것으로 미루어 보아, 대학교육을 통하여 개인은 덕성과 교양을 겸비한 교양인이 될 수 있는 빈번한 기회를 가질 수 있으며 또한, 다양한 혜택을 누릴 수 있다.

다음으로 사회적 관점에서, 여러 서구 학자들의 연구 결과에서 밝혀진 것처럼(Cohn & Geske, 1986, Garfinkel & Haveman, 1977; McMahon, 1981; Schultz, 1971), 대학교육은 사회적 지위 상승과 경제적 안정을 도모하여 삶의 질을 향상시킬 뿐만 아니라 사회 경제와 복지를 증진하고 오락 활동을 촉진한다.

한국에서도 2002년도 한국교육개발원에서 실시한 "한국사회에 있어서 학력과 학벌에 관한 실태조사"에서 밝혀졌듯이, 일반적으로 저학력자는 저소득층, 육체적 노동을 요구하는 저임금 직업, 도시 빈민지역 내지 시골 지역과 연관이 있는 반면, 고학력자는 고소득층, 정신적 노동을 요구하는 고임금 직업, 대도시 상류층 내지 중산층 거주지역과 관련을 맺고 있다(Lee & Hong, 2002, p. 225).

한국문화사의 견지에서도, 왕조시대부터 현재에 이르기까지 전통적으로 한국사회에서 학문은 입신양명의 도구로 인지되어 관료 학자 양성이나 사회경제적 지위와 재화를 획득하는 수단이었으며, 교육은 이를 위한 통로였다. 물론, 명분상으론 교육을 통한 개인의 인격 수양이나 학문 함양이 강조되었지만, 실제로 최고 고등교육기관인 성균관의 중요한 기능은 무엇보다도 관료 엘리트를 산출하는 것이었다(이정규, 2002; 2003). 현재 한국 사회에서도 대학 교육 이수 이상의 고학력은 사회계층화와 직업 선택의 결정적 요인이 되어 권력과 부와 명예를 획득하기 위한 중요 도구이자 수단이 되고 있다.

사회적 관점에서 대학교육의 또 다른 중요한 역할은 사회의 문화와 가치를 연구하고 개발할 뿐만 아니라 제반 사회적 문제를 해결할 수 있는 실마리를 제공하는 것이다.

끝으로 국가적 관점에서, 한국 사회에서 개인이 대학교육을 자신의 사회적 지위 향상과 경제적 이익을 도모하는 효과적인 도구로 간주하는 것처럼, 한국 정부는 국가경제 발전과 산업화를 위해 대학교육을 원동력으로 간주하고 대학교육의 획기적인 확대를 노력해왔다(Lee, 2002). 그 결과 불과 반세기만에 고등교육 확대와 더불어 한국 사회의 민주화와 산업화를 이루어 경제협력개발기구(OECD)의 회원국가로서 선진공업국으로 도약하는 눈부신 발전을 이루게 되었다.

OECD에서 발행된 자료(OECD in Figure 2007 Edition)에 의하면, 25-34세 인구 대비 대학 진학률은 캐나다, 일본에 이어 3위를 나타내고 있고, 25-34세 인구 대비 대학교육 이수율에 있어서 97%에 이르러 OECD 국가들 중에서 1위를 나타내고 있다. 1960년대 한국의 국부(國富)는 아프가니스탄 수준이었으나, 2006년에는 국민 1인당 총소득이 미화 17,690 달러에 이르고 국민총생산은 미화 약 8880억 달러에 이르렀다. 한국은 이제 고소득 선진공업국가 그룹과 OECD 고소득 국가 그룹에 속하게 되었다(OECD, 2007; World Bank, 2007). World Bank(2008)의 연구보고서가 지적한 대로, 교육과 국가 경제 발전의 성공과 더불어, 이제 한국은 산업화된 신생 경제국가 혹은 "지식 경제 국가"의 하나로서 국가경제발전 경험과 교훈을 여러 개발도상국들과 공유할 수 있는 모델이 되고 있다.

위에서 고찰한 관점을 종합해 볼 때, 대학은 개인에게는 실용 추구와 교양인으로서 덕성 함양을 위한 기회를 부여해주며, 사회와 국가에겐 경제 발전과 국력 신장을 가져다주는 주요 결정 요인이다. 대학교육의 긍정적 역할에 초점을 맞춘다면, 대학은 개인의 행복과 사회의 복지 그리고 국가의 번영이라는 삼중 문을 열 수 있는 황금 열쇠라고 볼 수 있지 않을까?

V
요약 및 결론

지금까지 저자는 본 연구에서 제시된 연구문제를 서술적 내용 분석방법 및 상호문화적 접근법을 통한 추론적 기술방법을 이용하여 고찰하였다. 먼저, 이론적 배경으로 대학교육과 행복과의 관계를 살펴보기 위해, 지식과 교육의 개념을 기술하고, 대학의 기능을 살펴본 후, 행복이 무엇이며 어디에 있는가를 교육적 관점에서 논의하였다.

다음으로, 첫 번째 연구문제인 우리의 젊은이들은 무엇을 위해 대학에서 공부하는가에 대해 세 가지 관점, 즉 목적론적, 존재론적, 그리고 실용적 관점에서 고찰하였다. 첫째로, 목적론적이라 함은 대학 교육의 목적이 삶의 목적과 불가분의 관계에 있기 때문이다. 그리고 존재론적이라 함은 무엇을 행하는 나(自我)라는 인격체는 어떤 모습으로 존재해야 하는가 라는 물음을 내포하기 때문이다. 끝으로, 실용적이라 함은 이를 실현하기 위한 수단이자 과정으로서 의식주의 해결은 물론 돈과 권력, 명예와 지위를 차지하고 나아가 인간으로서 존엄과 향락을 누릴 수 있는 실제적 내지 실용적인 것을 얻고 누리기 위해서 라는 의미를 담고 있기 때문이다. 그러므로 우리의 젊은이들은 대학에서 실용성을 추구하고 교양을 갖추며 행복한 삶을 영위하기 위하여 공부한다고 판단하였다.

그리고 두 번째 연구문제인 대학은 과연 행복을 위한 황금 열쇠인가에 대해 대학교육의 역할을 긍정적 면에 초점을 맞추어 개인적, 사회적, 그리고 국가적 관점에서 논의하였다. 먼저 개인적 관점에서, 대학교육은 개인에게 실용성 추구에 적합한 지식과 기술을 학습할 수 있는 기회를 부여할 뿐만 아니라 개인에게 실용적 보상을 주며, 덕성을 함양하여 교양인이 될 수 있는 기회와 혜택을 부여한다. 사회적 관점에선, 대학교육은 사회적 지위 향상과 경제적 안정을 도모하여 삶의 질을 향상시킬 뿐만 아니라 사회복지를 증진하고 오락 활동을 촉진하며 문화를 창달한다. 끝으로, 국가적 관점에선, 대학교육은 국가경제 발전과 산업화 및 국가 경쟁력 강화를 위한 주요 동력으로 간주되고 있다.

그러나 대학의 기능과 역할의 다양성을 고려해 볼 때, 부정적인 면을 도외시할 수가 없다. 한국 사회에서 전통적으로 학문을 통한 입신양명의 가치관은 교육열을 고취시켜 급속한 고등교육의 팽창과 선진공업국으로서의 국가경제발전을 이루는 원동력이 되었으나, 과도한 교육열로 인하여 대학입시경쟁을 유발하고 사교육을 부추겼을 뿐만 아니라 학력/학벌사회화와 사회적 불평등을 가속시켜 학력 인플레이션과 더불어 교육과 사회의 양극화 현상을 초래하였다(Lee, 2002). 물질적으론 국가경제발전으로 인해 생활이 편리해지고 풍요롭게 되었지만 과연 삶의 질내지는 행복한 생활의 측면에서 볼 때, 대학의 팽창에 걸맞게 한국이 복지사회 내지 복지 국가가 되었다고 말할 수 없다.

한국사회에서 사람들은 일반적으로 인간다운 삶을 위해서 대졸이상의 학력이 필요하며 사회적 성공 내지 출세를 위해 일류대학의 졸업장이 절실히 필요하다고 인식하고 있으나, 학력이 높고 학벌이 좋은 사람에 대한 도덕성, 책무성, 사회공헌도 면에서는 부정적으로 평가해 학력과 학벌의 가치에 대한 인식의 표리를 나타내고 있다(Lee, 2003, p. 192).

한국과 마찬가지로 오늘날 세계 대부분의 나라에서 대학교육 또한 개인의 덕성 함양과 행복 추구는 외면한 채 지식기반경제사회 및 정보통신기술시대에 따라 개인은 실용성 추구에만 급급하고, 사회와 국가는 세계화 및 정보화의 시대적 흐름에 편승하여 교육을 인간자본론의 실천 도구로 간주한 채 국가 경쟁력 강화를 위한 전문인력 내지 엘리트 양성에 몰두하고 있다.

그러나 고학력사회화로 물질적으로 풍요로운 사회와 국가경제력이 우수한 나라만이 과연 만인에게 행복한 삶을 가져다 줄 수 있을까? 대학교육이 진실로 개인의 삶을 행복하게 해 줄 수 있을까? 미래의 대학이 개인의 행복, 사회의 복지 향상, 그리고 국가의 번영을 위한 공리주의 원칙에 기반을 둔 행복대학으로 지향될 수 있을까? 이런 문제가 미래 연구로서 다양한 연구방법으로 다루어질 것을 권고한다.

끝으로, 오늘날 대학이 공리주의의 행복의 원칙 – 최대 다수의 최대 행복 – 에 기초하여 개인의 덕성 함양과 실용성 획득, 사회의 복지 향상, 문화 창달과 국가 경쟁력 향상을 위한 보상 효과와 더불어, 행복한 생활, 행복한 사회를 위한 원동력이 될 수 있도록, 또한 개인의 자아실현과 복지사회 및 복지국가 건설을 위한 새로운 '유토피아 아카데미아'(Utopian Academia)가 될 수 있도록 "행복추구대학"(Happiness Pursuit University) 혹은 "행복연구대학"(Happiness Research University)으로 거듭 나길 제안한다. 저자는 미래의 대학이 '유토피아 아카데미아'(Utopian Academia)로서 개인과 사회 그리고 모든 인류가 평화롭게 공생공영(共生共榮)할 수 있는 행복과 평화를 추구하는 일에 등불이 되길 소망한다.

참고문헌

이정규(2008). 「한국의 대학과 고등교육」(이정규 박사 칼럼 모음집: E-Book). 서울: 디지털교보문고.

Annas, J.(1995). *The Morality of Happiness*, Oxford: Oxford University Press.

Barker, E.(trans.) (1946). *The Politics of Aristotle*, Oxford: The Clarendon Press.

Barrow, R.(1980). *Happiness and Schooling*, New York: St. Martin's Press.

Becker, G.(1994). *Human Capital: a Theoretical and Empirical Analysis, with Special Reference to Education*, 3rd Edition, Chicago: University of Chicago Press.

Bruelde, B.(2006). 'Happiness Theories of the Good Life', *Journal of Happiness Studies*, 8(1), pp. 15 – 49.

Bruni, L. and Porta, P. L.(2007). *Economics and Happiness: Framing the Analysis*, Oxford; New York: Oxford University Press.

Cheng, C.(1991). *New Dimensions of Confucian and Neo-Confucian Philosophy*, Albany: State University of New York Press.

Cohn, E. and Geske, T. G.(1986). *Benefit-Cost Analysis of Investment in Higher Education*, Paper prepared for the Seventh Annual Yearbook of the American Education Finance Association.

Colby, A., Ehrlich, E. and Stephens, J.(2003). *Educating Citizens: Preparing America's Undergraduates for Lives of Moral and Civic Responsibility*, The American Democracy Project of the Carnegie Foundation, San Francisco: Jossy-Bass.

Davis, R. and McSwain, C.(2007). *College Access for the Working Poor*, Washington D.C.: Institute for Higher Education Policy.

Diener, E.(1984). 'Subjective Well-being', *Psychological Bulletin*, 95, pp. 542 –

75.

Diener, E.(2000). Subjective Well – being: The Science of Happiness and a Proposal for a National Index, *American Psychologist*, 55(1), pp. 34 – 43.

Easterlin, R.(1995). 'Will Raising the Incomes of All Increase the Happiness of All?', *Journal of Economic Behavior and Organization*, 27(1), pp. 35 – 47.

Frey, B. S. and Stutzer, A.(2000). 'Happiness, Economy and Institutions', *Journal*, 110(466), pp. 918 – 38.

Frey, B. S. and Stutzer, A.(2002). *Happiness and Economics: How the Economy and Institutions Affect Human Well – being*, Princeton, NJ: Princeton University Press.

Garfinkel, L. and Haveman, R.(1977). *Earnings Capacity, Poverty, and Inequality, Institute for Research on Poverty Monograph*, New York: Academic Press.

Gilbert, D.(2006). *Stumbling on Happiness*, New York: Knopf.

Griffin, J.(2006). 'What do Happiness Studies Study?', *Journal of Happiness Studies*, 8(1), pp. 139 – 48.

Halpin, D.(2003). *Hope and Education: The Role of the Utopian Imagination*, London: Routledge – Falmer.

Harman, W. W.(1979). *An Incomplete Guide to the Future*, New York: Norton Publishers.

Harman, W. W.(2002). *The Future of Universities: An Example of the Harman Fan Scenario Approach*, UHCL Futures Studies Department. http://www.infinitefutures.com/tools/sbharman.ppt

Hartog, J. and Oosterbeek, H.(1998). 'Health, Wealth and Happiness: Why Pursue a Higher Education?', *Economic of Education Review*, 17(3), pp. 245 – 56.

Hecht, J. M.(2007). *The Happiness Myth: Why What We Think Is Right Is Wrong: A History of What Really Makes Us Happy*, San Francisco: Harper.

Hodgkinson, C.(1982). Wealth and Happiness: 'An Analysis and Some Implications for Education', *Canadian Journal of Education*, 7(1), pp. 1 – 14.

Holowchak, M. A.(2004). *Happiness and Greek Ethical Thought*, London; New York: Continuum.

Jowett, B. (trans.)(1991). '*The Dialogues of Plato*', *Great Books of the Western World 6, Plato*, Chicago: Encyclopaedia Britannica, Inc.

Keller, S. and Mangold, M.(2002). 'Gluck zwischen Okonomie und Padagogik' (Happiness between Economics and Pedagogics), *Zeitschrift fuer Padagogik*, 48(4),pp.534 – 52.

Klein, S.(2006). *The Science of Happiness: How Our Brains Make Us Happy, and What We Can Do to Get Happier*, Stephen Lehmann (trans.), New York: Marlowe.

Krueger, A. B. and Lindahl, M.(1999). Education for Growth in Sweden and the World, *Swedish Economic Policy Review*, 6, 289 – 339.

Kwak, M. H., Palmer, M. and Ramsay, J. (trans.)(1993). *Lao Tzu: Taoteching*, New York: Barns & Noble Books.

Laurie, S. S.(1912). *Rise and Early Constitution of Universities with a Survey of Mediaeval Education*, New York and London: D. Appleton and Company.

Layard, R.(2005). *Happiness: Lessons from a New Science*, London: Allen Lane.

Lee, J. K.(2002). *Korean Higher Education: A Confucian Perspective*. Seoul; Edison, NJ: Jimoondang International.

Lee, J. K.(2003). *Educational Credentialism in Korean Society: Origin and Development* (Korean), Seoul: Jipmoondang.

Lee, J. K. and Hong, Y. R.(2002). *A Study of Value Changes on Educational Credentials in Korean Society* (Korean), Seoul: Korean Educational Development Institute(KEDI), RR 2002 – 15.

Legge, J. (trans.)(1971). *Confucius: Confucian Analects, The Great Learning and The Doctrine of the Mean*, New York: Dover Publications.

Leslie, L. and Brinkman, P. T.(1993). *The Economic Value of Higher Education*, New York: American Council on Education: Macmillan.

Malden, H.(1835). *On the Origin of Universities and Academical Degrees*,

London: Printed for John Taylor.

McMahon, D. M.(2005). *Happiness: A History,* New York: Atlantic Monthly Press.

McMahon, W. W.(1981). *Expected Rates of Return to Education,* Faculty Working Paper No. 832, Urbana – Champaign: University of Illinois.Michalos, A. C.(2007). *Education, Happiness and Well being,* Prince George, B.C.: University of Northern British Columbia, First Draft for Discussion for International Conference on 'Is Happiness Measurable and What do Those Measures Mean for Public Policy", at Rome, April 2 – 3, 2007.

Miller, P. W. and Tcha, M.(2005). 'Happiness in University Education', *International Review of Economics Education,* 4(1), pp. 20 – 45.

Millet, J. D.(1962). *The Academic Community: An Essay on Organization,* New York: McGraw Hill Book Company, Inc.

Myers, D. G.(1992). *The Pursuit of Happiness: Who Is Happy and Why,* William Morrow and Co. David G. Myers

Newman, J. H. Cardinal(1959). The Idea of a University, New York: A division of Double day & Company Inc.

Noddings, N.(2003). *Happiness and Education,* New York: Cambridge University Press.

Organisation for Economic Co – operation and Development(OECD)(2007). *Education at a Glance 2007,* Paris: OECD.

Oswald, A. J.(1997). 'Happiness and Economic Performance', *Economic Journal, 107* (445), pp. 1815 – 31.

Ott, J.(2005). 'Level and Inequality of Happiness in Nations: Does Greater Happiness of a Greater Number Imply Greater Inequality in Happiness?', *Journal of Happiness Studies, 6* (4), pp. 397 – 420.

Planning Commission of Bhutan(2005). *Bhutan 2020: A Vision of Peace, Prosperity and Happiness,* Bhutan: Royal University of Bhutan, Draft Annual Report.

Ross, D.(trans.) (1988). Aristotle: *The Nicomachean Ethics,* Oxford: Oxford

University Press.

Schoch, R.(2006). *The Secrets of Happiness: Three Thousand Years of Searching for the Good Life*, New York: Scribner.

Schultz, T. W.(1971). *Investment in Human Capital: The Role of Education and of Research*, New York: The Free Press.

Seligman, M. E. P.(2002). *Authentic Happiness: Using the New Positive Psychology to Realize Your Potential for Lasting Fulfillment*, New York: Free Press.

Shapcote, L. (trans.)(1991). Saint Thomas Aquinas: *The Summa Theologica, Great Books of the Western World 17 Aquinas: 1*, Chicago: Encyclopaedia Britannica, Inc.

Smith, M. K.(2005). 'Happiness and Education – Theory, Practice and Possibility', *the encyclopaedia of informal education*, www.infed.org/biblio/happiness_ and_ education.htm.

Stefano, C.(2006). *'Education and Happiness: a Future Explanation to the Easterlin Paradox?'*, Tor Vergata University, Departmental Working Papers, No. 246.

Suh, J. and Chen, D. H.(2007). *Korea as a Knowledge Economy: Evolutionary Process and Lessons Learned*, KDI and The Knowledge for Development Program of The World Bank.

Tkach, C. and Lyubomirsky, S.(2006). 'How Do People Pursue Happiness?: Relating Personality, Happiness – Increasing Strategies and Well – Being, *Journal of Happiness Studies*, 7(2), pp. 183 – 225.

United States (U.S.) *Census Bureau(2007)*. United States Census 2000, Washington, D .C.; http://factfinder.census.gov/

Useem, M. and Karabel, J.(1986). Pathways to Top Corporate Management, *American Sociological Review*, 51, pp. 184 – 200.

Veenhoven, R.(1993). *Happiness in Nations: Subjective Application of Life in 56 Nations*, Rotterdam: Erasmus University.

Wieruszowski, H.(1966). *The Medieval University: Masters, Students, and Learning*, Princeton: Van Nostrand.

White, N.(2006). *A Brief History of Happiness,* Malden, MA, Oxford: Blackwell Pub.

World Bank(2008). http://www.worldbank.org/kr

Yanase, M. (ed.)(1989). *The Future Image of Sophia University: Looking Towards the 21st Century,* Tokyo: Sophia University.

찾아보기

〈밝힘〉

* 본 논문은 2003년부터 2008년까지 5년 동안 한국대학신문에 기고한 저자의
  고등교육관련 칼럼을 모아 2008년 6월 디지털교보문고에서 발간한 E-Book,
  "한국의 대학과 고등교육"(이정규 박사의 칼럼 모음집)에 게재된 저자의 몇
  몇 칼럼(pp. 14-15; pp. 18-19; pp. 45-46; pp. 147-150)을 전재 혹은 부분
  인용하고 이를 대폭 증보하여 Position Paper로 작성한 것이다. 이 E-Book은
  2010년 2월에 제목을 "대학, 행복을 위한 황금 열쇠인가?"로 변경하여 한국
  학술정보(주)에서 단행본으로 새롭게 태어났다.

* 이 논문은 한국대학교육협의회 발행 「대학교육」 155호(2008년 9-10월)에 게
  재되었다.

* 이 논문은 영문으로 국제연합(The United Nations) 학술사이트에 소개된 것임
  을 밝힌다.

http://unpan1.un.org/intradoc/groups/public/documents/unpan/unpan036748.pdf

▮ 약력

저자 이정규 박사는 독일 트리어대학교(Trier University)와 캐나다 앨버타대학교(The University of Alberta)에서 수학하고, 미국 몬태나주립대학교(The University of Montana)에서 교육행정학을 공부하여 교육학 석사(M.Ed.) 학위를 받고, 미국 오스틴 소재 텍사스대학교(The University of Texas at Austin)에서 고등교육행정을 전공하여 철학박사(Ph.D.) 학위를 받았다. 캐나다 센트럴 칼리지 학장, 브리티시 컬럼비아대학교 교육대학원 객원교수, 한국교육개발원 교육정책연구본부 연구위원, 홍익대학교 교육경영관리대학원 대학행정전공 겸임교수를 역임하였다. 그리고 국제학술지 *Radical Pedagogy*와 *Globalization and Health* 평가위원, 한국대학신문 전문위원 겸 칼럼니스트, 통일미래연구소 자문위원으로 활동하였다.

저자는 고등교육 분야에서 탁월한 학문적 성과를 인정받아 세계 3대 인명사전인 "마르퀴스 후즈 후(Marquis Who's Who)" in America 2006-2007년판(61st Edition)과 "마르퀴스 후즈 후 (Marquis Who's Who)" in the World 2006-2007년판(24th Edition), 영국 케임브리지 International Biographical Centre에서 발행하는 "세계인명사전(Dictionary of International Biography)" 2008년판, 그리고 "ABI(American Biographical Institute)에서 선정한 2008년도 "Great Minds of the 21st Century"에 등재되었다.

▮ 주된 연구 분야

리더십과 조직문화, 사회적 윤리적 가치, 한국의 고등교육, 고등교육 정책(분석) 및 대학 평가, 세계화와 고등교육, 그리고 고등교육과 행복이다.

▮ 주요 저서

"Korean Higher Education: A Confucian Perspective", "Historic Factors Influencing Korean Higher Education", "한국사회의 학력학벌주의: 근원과 발달", "대학, 행복을 위한 황금 열쇠인가?", "한국의 고등교육: 종교와 문화의 관점에서" 외 다수의 학술 논문과 연구보고서가 있다. 저자의 논문은 한국, 미국, 영국, 캐나다, 멕시코, 스페인, 인도, 중국, OECD, UN, UNESCO의 저명한 국내외 학술지에 게재 혹은 소개되었으며, 대다수의 학술 논문은 영문으로 그리고 일부 논문은 프랑스어, 스페인어 및 중국어로 출간되었다.

- 집문당 (한국): 한국사회의 학력/학벌주의: 기원과 발달. 서울 (2003).
- Netbiblio (Spain): *Reformas en los Sistemas Nacionales de Educacion Superior.* Book Chapter [English] (2002).
- Jimoondang International (U.S. & Korea): *Korean Higher Education: A Confucian Perspective.* ISBN 89-88095-46-4; ISBN 0-9705481-5-X (2002), Library of Congress Catalog Card Number: 2001135598
- Jimoondang International (U.S. & Korea): *Historic Factors Influencing Korean Higher Education.* ISBN 89-88095-37-5; ISBN 0-9705481-1-7 (2000), LCC Number: 00-107886

▮ 주요 학술논문

- 한국대학교육협의회. 미국 고등교육의 세계화, 대학교육, 제159-160호, 2009.
- Wikipedia (Dec. 12, 2008, US): *Education and Happiness: Perspectives of the East and the West,* http://unpan1.un.org/intradoc/groups/public/documents/unpan/unpan034402.pdf ERIC No: ED503756

- 한국대학교육협의회. 캐나다 고등교육의 세계화, 대학교육, 제156호, 2008.
- UNPAN: *Is University Education a Golden Key for a Happy Life?*
  http://unpan1.un.org/intradoc/groups/public/documents/unpan/unpan036748.pdf
  ERIC_No: ED504051
- 한국대학교육협의회. 대학교육이 행복한 생활을 위한 황금 열쇠인가? 대학교육, 제155호,
  2008.
- Tyrrell Burgess Associates Ltd.
  A New Paradigm for Higher Education and Culture in East Asia, Higher Education Review,
  38 (3), Summer 2006.
- The Mexican Educational Research Council.
  Educational Fever and South Korean Higher Education, Revista Electronica de Investi-
  gacion Educativa, http://redie.ens.uabc.mx/vol8no1/contenido-lee, 8 (1), May 2006.
- International Consortium for Alternative Academic Publication (ICAAP):
  Korean Higher Education under the United States Military Government: 1945-1948,
  Radical Pedagogy, 8 (1), 2006. http://radicalpedagogy.icaap.org/content/issue8-1/1-lee.html
- International Consortium for Alternative Academic Publication (ICAAP):
  Asiatic Values in East Asian Higher Education: From a Standpoint of Globalization,
  Globalization, 5 (1), June 2005, http://globalization.icaap.org/content/v5.1/lee. html
- International Consortium for Alternative Academic Publication (ICAAP):
  Globalization and Higher Education: A South Korean Perspective, Globalization, 4 (1), 1 - 14.
  http://globalization.icaap.org/content/v4.1/lee.html (June 2004).
- The University of Northern Iowa (USA):
  The Role of Religion in Korean Higher Education.
  The Journal of Religion & Education, 29 (1), 49-65, (Spring 2002).
- Revista de la Educacion Superior[Mexico]:
  *Impact of Confucian Concepts of Feelings on Organizational Culture in Korean Higher
  Education*, 31 (121), 43-60, (April, 2002).
- Education Policy Analysis Archives (EPAA): *Japanese Higher Education Policy in Korea
  during the Colonial Period (1910-1945)*, EPAA, 10 (14), http://olam.ed.asu.edu/epaa/ (March
  2002).
- Taylor & Francis: *Christianity and Korean Higher Education in the Late Choson Kingdom
  Period*, Christian Higher Education, 1 (1), 85-99, (January 2002).
- International Consortium for Alternative Academic Publication (ICAAP):
  *Confucian Thought Affecting Leadership and Organizational Culture of Korean Higher
  Education. Radical Pedagogy*, 3(3), http://radicalpedagogy.icaap.org/ content/issue3
- 3/5-lee.html(December 2001). http://unpan1.un.org/intradoc/groups/public/documents/APCITY
  /unpan003631.pdf
- 서울대학교: *Korean Experience and Achievement in Higher Education*, The SNU Journal of
  Educational Research, 11, 1-23, (December 2001).
- Education Policy Analysis Archives(EPAA):
  *The Establishment of Modern Universities in Korea and Their Implications for Korean
  Educational Policies.* EPAA, 9(27), http://olam.ed.asu.edu/epaa/(July, 2001).

- The University of Calgary(Canada):
  Educational Thoughts of Aristotle and Confucius.
  The Journal of Educational Thought, 35(2), 161–180, (September 2001).
- International Consortium for Alternative Academic Publication (ICAAP):
  Impact of Confucian Concepts of Feelings on Organizational Culture in Korean Higher Education. Radical Pedagogy, 3(1), 2000, http://radicalpedagogy.icaap.org/content/issue3-1/06Lee.html ERIC_NO: ED453774
- The Mexican Educational Research Council:
  Reforms on Higher Education Systems in Korea. Revista Electronica de Investigacion Educativa, 2(2), 2000. http://redie.ens.uabc.mx/vol2no2/contenido-lee.
- Organization for Economic Co-operation and Development(OECD):
  The Administrative Structure and Systems of Korean Higher Education.
  Higher Education Management, 12(2), 43–51, 2000.
  Gestion de l'enseignement superieur, 12, n 2, 2000.
- Tyrrell Burgess Associates Ltd.(UK):
  Historic Factors Affecting Educational Administration in Korean Higher Education.
  Higher Education Review, 32 (1), 7–23, 1999. ERIC_NO: EJ615150
- 서울대학교:
  Religious Factors Historically Affecting Premodern Korean Elite/Higher Education.
  The SNU Journal of Educational Research, 8, 31–63, December 1998. ERIC_NO: ED446492
- 한국교육행정학회: 공자와 아리스토텔레스의 사상에 나타난 지도력과 조직문화에 있어서 윤리적 가치에 대한 비교 연구: 교육행정학적 관점에서, 「교육행정학연구」, 16(2), 76–107, 1998.
- 한국교육행정학회: *Administrative Bureaucracy and Organizational Culture in Contemporary Korean Higher Education.* 「교육행정학연구」, 15(3), 531–552, 1997.

종교와 문화의 관점에서

한국의 고등교육

초판인쇄 | 2010년 4월 30일
초판발행 | 2010년 4월 30일

지은이 | 이정규
펴낸이 | 채종준
펴낸곳 | 한국학술정보㈜
주 소 | 경기도 파주시 교하읍 문발리 파주출판문화정보산업단지 513-5
전 화 | 031) 908-3181(대표)
팩 스 | 031) 908-3189
홈페이지 | http://www.kstudy.com
E-mail | 출판사업부 publish@kstudy.com
등 록 | 제일산-115호(2000. 6. 19)

ISBN 978-89-268-0999-0 93370 (Paper Book)
       978-89-268-1000-2 98370 (e-Book)